法之界・思无疆
黑骏马法学漫丛

刘练军 著

法治的谜面
（增订版）

知识产权出版社
全国百佳图书出版单位

图书在版编目（CIP）数据

法治的谜面/刘练军著.—增订本.--北京：知识产权出版社，2019.8
（黑骏马法学漫丛/张海斌主编）
ISBN 978-7-5130-6356-2

Ⅰ.①法… Ⅱ.①刘… Ⅲ.①社会主义法治—建设—中国—文集 Ⅳ.①D920.0-53

中国版本图书馆CIP数据核字（2019）第134881号

责任编辑：唐仲江	责任校对：谷　洋
装帧设计：黄慧君	责任印制：刘译文

法治的谜面（增订版）

刘练军　著

出版发行：知识产权出版社有限责任公司	网　　址：http://www.ipph.cn
社　　址：北京市海淀区气象路50号院	邮　　编：100081
责编电话：010-82000860转8726	责编邮箱：pangcongrong@163.com
发行电话：010-82000860转8101/8102	发行传真：010-82000893/82005070/82000270
印　　刷：三河市国英印务有限公司	经　　销：各大网上书店、新华书店及相关专业书店
开　　本：880mm×1230mm　1/32	印　　张：10.125
版　　次：2019年8月第1版	印　　次：2019年8月第1次印刷
字　　数：260千字	定　　价：48.00元
ISBN 978-7-5130-6356-2	

出版权专有　侵权必究
如有印装质量问题，本社负责调换。

序

读,这些文字里深埋的火种
为法治"温柔的呐喊"

读，这些文字里深埋的火种*

刘练军先生的文字，与我们这个时代的氛围一样，都是焦灼的。但焦灼往往也会采取某种勤勉的生存样态，于是刘练军在文字上颇为多产。《法治的谜面》就是这样诞生的。

当这册隽永的评论集即将付之梨枣时，刘君从他正在访学的牛津发来了电子邮件，请我为之作序。作为他学术上的一位知友，当然，也是其博士阶段曾经的指导教师，我闻之欣然，亦想借此机会就其新书谈点自己的感受。况且，刘君此前出版了两本学术著作《消极主义：宪法审查的一种哲学立场》和《司法要论》，我都未曾为之写点什么；又况且，他是我所带的三十位博士生当中第一个出版评论文集的弟子。

此文集中的大部分篇什都曾在《法制日报》《检察日报》《凤凰周刊》《东方早报》《南方都市报》等报刊上公开发表。之后，作者又将其放到其法律博客和新浪微博上。其中的多数篇章刊发出来后，我都有所浏览，所以，对文集的内容算是较为熟悉了。本文集大致根据文章内容主题之不同，分成十辑。从每辑的标题及其文章篇名即可知，本书大约有一半内容涉及中国司法。这些年来，刘君一直在研究司法这个当代中国法治最为重要的议题。这些司法评论文章可

---

* 此文系林来梵先生为《法治的谜面》第一版所撰写的序言。

谓其司法学术研究的副产品。

阅读刘君的这些司法评论文章，我颇有共鸣。

首先，刘君坚定地认为，我国司法只能走独立之路，任何不以独立为目标的司法改革都是一种虎头蛇尾的胡闹。文集中《法官对法律负责还是对审判长负责?》《法院奖励调解不宜过多》《法官考核，兹事体大》《人大代表可以给法官庭审打分吗?》《异哉所谓"判后答疑"问题者》《司法：与其监督毋宁信任》《司法与政府：距离产生美》等文章，其核心观点就是认为：法官不对任何人负责，只对法律负责；而要让法官仅仅对法律负责，就不宜对法官进行频繁的考核和各种形式的外在监督。

在《司法与政府：距离产生美》一文中，作者指出："距离产生美，司法与政府唯有保持适当的距离，司法才会越来越像司法，政府亦才能越来越像政府。政府固然要致力于维护社会稳定，但政府绝不应要求司法放弃其依法裁判的基本职责，而沦为'维稳'之工具，否则，任何和谐稳定都是暂时的，而由此造成的不稳定则是长久的。"对于刘君的这个判断，我深以为然。但凡法治较为成熟的国度，其司法与政府都保持着看得见的距离。司法，绝对不会跟在政府后面亦步亦趋。在这方面，我国委实有点反其道而行之，令人遗憾。相信包括刘君在内的诸多有识之士的呼吁，会促使我国司法与政府之间的关系朝着"保持距离"这种更为合理正当的方向前进。

其次，刘君主张一点一滴的改良，只针对实践中出现的具体制度问题发表其改进和改革的看法与建议，很少抽象地对司法独立进行宏大叙事。《法官薪水多高才合适》《敬重法官才有法治》《法院该为刑事错案担责吗?》《如何治理"眼花法官"》《律师不应跟法官"死磕"》等文章，都是针对司法实践中司空见惯的问题而作的评论。这些议题看似不大，实际不小。如果刘君在本书中分析的这些"小"问题，在司法改革中均能一个一个地解决好，那我国司法必将会成为担负起"限制权力，救济权利"之重任的现代法治化司法。

再次，对于广被忽视的法官不判案问题，刘君很是关注，他将《不判案，非法官》放在文集的第二辑首篇位置，我想这应该是他用心良苦，突出法官要审判的结果。在《期待最高人民法院推动五大改革》中，刘君还呼吁包括最高人民法院院长在内的各级法院领导要坐堂问案，而不应带头做"不审判的法官"。

法院里有相当比例的法官，甚至有超过半数的法官常年不进法庭听审和裁判案件，这实在荒谬得很。更荒谬的是，司法改革已然进入了"三五"阶段，但这个问题却从未登上"司改日程"。而据我所知，类似《不判案，非法官》这种直面问题、痛陈陋习的文章并不多见。作者在文章中指出："法官到处讲课、著书立说，越来越像学者，这是可怕的社会精英的身份错位。"这个意见我也颇为赞同。

值得一提的是，作者对社会精英的身份错位问题堪称痛心疾首，文集中有多处提到。如《正视科研考核的价值》《周星驰委员，肩负起你的责任伦理》《精英，你为何不懂得"害臊"?!》等文章，都涉及我国社会精英的身份错位问题。毫无疑问，法官不审判，将其主要精力放在科研等方面，而学者不做研究，将大把的时间耗费在做律师或做"公知"上，这种身份错位对当下中国危害不浅。

除司法议题外，《法治的谜面》还涉及"教育公平""大学治理""读书札记"及法制史等方面的话题。无论是教育公平还是大学治理，作者都是以一个法学者的身份，以相关的法律尤其是现行宪法为根据来进行分析和探讨的。至于读书札记，其中多数涉及的也是宪法方面的书籍，这应该与作者的宪法学教育背景密不可分。

　　翻阅此书，总体印象是，作者主要是在为司法独立和法治宪政而呼吁。作为一介书生的这种呼吁对中国当今现实中的司法改革和法治建设影响如何，无疑不容乐观，但我们也没有理由悲观。毕竟，但凡真诚的呼吁都带有宝贵的正能量。

　　一个民族的精神之光一旦黯淡了，这个民族的前途只会是一片黑暗。刘练军式的焦灼，或许正可为重新点燃民族的精神之光保留了可贵的火种。质言之，刘练军的这些文字里，就深埋了这种火种。而这种火种一旦在时代的雾霾和风雨中得到历练，便恰是一种温和。刘君在《你若温和，便是晴天》的演讲中说："一个真正领悟法律精神的人，既不是阻碍社会变革的顽固派，亦不会变为偏激冒进的革命派，它必定是支持改革与改良的温和派。"根据我的观察，文字看似焦灼的刘君正是温和派的坚定实践者。作为他的老师，看到他这些年持论"温和"的评论文章结集出版，我由衷感到高兴。期待他今后有更多持论温和的优秀作品问世。

　　是为序。

林来梵
2013 年 12 月于北京清华园

为法治"温柔的呐喊"

2014年,我在中国民主法制出版社出版了自己的第一部法治评论文集——《法治的谜面》。承蒙读者厚爱,此书早已售罄。前不久,最高人民法院的刘树德法官还问我手上有无此书,但我自己手头仅剩一本,且内有不少划痕与折痕,算是旧书了,送人绝对不合适。那为什么不重印呢?如果可以选择,我宁愿重印,真不想当下就出这个增订版。

然而,由中国民主法制出版社继续重印确实不太方便,以至于我连试试的念头都没动过。何以如此呢?因为当初《法治的谜面》从策划到编辑再到出版后的宣传,都是由该社庞从容女士及其团队负责的。记得最初我给小书取的书名是"法治的是非"或"法治的立场",最终"法治的谜面"这个书名都是由庞从容想出来的。如果书名也有版权的话,那它应该归庞从容所有。但2018年4月底,庞从容及其团队整体移席知识产权出版社了。在业务上,他们已经跟中国民主法制出版社没有任何关系了。由此导致《法治的谜面》要么在知识产权出版社出新版,要么就一版绝版,而庞从容又正在知识产权出版社策划"黑骏马法学漫丛"。她非常欢迎《法治的谜面》出修订版,并加入该丛书。这就是在知识产权出版社出版增订版的缘起。

当然,决定出增订版还是有内在原因的,主要有这样三点吧。

一是，她并未过时。《法治的谜面》是本法治评论文集，里面都是六七年前在报纸上发表过的豆腐块文章。是我作为一个法律人，对当时社会上及学界发生的涉及法律和法治之种种事案例的点评。现在读来，这些已经沦为陈年往事的事案例本身可能没有多少新鲜劲。不过，这完全没关系，因为复述这些事案例并不是重点，重点在于澄清事案例背后的法律关系，分析如何处理这些事案例，在法学上才具有合法性和正当性。正所谓"诗言志，歌永言"，这些事案例只是素材和道具，通过它们讲述法律上的道理，借以传播规则意识和法治观念才是目的。而不管是规则意识还是法治观念，在我们这个被人情思维浸淫了三千年，被人治规矩主宰了三千年的国度，再怎么强调和宣传都不过分；不但不过分，而且都还嫌不够。正是从这个意义上说，以传播规则意识和法治观念为职志的《法治的谜面》，她远未过时，依然有再版的必要。

二是，我对她心怀感恩。2010年我在法律出版社出版《消极主义：宪法审查的一种哲学立场》，2013年我在中国政法大学出版社出版《司法要论》，《法治的谜面》是我个人出版的第三本书。如果说，我在学界和司法实务界还有那么一点点知名度和声望的话，那这主要归功于《法治的谜面》。学术论文和学术专著都是写给专业人士看的，本学科的其他专业人士一般没兴趣去展读非本专业的学术论著，至于本学科之外即法学之外的其他学科人士更不可能去翻阅。但《法治的谜面》就不一样了，她属于随笔性质的法学杂文，不管什么学科背景的人都不排斥这种评论小文章。因而，与《消极主义：宪法审查的一种哲学立场》和《司法要论》相比，她的受众要广得多。事实上，这两本书尽管出版时间先于《法治的谜面》，但在当当网上还可以买到，而《法治的谜面》早已卖光了。

可以说，不少人熟悉我的名字，知道我这个人，很可能是在网络上，尤其是在微信公众号上阅读过我写的短篇法学随笔文章，翻过甚至细细品读过《法治的谜面》。老实说，法学随笔写作最多只能算是我的业余爱好，为之投入的时间精力与《消极主义：宪法审查的一种哲学立场》和《司法要论》完全不可同日而语。然而，就带给作者的影响力而言，这两本书却又难以望《法治的谜面》之项背。正因如此，我才对《法治的谜面》心怀感恩，不希望这个书名及这本书，短短几年后就从读者的视野中消失，不希望那些现在想翻阅她的读者因她断货而失望。概言之，付诸行动出个增订版，就是对她真诚感恩的最好表现。

三是，为了保持文集的纯洁性，她需要部分修订。《法治的谜面》一版第十辑是"品读书文，探微宪政"，里面收集了《为了人的尊严》（作者是张千帆教授）等七部法学著作的书评。这七篇书评更多的是评鉴所涉的七部法学作品。尽管它们丝毫没有否定规则意识和法治观念的意思，但它们终究不是以传播规则意识和法治观念为目的，它们主要是广布七位作者透过其作品所阐发的法学思想，学术性较强。它们同样是短篇的评论文章，收录进《法治的谜面》绝对谈不上与其他篇什格格不入，但学术性评论文章与旨在传播法治思维的评论文章终究不是一个类型。出于保持《法治的谜面》事案例评论文集的纯洁性，应该将学术性味道偏浓的书评拿掉。

当然，删除的不仅仅是第十辑，第九辑"法制回眸，当代借镜"除《日本战后司法史上的浦和充子事件》一文外，出于篇幅等因素考虑，其余统统删掉了。无须隐瞒甚至必须交代清楚的是，第七辑里有些删除的文章如《〈新月〉往事：为宪政而呐喊》《被遗忘的土改人民法庭》等，对于今日中国的法治建设仍然具有不容漠视的教育和借鉴意义。毕竟，它们是先辈留给我们中华民族的法治遗产。只有继承并正视这笔法治遗产，认真汲取先辈们在法治中国建设过程中的经验与教训，我们才能更加理性地认识今日之中国，新时代的中国必须走法治之路的信念才会更加坚定。

2019 年 6 月 25 日于东南大学湖区

目录

序

读，这些文字里深埋的火种　iii

为法治"温柔的呐喊"　vii

第一辑　善待法官　信任司法

法官工资是个宪法问题　003

法官薪水多高才合适　006

法官考核，兹事体大　010

敬重法官才有法治　014

人大代表可以给法官庭审打分吗　018

异哉所谓"判后答疑"问题者　021

不要随便拿司法开涮　024

法官助理应该由谁来管理　027

司法：与其监督毋宁信任　031

第二辑　聚焦法院　制度建言

不判案，非法官　037

法官无权积德　041

法官判案
　　——推动司法法治化的杠杆　047
法官对法律负责还是对审判长负责　055
期待最高人民法院推动五大改革　059
陪审并不意味着司法民主化　063
陪审门槛：有读写能力即可　067
司法判决是一种公共产品　070
司法为何要公开　073
法院奖励调解不宜过多　076

第三辑　问责错案　反思机制

司法与政府：距离产生美　083
刑事错案发生的逻辑　086
面对刑事错案，机制改革更重要　091
法院该为刑事错案担责吗　095
防止法官腐败的基础工作　099
如何治理"眼花法官"　104
律师不应跟法官"死磕"　108

第四辑　教育公平　匹夫有责

高校招生地方保护主义当休矣　115
招生改革应从平等开始　118
来自农村学校的学生更需要被推荐　122
真自主招生又行得通吗　125
教改，欲速则不达　128
推动教育公平匹夫有责　131
促进教育公平的试金石　134

让人痛心的教育不公案　**137**
学历"查三代"与教育公平　**140**
反歧视，中国需要实际行动　**144**

第五辑　大学治理　自治先行

大学不应等级化　**151**
绩效工资改革不应喧宾夺主　**155**
绩效的双重含义　**159**
正视科研考核的价值　**162**
别让课题动了学术的奶酪　**166**
别急着向南开致敬　**170**
你若温和，便是晴天
——杭州师范大学法学院2013级新生开学典礼致辞　**173**

第六辑　立法宽容　社会信任

水果刀背后的法制容忍度　**179**
行使姓名权岂只是民事活动　**183**
中国化的民法典离不开家庭　**190**
窝藏罪立法：大义何必灭亲　**194**
什么才是贪官的死穴　**198**
官员财产公开与私有财产保护　**202**
禁食鱼翅与政务公开　**206**
重建社会信任，政府要做榜样　**209**
监察处置得有时效限制　**213**

第七辑　透视事件　法者见法

法官能裁判方韩之争吗　**223**
法律人别用拳头说话　**227**

足球反腐不能仅靠司法　230

明星代言"毒胶囊"的罪与罚　232

须把权利当回事　234

受害者真的很无辜吗

　——关于集资诈骗犯罪"受害者"的六点疑问　236

让法治的阳光照进劳教所　245

影响性诉讼：为法治奠基　248

泰国宪法为何对总理兼职说不　253

泰国何以宪法常有秩序常无　256

日本战后司法史上的浦和充子事件　260

第八辑　旁观人物　沉思当下

从马锡五的纪念文章说起　267

律师亦凡人　271

世上已无黄松有？　276

王立军，哀之更需鉴之　279

周星驰委员，肩负起你的责任伦理　283

精英，你为何不懂得"害臊"？！　288

莫言的"诺贝尔伦理"　293

陈光标的中国式慈善　297

汤寿潜在1911　301

第一辑

善待法官　信任司法

法官工资是个宪法问题

"一个大学生、研究生，通过了司法资格考试，过五关斩六将，来到基层法院，一个月工资才 2000 多元，没职务、没级别、没待遇。而辖区的辽河油田，普通职工一年轻松 10 万元，培养一个法官至少三五年，哪里有吸引力？"坐落于辽河油田的辽河人民法院院长王强说。

《人民日报》2014 年 8 月 6 日《观察中国》栏目曾如是报道。王强院长的现身说法表明，我国基层法院法官的工资委实是个亟待解决的大问题。跟政府公务员和事业单位职工相比明显偏低的工资收入，已经并将继续重创法官职业和司法权威。法官工资不"给力"，一方面驱使大量优秀法官脱下法袍辞职下海，另一方面又难以吸引精英法律人才投身司法。有的基层法院甚至长年招不到人，于是，基层法院"法官荒"问题大有愈演愈烈之势。

"法官流失""法官断层"现象，在各地基层法院早已见怪不怪。然而，很难想象，类似现象会出现在欧美日等法治成熟国家。就是在我国台湾地区，法官也依然是绝大多数法律人梦寐以求的理想职业，深受社会各界尊重与艳羡。所谓"法官荒"，在台湾地区实乃闻所未闻的天方夜谭。

基层法院普遍存在"法官荒"问题，这是人民的不幸，系法治的悲剧，亦为社会的耻辱。法官数量不足必然导致司法诉讼拖延，此等低效的司法意味着，案件当事人得无辜地承受由"法官荒"带来的次生成本，由此决定了即便最后的审判结果是正义的，也因当事人须为种种次生成本埋单而偏离正义。一旦司法诉讼变得非正义，那法治就岌岌可危了。毕竟，正义的司法乃法治大厦巍然屹立的支柱。而司法非正义和法治秩序不保，其罪魁祸首竟然是堂堂法官工资不高、明显"差钱"。

其实，法官工资过低问题是我国司法久已存在的一大顽疾。在过去的三个"五年司法改革纲要"中，对此问题曾提出了诸多治理之策。2007年人事部、财政部还联合下发了《关于实行法官审判津贴的通知》，以提高法官待遇。但所有的政策措施都未能阻挡法官流失的脚步，"法官荒"问题始终像幽灵一样在基层法院内徘徊。

何以如此？我想，根本原因在于决策者并未认识到，法官工资是个宪法问题，而不是一纸红头文件就能解决的行政决策问题。司法改革都是最高法院不坐堂判案的法院领导在主导。而他们是现行科层化法院体制的既得利益者，他们既不差钱，又对基层一线法官的判案重任和生存压力缺乏切身的体悟，指望他们来提高基层法官工资待遇，事实证明是缘木求鱼。至于"法官审判津贴"，基层法官一月也只有180—220元不等，杯水车薪而已。

法官的工资薪酬是法官身份保障的核心问题。西方法治经验显示，要确保法官依法裁判就必须赋予法官身份保障，即让法官享有高工资收入，且使其工资收入稳定到不受立法机关或行政部门威胁之程度。所以，法官的工资待遇处于最高级别的保障状态——受宪法保护。从美国宪法到日本宪法，都明文规定法官任职终身，法官薪酬不得减少。法官工资诚然是个细节问题，但人类的法治实践已然证明，就是这个细节决定着法治的成败和宪法权威的有无。

法律须借助于法官而降临尘世。一个不善待法官的国家即便有法治的今天，也不可能拥抱法治的明天。就我国来说，要保障法官身份，首要的是全国人大修订法官法，明文规定法官工资由国家财政统一支付，并保证它不低于普通公务员的工资。再在时机成熟后修订宪法，将法官的工资薪酬载入宪法。法官工资有了宪法保障，法官才能成为具有至上权威的裁判者，宪法才能随之成长为对我国政治生活具有约束力的有效宪法。

法官薪水多高才合适

在2013年3月的全国人大会议上，人大代表袁志敏提议，将律师收入的50%转给法官，以有效增加法官的薪酬待遇，同时平衡法官和律师的收入地位。袁志敏的此等惊人之语引起了法学界尤其是律师界的广泛关注。这种律师收入转移法官说，实质上是将司法裁判视同合伙经商，荒谬之至，不足为训。

但袁志敏代表再一次将我国法官薪水待遇过低的老问题抛到了我们面前，这个问题再不解决，其后果之严重程度将超乎我们的想象。有例为证。

全国人大代表、法学家吕忠梅在2013年"两会"期间告诉《法制日报》记者，法院流失人员中法官占八成，法官频频"跳槽"已经导致基层法院人才断层。她提供的一份调研报告显示，2008年至2012年6月，我国中部某省全省法院流失人员共计2115人，其中法官为1733人，占到81.94%。

而法官频频跳槽、大量流失的最主要原因，就是法官薪资待遇偏低。职是之故，如果继续对法官薪资待遇问题无动于衷、听之任之，长此以往，优秀法律人才必将止步于法院，法院将几无判案之法官。

那法官的薪水得多高才能打消其跳槽的念头、阻止其出走的脚步呢？对于这个问题，如果要给出一个具体的数字那诚然很难，但从比较的视角来回答则相对容易些。简言之，法官的薪资待遇可以低于同等资历的律师，但应该高于同等资历的公务员。法官收入较为明显地高于国民人均收入是必须的。法官收入如果不足以让他过上有尊严、够体面的生活，那这样的国家必定是法治尚未成熟的国度，其人民哪怕是穿金戴银也未必能过上受法治保障的自由幸福生活。

法官收入低于律师、高于公务员，这是为什么呢？

律师是时刻面临市场风险的自由职业者。医疗保险、养老保险、退休金什么的，法官一项都不少，但律师是一项都没有，这些保障的有无及多寡完全取决于律师案件代理收入有几何。在现代社会，律师业是竞争相当激烈的法律服务市场。与坐堂问案、无营利要求的法官相比，需要跑业务的律师往往承受着更大的心理压力，其工作因而更勤奋亦更辛劳。是故，平均而言律师收入高于法官是正常的，如果相反，则一定不正常。

至于法官收入高于公务员，这主要有两个方面的原因。

首先，法治在很大程度上是法官之治，国家法治状况如何与其法官的素养高低息息相关。质言之，法官必须是受过良好法律教育的社会精英，否则，必将影响到案件的司法裁判和国家的法治发展。如果法官的薪资不高于一般公务员，那就难以吸引到足够优秀的法律界精英投身于法官职业，从而不利于甚至阻碍国家和社会的法治进程。

其次，在法庭上听审案件和撰写判决意见书是比较辛苦的智力活动，尤其是后者要求逻辑推理严密、说理释法到位。司法判决意见须无条件地对外公开，需要接受社会公众和上级法院法官（有可能而不是必然)的审查,法官不付出相当多的心血是做不到的。不是在撰写判决意见,就是在构思如何撰写判决意见,这就是法官的基本工作状态。平均来说,法官的脑力劳动强度明显高于一般公务员。既然如此,那法官的薪资报酬就应该相应地高于公务员,否则,就是没有体现法官所付出的更多的脑力劳动。法官的收入一旦低于公务员,那法律精英都会倾向于选择公务员行业,而不愿进法院担任费力不讨好的法官。

遗憾的是,律师收入高于法官我们早已做到了,而且因为明显高很多,所以每年有不少优秀法官毅然下海做律师。但法官收入高于公务员,我们却始终没能做到,导致每年都有大量法官脱下法袍去薪资待遇更好的党政部门做公务员。于是,法律精英要么根本不入法院之门,要么把法官职业当备胎,一有机会就另谋高就。法律精英对法官职业避退三舍,法官队伍本身极不稳定,这也是长期以来我国司法裁判缺乏社会权威、司法社会信任根基薄弱的原因之一。

在我国,法官被纳入公务员范畴,公务员法的诸多规定同样适用于法官,但现实中法官收入又事实上普遍低于同地同级公务员,其根本原因在于依法裁判案件的法院是个非常特殊的组织机构。与其他单位的公务员相比,任职法院的法官向上发展的空间较小,职级晋升的机会偏低。按照公务员职级晋升程序管理法官,对法官群体很不利,也很不公平。正因如此,环顾全球,像我国这样把法官纳入公务员范围,法官的薪资待遇和晋级管理完全比照其他公务员,堪称是独此一家、别无分店。

不宁唯是,关于法官的等级及晋级程序,我国法官法早已有明文规定,如其第 18 条规定法官的等级分为 12 级,第 19 条规定法官等级的确定以法官审判工作实绩等为依据。也就是说,作为后法的公务员法(2005 年制定)其有关法官薪资等级及晋级之规定,明显与作为特别法及前法的法官法（1995 年制定）相冲突。也就是说，将法官纳入公务员序列进行管理违背了法官法的立法精神，对法官执行公务员法是对"特别法优于一般法"原则的公然背叛。

为了解决法官薪资低、晋升难的老问题，2011 年 7 月，中组部和最高法院联合发布了法官职务序列的暂行规定。遗憾的是，该暂行规定至今未得到有效实施。该是痛下决心结束此等遗憾局面的时候了。须知，哪个国家不能让法官过上有体面的生活，哪个国家就不能建立真正的法治，其人民最终也休想过上有尊严的生活。

法官的薪资待遇属于法官身份保障的重要内容之一。当今世界多数国家的宪法都对法官的薪资待遇等身份保障问题予以明文规定，如美国宪法第 3 条就规定法官任职期间薪水不得减少。

那为什么要对法官的身份予以宪法这种最高规格的保障呢？身为美国开国元勋之一的汉密尔顿对此曾有颇为经典的解释，他说："最有助于维护法官独立者，除使法官职务固定外，莫过于使其薪俸固定。……就人类天性之一般情况而言，**对某人的生活有控制权，等于对其意志有控制权**。"

毋庸置疑，法官薪资报酬问题事关法官的独立。要确保法官严格依法裁判、不屈从于任何外界的意志，就必须首先保证法官收入的丰厚稳定。在法官收入既不丰厚又不稳定的当下我国，首要的不是呼吁法官忠诚于宪法和法律，而是切实解决包括其薪资待遇在内的身份保障问题。法官身份保障既是法律精英入主法院的桥梁，又是法官不受外界意志左右、不被物质利诱的防火墙。对此问题，吾国吾民无论怎么重视都不为过。

法官考核，兹事体大

每到年终岁末，各单位都忙于开展年度考核，法院亦不例外。但执法裁判的法官终究不是普通职业，它对独立性的要求远远高于其他各行各业，如何考核法官直接攸关着法官独立和司法权威。兹事体大，不可不慎。

其实，法官考核如何实施有法可依，在这个问题上各级法院不应有法不依、执法不严。我国法官法第八章就是专门规范法官考核的。关于考核项目内容，其第 23 条规定："对法官的考核内容包括：审判工作实绩，思想品德，审判业务和法学理论水平，工作态度和审判作风。重点考核审判工作实绩。"此条规定特别强调和补充规定考核的重点是审判工作实绩，这就等于告诉我们一个非常重要的信息，即法官在单位时间比如一年内审结了多少案件、案件判决书在释法说理论证方面的表现如何，才是法官考核的重中之重。法官考核过程中如果未抓住或故意抛开这个重点，那就违反了法官法，是执法不严甚至是知法犯法之表现。

然而，现实的法官考核过程中背离法官法之规定，恣意设置考核项目的比比皆是。例如，在各级法院的法官考核中都有"信息、宣传、调研工作"方面的考核。这实际上是要求法官在裁判案件的同时，还必须为所在法院——主要是为法院领导——提供有关本院的各种信息，在各种级别的报纸、电视、广播等新闻媒体上宣传本院的工作成绩，对改革审判工作、法院队伍建设等问题进行调查研究，申报本院或上级法院的各类调研课题，撰写调研报告、考察报告、法学论文，等等。试想这些审判外的信息、宣传和调研工作，对法官的案件裁判究竟有多大助益和实际意义呢？法官每年在这些与案件裁判不搭边的事务上耗费大量时间和精力值得吗？将此等非审判性事务作为必须的考核项目，不是显然与法官法规定相冲突的本末倒置之举吗？

为使法官能够全身心地投入案件纠纷的庭审和裁判文书的制作中，法院理应逐步克减那些与审判工作实绩关系不大，特别是无直接关系甚至毫不相干的考核项目，最终实现法官考核内容的单一化，即仅仅考核法官审判工作实绩这一项。与此同时，法官考核的频率亦应随之克减。现在很多法院一个季度一考核，甚至一月一考核（关于考核方式，法官法规定"平时考核和年度考核相结合"，平时考核之规定不合理，应予以修订）。如此频繁的考核，人为地使法官处于紧张的疲于应付考核的非审判工作状态，委实给法官正常的审判工作造成了极大的干扰。到底什么样的考核频率比较合适，这个要靠经验来摸索和检验，但一年仅考核一次应该是底线，当然更长的时间比如两年、三年考核一次或许更适当。

谁来考核法官往往比法官考核的项目内容更为关键。法官法第22条规定，对法官的考核，应当客观公正，实行领导和群众相结合。此等规定相当含糊，可操作性不强。所谓"领导与群众相结合"在各级法院的考核实践中几乎都有一套自己的土办法，但不同方法之间有一个共性，那就是法院领导事实上掌握着院内每位法官的考核命运。

在我国现行体制下，法官考核的主体都是本法院内的各级领导。为了考核顺利过关，或者为了在考核中获得"优秀"等级以利于今后的晋升和加薪，在日常工作中普通法官难免会向法院各级领导妥协，甚至拿手中的案件裁判权与之进行交易。而法院领导亦有可能充分利用手中的考核权力去"教育""惩罚"那些平时不听话的普通法官，同时又用此权力去"补偿"和"奖励"那些对他们较为顺从的普通法官。

在案件裁判过程中，普通法官向法院领导请示不断、汇报不止，自觉不自觉地按领导的意旨而非自己对案件事实和法律适用的独立见解去判决案件，与法官考核制度关系甚巨。而基本不具体审断案件的法院院长等领导能游刃有余地操纵司法案件的审判结果，一旦法院院长、副院长违纪违法就会"拔出萝卜带出泥"，牵连一大批普通法官，从而形成法院窝案，亦与法官考核制度密不可分。看似小事一桩的法官考核，实则与法院内部的腐败有着千丝万缕的联系。

职是之故，无论是着眼于规范法院内部管理还是坚决惩治司法腐败，都不能不克减法官考核。现实的法官考核生态早已表明，法官考核项目和考核频率与司法腐败之间存在着某种正比例关系。法官考核项目越多、考核频率越高，那法院内部就有可能越腐败，至少它会在一定程度上诱使法院领导的行政管理权凌驾于法官的司法裁判权之上，司法效率随之下降，而司法腐败的空间则随之扩大。

对法官的信任程度直接攸关着司法的社会根基和司法的权威地位。法官如缺乏应有的社会信任基础，那再金碧辉煌的司法大厦也有瞬间倾覆之危险。而司法大厦将倾之时就难以挽法治狂澜于既倒。法官诚然有优劣之分，但对法官给予基本的信任应无中外之别。对法官太多太频繁的考核就是对法官的不信任，它实则是对司法和法治的不信任。我们要走出几千年来的历史循环套,就必须从信任法官和法治开始。与清官和人治相比,法官和法治更可靠,更值得我们去信任,不是吗?

对于不合格的法官,我们当然要依法进行惩戒或除名,但不能依赖法官考核来淘汰不称职的法官。在训诫劣等法官方面,法官考核功效不彰,不可再信。不宁唯是,不合理的法官考核制度会驱使优等法官放下手中的案件去贪慕裁判天职之外的名利与虚荣。如何防止法官考核制度沦为"劣币驱逐良币"的工具,考验着吾民的法治信念与吾国的法治走向。

敬重法官才有法治

2013年4月4日,江苏靖江市人民法院发布公告称,该院在审理一起公诉案件时,被告人朱某某的"辩护人王全璋在法庭审判过程中,违反法庭秩序,情节严重,靖江法院依法决定对其拘留"。

靖江法院拘留律师的执法行为在互联网上被密集围观,迅速演变为一桩公共事件——所谓"靖江事件"。尽管第三天即4月6日靖江法院就"决定对王全璋提前解除拘留",且王律师本人从当天零点开始就自由了,但有关此事件的议论并未随之降温。

有法律人指出,靖江事件实乃"律界之耻,法治之殇",认为一个律师在法庭上大肆"矫情",并把这种"矫情"当作对抗司法不公的英雄壮举,实则忘了这与法治、正义已渐行渐远。

笔者陋见以为,靖江事件的发生是必然的。它是近年来"死磕派"律师"闹庭"之典型,是长期以来律师与法官之间缺乏互信,以及律师对法官未予以应有之敬重的产物。不管对律师还是法官,此事件的出现都是一种深重的司法遗憾。靖江事件把我国律师和法官之间的紧张关系公开化了,它堪称是我国法律界的丑闻。对我国的司法和法治而言,它的到来亦无疑是个悲剧。

此次事件的导火线,是王全璋律师在法庭上用手机拍照和录音。

而其拍照的对象，却是他作为辩护人向审判长提交的案件材料。对于自己所提交的案件资料，事先没有做好复印备份，而要到法庭上来拍照存档，此诚有点匪夷所思。这种事情就是发生在一个初出茅庐的律师身上，亦属于难以原谅的低级错误。作为一个有着多年执业经验的律师，王全璋先生在法庭上干出这种事来，实难排除外界怀疑此举出自其"蓄意"和"故意"。

王律师后来在《我的申辩与声明》中说，"本人的拍照是基于执业习惯对个人档案文件的证据保存。退一万步讲，即使本人有'拍照、录音'的行为，面临的也只是违反法庭纪律的法律后果"，"本人是否拍照、录音跟扰乱法庭秩序没有任何关系"。违反法庭纪律与扰乱法庭秩序之间到底存在哪些细微差别，诚然是个复杂的专业问题，但违反法庭纪律属于扰乱法庭秩序之一种，违反了法庭纪律就必然对法庭秩序构成了一定程度的扰乱，这不是最基本的语文逻辑常识吗？换言之，身为辩护人的王律师在法庭上拍照、录音，跟扰乱法庭秩序之间不是有没有关系的问题，而是他这种拍照、录音行为本身就是在扰乱法庭秩序。

何以见得呢？法庭上不得随意拍照、录音，此乃最基本的法庭准则，中外皆然。任何未经法官许可的拍照、录音都属扰乱法庭秩序之行为，情节严重的，法官可以立即以藐视法庭罪处之，而无须经过审判。环诸全球，至今尚未听说过有哪个国家的法官允许身为辩护人的律师在法庭上拍照、录音。也就是说，律师在法庭上拍照、录音属于绝对禁止事项。

也许有人会说，记者都可以在法庭上拍照、录音，为什么律师就不可以呢？这个问题跟律师可以在法庭上辩护而记者不可以是同一个道理，皆为法庭上的角色分工不同使然。

在法庭上，辩护律师是与法官、公诉人及其他诉讼参与人距离最近的人士。辩护律师如果在法庭上拍照、录音，那必将在一定程度上影响到法官、公诉人和当事人之间的讯问与答辩，严重的甚至会给法官、公诉人及当事人造成巨大的心理压力或心理障碍，从而使庭审无法正常有效地进行，此其一。

其二，辩护律师在法庭上拍照、录音同样对其本身的辩护工作造成某种干扰，至少使其难以全身心地投入辩护中。他这种半心半意的辩护态度，一方面是对法官、公诉人和其他诉讼参与者的不尊重，另一方面是不可避免地会给庭审的效率和质量造成消极影响。

对于律师来说，在法庭上不得拍照、录音，这是最基本的执业规则，王全璋律师对此不可能不知道。但问题在于知道了，为什么还要犯呢？更严重的是，既然犯了，那为什么还不虚心接受法官的训诫呢？导致法官对王律师予以拘留处罚的，其实主要不是他在法庭上的拍照、录音行为，而是在其用于拍照和录音的手机被法庭暂扣后，法官要求王律师提供手机开机密码，但王律师自始至终都未提供有效密码，导致手机无法打开。王律师公然违抗法官命令，这是法官对他予以拘留处罚的根本原因。

违抗法官命令，属于明目张胆地藐视法庭，而藐视法庭则是几无辩护空间的犯罪行为。从北京来的王律师在靖江法院先是违反法庭规则，继而违抗法官命令，真不知道他是来办案的还是来示威的？这不是执业能力问题，而是执业素养和法治信念问题。其行为背后是唯我独尊的自大和对法官与法庭的轻慢及蔑视。

最终执行法律的不是律师，亦不是检察官，而是法官。法治在很大程度上就是法官之治。轻慢法官、蔑视法庭，其实就是轻慢法律、蔑视法治。法官有无权威，是法律有无权威的外在表征。法官受尊重的程度检验着一个国家法治的成熟程度。在法庭上，法官的指令是任何人都不得违反的"圣经"和"圣旨"，因为它承载着法律的权威和尊严,因为它庭审才能有序地进行下去。各个国家都设立了藐视法庭罪,且此罪唯一例外地可以不经审讯就立即判定,其目的就在于坚决维护法官的权威地位,以保证民众对司法和法治的信心。

在世俗世界中,没有什么职业比法官更为神圣。回顾人类法治文明史,只有尊重和善待法官的民族才能真正赢得法治,而对法官缺乏敬畏之心的国家则不可能有效地建立起法治秩序。在英美国家的法庭上,包括律师在内的诉讼参与人对法官从不直呼其名,而是尊称为"法官大人"(Your Honor),而上至总统下至平民能获得如此之尊称的仅有法官。

但靖江事件告诉我们,我国的法官距离"大人"这样的崇高地位还相当遥远。在法庭上法官尚且难以获得基本的尊重,法庭之外其社会地位如何就可想而知了。但法官受到包括律师在内的社会各界的高度尊重,实乃法治生成的必要条件。正处于法治建设进程中的我们,岂能不敬重法官,不为此等必要条件的形成而努力?

面对法官严格依照法律的规定,而不是按照自己所需要的立场来适用法律,辩护律师理应保持克制和冷静,而不应恼羞成怒地"闹庭",将法官的尊严和法律的权威踩在脚下。须知,法官的尊严扫地以尽,就意味着法律的尊严丧失殆尽。律师为当事人的权益而"死磕"固然令人钦佩,但如果为之而突破敬重法官的法治底线,那就是得不偿失、因小失大了。

不尊重法官的人,对法治充其量也是叶公好龙式的喜爱。真要为法治而努力,请从敬重法官开始。法官是法治和正义的守护神。法官权威乃不可或缺的法治秩序的生成要件。

人大代表可以给法官庭审打分吗

2006年6月8日《钱江晚报》法眼版以《法庭上来了特殊"陪审团"》为题，报道了杭州市余杭区人大代表走进区法院进行庭审监督考评的"新政"。报道称，6月7日余杭区人民法院开庭审理一起刑事案件时，50余名区人大代表落座旁听席，"庭审气氛更显肃穆"。出席旁听的人大代表对法官实行现场打分，评分结果将作为法院整改的指南。评分项目有"法官归纳焦点是否正确""控制庭审节奏如何""有没有偏袒一方"（引自该报道）等。

发生于余杭法院的上述人大监督乃最真实、典型的"个案监督"。对于人大代表如此进行庭上监督，窃以为，有以下几点值得吾人深思。

首先，法官归纳焦点是否正确，由被随机安排来现场监督的人大代表评价是否合理大有商榷之余地。参与旁听监督的人大代表事先多不熟悉案情，此其一。其二，本案焦点在哪里，是案件审理当中一个相当专业化的法律问题，不具有法律专业知识背景的人大代表即便了解案情，也未必能作出正当、正确之判断。法官开庭前研究了案卷并且具有专业知识和庭审技艺，在事理逻辑上其对此问题的认识应优于任何人，包括临时莅临庭审现场的人大代表。

其次，案件审理是一个程序化、抗辩性的过程，法庭不是剧院，庭审不是文艺表演，它没有节奏，亦拒绝节奏。因证据、证人问题而突然中断或延期审理，在案件审理过程中常常发生，这不以法官的意志为转移。法官如遵循法定庭审程序，就注定把握不了案件审理的时限何在，更遑论所谓"控制庭审节奏"。

最后，现场监督的人大代表必须与本案的当事人、关系人及庭审法官非亲非故，否则，在打分评议时难免给人留下臆断偏见、公权私用的话柄。而要前往监督的五十余名人大代表个个做到严格回避，其审查工作难度之大可想而知。首先，得对本案所有当事人、关系人调查清楚——先不讨论这样做是否合法。其次，要对被随机抽取去监督的代表与那些人是否为非亲非故的"陌生"关系进行核实。任何与本案当事人或关系人沾亲带故的代表，应不具备前往监督之资格。最后，符合条件的代表还不得与本案庭审法官有某种将影响其评判法官庭审行为的关系，如亲属、故交等。显然，完成此三道审查工作仅其成本之大就难以想象，更别提事实上严格执行了。

人大监督，是我国宪法规定的一项根本监督制度。人大对司法的监督，是否应涵盖"个案监督"及"个案监督"程序如何，与司法独立关系甚巨，兹事体大，举足轻重。人大代表走进法庭对法官庭审实施现场监督，事实上使得"身经百'战'的法官和检察官们也紧张起来"（引自该报道），这已在某种程度上妨碍了法官审判职权的独立行使。而法官审判独立乃司法独立之根本、国家法治之重器。

法官庭审技艺及其判决结果能否赢得人民的信赖及支持，决定性因素不在于庭上有无人大监督，它完全在庭审之外，如法官是否勤于总结审判经验，能否洞察社会思想观念的变迁并将此变迁融入法律审判工作中。

同理，人大实施司法监督，重点应放在庭外，如对法官任职资格的督察；加强对法官的身份保障；受理有关法官的申诉、检举；调查特定庭审问题；罢免渎职法官；等等。庭上的法官唯有在庭外做足了功夫，才能成为一个合格的法官；人大对司法的监督亦如是，人大只有对庭审之外的司法各项事务狠下功夫，严格实施监督，这才是最合理合法且最富有功效的司法监督。不管庭审法官是个什么样的法官，**现场监督其庭审都是对司法原则和法治精神的明显背离**。现代化的司法和法治均要求法官人格独立地而不是身心"紧张地"从事审判，真正的法治把任何的现场庭审监督都赶得远远的。人大对司法的监督应该着眼于庭外而非庭上，功夫在庭外的监督模式才是人大监督的正确选择与努力方向。

异哉所谓"判后答疑"问题者

2006年7月,广东三级法院开始全面推行法官"判后答疑"制度。此举经媒体报道公开后赢来一片赞誉之声。有人认为"在涉诉信访日趋严峻的形势下,法官判后答疑制度的推行势在必行,也大有可为",还有人以此为据要求"黄静案(按:指湖南女教师黄静在宿舍裸死案,其男朋友姜俊武被指控强奸致死,后被法院判无罪)的法官应该'判后答疑'"。所谓"判后答疑"的法院"新政"史书不载,属于名副其实的司法"创举"。对于此创举是否值得肯定,且容笔者在此略陈管见,以为商榷。

一是法律依据问题。法官审判原本只对法律和自己的良心负责,并不对对判决本身存疑的任何他人负责,要求审判法官判后就本案判决进行详解、实施答疑,必将干扰法官正常的审判工作,有悖于法官独立、审判独立之法治原则,兹事体大,没有法律依据就无异于违法。毋庸置疑,新鲜出炉的判后答疑制度本身是无法可依,对其合法性的质疑恐怕无人能答。

二是难以治标,遑论治本。强化法官的责任心,提高案件的审判质量及裁判文书制作水平,有的放矢地做好息诉服判工作,是判后答疑制度的目标。但强加于法官的判后答疑既解决不了个案审判质量这个标，更治不了审判质量普遍不高这个本。如果司法过程事实上存在实体与程序上的不公正，如果裁判适用法律不当、判决说明理由疑义丛生，那判后答疑说白了不过是对有瑕疵甚或违法错误之司法判决的一种事后庭外之公开辩解。可想而知，法官的这种辩解性答疑只会越答越疑、越描越黑，叫异议人息诉可谓难哉，要当事人服判更是白日做梦。假如以上问题均不存在，那请问法官要答什么疑呢？所有疑义的答案不都在白纸黑字的判决书上写得清清楚楚了吗？对对本案有疑义的当事人而言，重要的是判决书中对其不利的实体判决，而非其疑义本身。审判法官在判后答疑中会修正自己的法庭判决，从而重新作出有利于疑义当事人的"答疑之决"吗？如果不可能，那判后答疑的实质价值功能又有几何呢？

三是关于答疑成本。天下没有免费的午餐，也没有零成本的判后答疑。我国的司法财政捉襟见肘已久，叫它再分出一块"蛋糕"来运作判后答疑，实在是勉为其难。由有异议的当事人来为判后答疑制度埋单吗？对判决存疑义的多半是已有一笔诉讼费等着他/她去支付的败诉方，如判后答疑需要其出资，那究竟有多少存疑当事人还会去积极参与答疑是明摆着的事儿，毕竟判后答疑不可能改变已生效的判决。是故，判后答疑能否真正运作起来并维持下去还是大有疑问的。

我国司法缺乏必要的权威，关键问题不在于制度的缺失，而在于适用法律的司法机关对既定的法律与制度难以严格遵循。就拿广受关注的黄静案来说吧。该案的开庭审理是在立案已近一年后进行，而判决更是在开庭一年又七个月后作出，这严重违背了我国刑事诉讼法对诉讼审理期限的规定，属于公然的审判程序违法。**程序乃是法律的生命，是看得见的公正。司法审判过程对法律程序的漠视给司法权威造成的伤害，绝不是所谓判后答疑所能修复及弥补的。**

其实，如果判决产生过程事实上存在实体与程序上的瑕疵或违法错误，判决之后的任何努力都难以根除当事人对判决的疑义。因而，减少和避免司法审判中出现诸如此类的瑕疵或违法错误才是司法之正道。而能否走此正道之关键，在于我们的法官有无职业化的法律训练和保障权利、维护正义之法律职业意识。不幸的是，职业训练与职业意识恰恰是我国多数法官所不具备或明显缺乏的。所以，当务之急是要从这两个方面去提升法官的素质层次。只要法官的素质层次提升了、裁判业务能力提高了，那司法判决中的瑕疵或违法错误必将日趋减少以至于无，当事人、社会民众及新闻媒体对判决的疑义自然会越来越少，司法有尊严和有权威的日子就必定为期不远了。

罗马有法谚道："裁决一经作出，法官即停止作为法官。"判决作出之后，法官对案件就不再拥有任何发言权，所谓法官判后答疑，实乃要法官对案件裁判承担无限连带责任的非理性之举，这不但不值得提倡，而且需要大力反对。

不要随便拿司法开涮

针对江苏宿迁市民吴曼琳暴力抗拆致人死亡案一审判决结果——吴曼琳犯故意杀人罪,判处有期徒刑 8 年,并赔偿死者家属经济损失 27 万元,羽戈先生发表了《吴曼琳抗暴案昭示的司法弊病》的评论文章(《东方早报》2010 年 2 月 22 日)。经比较 2008 年辽宁本溪张剑案(张剑犯故意伤害罪,判处有期徒刑 3 年,缓刑 5 年)判决后,羽戈对所谓类似案件司法判决"连罪名都不一,更遑论处罚——司法权何以如此不统一?"很是感慨了一番。

从媒体的报道上看,吴曼琳案和张剑案在案情上诚然有一定的类似性,但类似案件没有获得类似的司法判决,就一定能说这是司法出了问题吗?就一定能得出司法有"痼疾""弊病"这样的宏大叙事结论吗?窃以为,这种结论有点草率,不足为训。面对我国司法孱弱不堪之现状,我们努力的方向应该是尽可能地维护司法权威,而不是如此随便地拿司法裁判开涮。

首先,不论是吴曼琳案还是张剑案,一般社会大众所了解的案情都是新闻报道出来的、被"编辑"过的案情。这种媒体案情是不是真实的案情,它在多大程度上具有真实性是很值得怀疑的,至少不应将媒体案情与事实案情简单等同,并在此基础上对法官的判决指手画脚、妄加评论。

其次，即便这两个案件案情真的是高度相似，那面对大为不同的司法判决结果，我们也未必就一定能得出司法存在痼疾或弊病之结论。因为类似案件类似判决是有条件的，而不是无条件的。即只有在同一个地区，类似案件才有可能产生类似判决。在法治环境、社会民俗差异悬殊的不同地域，是无所谓类似案件类似结果的。吴曼琳案发生在江南地区，而张剑案出现于东北地区，尽管我国是单一制国家，法制是统一的，但毕竟江南和东北从地理到人文均有霄壤之别。所以，面对这种发生在不同地域的所谓类似案件要求类似处理有点过于理想化，是对类似案件类似处理的误解。

这尚不是问题的关键，关键在于这两个案件的检察官是不同地域的不同检察官，他们对吴曼琳和张剑的刑事指控是不一样的。不同的刑事指控当然很难导致一样的刑事判决结果。在吴、张这样的刑事案件中，刑事指控对判决结果影响甚为巨大。如果检察官要求判张剑 3 年，那法官绝不可能判张剑 8 年；同理，如果检察官主张判吴曼琳 3 年，那法官也绝不可能判吴曼琳 8 年。此其一。

其二，吴曼琳和张剑的辩护律师不是同一个律师。在同一个案件中，请不同的辩护律师会有不同的裁判结果，这是个简单的法律常识。所以，即便吴曼琳案和张剑案案情相似，且指控他们的检察官是同一个检察官，但因他俩所请的辩护律师不一样，那判决结果就可能不一样。不同的辩护律师在辩护技巧、分析论辩能力等方面存在相当的差异，他们对判决结果具有非同寻常的影响力。在刑事案件中，实际上不是律师说服法官，就是检察官说服法官，哪怕是对同一个案件，不同的律师完全可能导致不同的判决结果。从这个意义上说，吴曼琳案和张剑案因辩护律师不同而缺乏可比性。

综上所述，笔者认为，说吴曼琳案判决昭示司法弊病的论断难免有臆断之嫌，不足以成立。

羽戈先生在文章中对1926年美国亨利·史威特案有较多评介。但诚如他本人所言，史威特医生最终得以免受牢狱之灾，实乃拜其辩护律师和美国陪审制所赐。在美国，刑事案件判决结果首先决定于陪审团的裁决。陪审团认为被告无罪，那法官就只能判决被告无罪、当庭释放。所以，案件判决的关键在于是律师还是检察官更能说服陪审团。本案中，史威特幸运地请到了著名律师克莱伦斯·丹诺和托马斯·乔克为其辩护，且这两位律师最终没有辜负史威特的期望，通过在本案的种族背景上大做文章——别忘了，1926年9月8日黑人史威特一家是在警察的护送下搬进那个白人社区的——最终以种族歧视征服了陪审团，让史威特与有罪擦肩而过。

我国名义上有陪审制，但不管是吴曼琳案还是张剑案都未见人民陪审员在法庭上陪审的身影。所以，这两起案件和美国的史威特案也基本上没有可比性，就像中美司法制度没有可比性、中美社会种族构成没有可比性、中美私有财产保护制度没有可比性一样。

面对如此多的不可比，最好的策略当然是知趣地不去比，而不是相反地去强行比较，并得出一个说服力颇低的"强扭"结论——一个注定"不甜"的结论。

和美国相比，我国司法从制度到运作确实存在很多痼疾与弊病，但应该认识到这不是司法本身的错，而是历史传统和现实的政治法律体制造成的。面对如此凄凄惨惨切切的司法现状，最需要的是愈加理性地处理司法裁判问题，而不是随意拿司法案件之裁判说事，以唱衰司法为乐。

我们应时刻提醒自己，维护司法权威人人有责。当"尊重司法，从我做起"成为你我他的共同信条时，司法权威才会在我们这个人治传统深厚的国度慢慢形成。唯有司法权威有实现之日，真正的法治才有到来之时，司法与法治之间此等真实的逻辑关系吾人不可不察。

法官助理应该由谁来管理

为法官设置法官助理，可谓新一轮司法改革的重要举措之一。法官助理制度能否有效地持续运行，实乃直接攸关着本轮司法改革的成败。如今流行于世界各国的法官助理制度，最早于1882年在美国问世。对于我国法院而言，它属于典型的舶来品。就法官助理制度建设而言，一个至为关键的问题是法官助理该由谁来管？质言之，法官助理由法院行政领导调配，还是由法官来指挥？

陋见以为，在法官助理配置及管理方式上，法官应享有更多的决定权。

归根结底，法官助理是法官的助理，而不是审判庭或法院的助理。因为最终行使审判权的是法官而不是审判庭或法院，不是有什么样的法院或审判庭就有什么样的法官，而是有什么样的法官就有什么样的审判庭和法院。任何时候，忽视或怠慢法官在法院及审判庭中的主体地位，都是非理性的轻狂之举。具体到法官助理的配置及管理方式问题，同样得重视法官的立场与态度，甚至可以说，决定法官助理配置和管理模式的，应该是法官而不是审判庭或法院。然而，在过去的法官助理试点改革中，法官助理的配置与管理问题，往往由法院或审判庭做主，具体被法官助理辅助的法官则没有多少发言权。法官在法官助理的配置与管理模式上缺乏应有的自主权，其消极影响不言而喻。

首先，法官助理与法官之间是以法官为主导的合作关系。他们彼此能否实现有效合作，在很大程度上不是决定于法官助理的职责范围是否明确等纸面文件规定，而是他们在脾气、个性、习惯、价值观等内在品性方面是否默契合拍。一旦他们在这些脾性方面不协调、有矛盾，那他们之间的结合就变为"拉郎配"，不适应和低效率是必然的，严重者甚至会在法院里公开发生冲突。准此，在法官助理的配置问题上，应该坚持法官助理与法官之间的双向选择，尤其要尊重法官个人的意见。美国就是如此，其联邦法官的助理如何挑选"完全是大法官个人的事"，而大法官在挑选助理时，"性格上是否合得来"则是优先考虑的因素之一。

当然，在法官助理尚处于供小于求的卖方市场的当下，我国法官要像美国联邦法官那样挑选到自己中意的法官助理并不容易。而在那些平均每位法官难以配置一名助理的地方法院，法官助理只能配置给审判庭，所谓双向选择更是不现实的。不过，只要法官助理改革能进行下去，一名法官配置一名助理的最低目标，在各地法院迟早可以成为现实。所以，法官助理配置要双向选择，尤其要尊重法官的自主决定权，此乃必须坚持的改革方向。

其次，法官助理是否有能力胜任助理岗位，其工作态度是否积极进取，对此最有发言权的应该是法官，而不是其他人。既然最有资格评价法官助理的是法官，那对法官助理的管理权应该交给法官，由法官之外的任何其他人来对法官助理实施日常管理，明显违反逻辑常识。因为管理权力的权威性，主要取决于评价权力的权威性。由最权威的评价主体即法官之外的第三人来进行管理，这种管理注定是低效甚至无效的，甚至会催生管理权力的寻租及腐败。而把法官助理的管理权交给法官，不但是法官助理服务于法官的辅助工作性质使然，而且将法官助理的管理权由法院综合部门转移到法官，还能为综合部门减负，从而有利于裁减综合部门的职员人数。全国各地法院综合部门普遍人员冗余严重，他们过多地占用了法院总体人员编制，明显妨碍到法院审判辅助人员的增长，此乃看得见的事实。职是之故，将法官助理的管理权还给法官，可以减轻综合部门的压力，以利于综合部门冗余人员的改革分流，还可以增强对法官助理管理的有效性，并能强化法官的权威地位，委实是一举多得的明智选择。

法官助理成为法官最主要的后备力量，此乃各地法官助理试点改革的基本共性。2000年北京市房山区法院任命的第一批4名法官助理中，就有两位在两年不到的时间内晋升成为主审法官。法官助理后备法官化，必然会导致法官大众化，法官精英化的改革目标因此而沦为泡影。无论法学素养还是职业经验，法官助理都算不上法律人中的佼佼者，他们中间很多人甚至连荣膺法官的最起码的资格条件都不具备。他们经过短则一两年、长则三五年的法官助理后，就能成为法律人中的精英、具有担任法官的素质？大概没有多少人会相信吧。有谁能想象，护士工作几年之后就可以直接转为临床医生呢？如果法官助理们一个个登堂入室、坐堂问案，那法官队伍恐怕只能重返过去的大众化老路吧？不能不说，把法官助理作为预备法官，此乃过去我国法官助理试点改革的最大败笔。无论是最早实行法官助理制度的美国，还是1999年修订"法院组织法"开始引进法官助理制度的我国台湾地区，都没有把法官助理作为法官的直接来源。事实上，还没有哪个实施法官助理制度的国家，允许法官助理直接晋升为法官。我国理应立即废除这种标新立异的独创先河。在新一轮法官助理制度建设中，杜绝直接从法官助理中选任法官的做法，在接受法官助理岗位强流动性的同时，创造条件激励法官助理把助理岗位职业化。

在美国和我国台湾地区，法官助理都是典型的年轻法律人的"青春饭"，助理岗位具有高度的流动性和过渡性。法官助理经过一两年的历练之后，离开法院进律师事务所或寻觅其他发展机会，乃是法官助理的一贯选择。尽管美国联邦大法官皮尔斯·巴特勒的一位助理曾经干了16年，而欧文·罗伯茨大法官甚至曾雇用过一位终身助理，但在美国这种终身职业化的法官助理只是例外。与美国不同的是，我国法律教育成本并不像美国那样昂贵，同时跟美国相比我国劳动力资源又异常丰富，再加上近年来大学法学教育呈现明显过剩状态，法学毕业生就业压力相当大，所以，法官助理岗位尽管在薪资待遇方面低于法官，但仍然不排除有不少年轻法律人，愿意将之作为一个较长期限的稳定职业，即将法官助理岗位职业化。因此，我们要接受法官助理岗位强流动性和过渡性的职业特点，同时要尽可能地创造条件激励一些人把法官助理职业化。如对于那些工作达到一定年限的法官助理，可以升为高级法官助理，相应提高其工资待遇，达到接近甚至略高于当地公务员水准。当然，对于那些由内部转化而来的法官助理，其工资待遇要严格执行"老人老办法"原则，以公正原则善待他们，避免其成为法官助理改革的阻碍力量。

综上所述，法官助理制度的构建必须考虑各地法院自身的条件与状况，承认每个法院都有它的地方性。我们所能建立的必将是一种地方性的法官助理制度。在法官助理的来源、职责、管理、出路等诸多方面，我们都不必追求全国统一，应该赋予各地法院一定的自主权，允许各级法院有它们自己的独创性。唯有如此，法官助理制度才能在各地法院切实建立起来，并可根植于各地法院的地方性土壤，从而能够在地方上真正运行起来。

司法：与其监督毋宁信任

2012年6月，安徽省亳州市中级人民法院原院长杨德龙因贪污受贿数额巨大，数罪并罚，被判处无期徒刑。在担任院长期间，杨德龙所领导的亳州中院曾两度获得全国文明单位，还获得20余项省级以上表彰。然而，就是这样一个头顶荣誉光环的中院院长，却有着另一面的黑色人生。他大肆以权谋私，将手中的"法槌"视作权力的"拍卖槌"，受贿、贪污合计人民币580多万元。

类似杨德龙案的司法贪腐案件在我国时有发生，并非鲜见。面对屡屡触痛人民神经的司法腐败，国人的第一反应往往是缺乏司法监督或监督不力，于是历来惩治司法腐败的路径与治理其他领域公权力腐败的方式如出一辙，那就是强化已有之监督，并叠床架屋建立新的监督部门。

但三十余年来，法官违纪违法等司法腐败现象，并未随着种种监督机构的增加和监督力度的提升而大为减少，相反，还有越监督越腐败之势。直面此等日益惊心的恶性循环状况，我们该何去何从呢？

监督就是不信任，监督愈多则被信任度愈低，司法监督亦不例外。那当事人和社会该不该信任司法呢？这看似有商榷之余地，实则是个伪问题。无论当事人还是社会公众,当然都应该无条件地信任法官和法院,否则,主动花钱——各种诉讼费用加在一起还不是一笔小数目呢——去法院找法官不是脑子进水了吗?

去法院诉讼的前提当然是信任司法,否则法官无论怎样判决都可能被贴上"偏见""违法""腐败"等标签,案了事未了,才出法院门又走上访路。既然如此,当初又何必费时耗力地投奔法院去请法官裁判纷争呢?

司法的基本逻辑是,因为信任司法,所以将纠纷争议交给法院裁判。社会民众的普遍信任乃司法之所以为司法的根本,一旦失去民众的信任,司法也就失去了立足之根基。而社会民众所信任的司法应该是自由的司法,即极少受各种内外专职机构监督制约的司法。因为被置于重重监督之下的司法必将是主体性深受重创乃至彻底沦丧的司法,而主体性不完整的司法当然是无独立、无尊严的司法。那种自身主体性破碎的无独立司法,又怎能让社会民众信任和依赖呢?

那么,无法院内外种种组织机构监督、自身主体性完好无缺的司法,何以能做到洁身自好、公正廉洁?

在法治成熟国家,法官均为具有良好法学教育背景、思想观念与社会主流意识相契合的法律贤达之士。法官任职期间身份有足够保障,绝不必为"五斗米折腰";在司法过程中法官的一言一行都处于当事人及其代理人——与法官一样受过严格法学训练的律师的监督之下;法官的判决意见书不但说理充分而且向社会公开,法官的裁判要接受上诉法院的审查,如果当事人上诉的话;在刑事案件中,案件事实问题由陪审团裁决,被告人罪名成立与否法官做不了主;此外,判决发布之后社会公众和新闻媒体还可以对判决结果品头论足以监督法官。

此等制度决定了司法根本不需要由专人专职来实施监督，置身于这种制度和环境下的法官，没有必要亦不大可能拿其来之不易（法官选拔要过五关斩六将，严格之至）的"有保障、有地位、有尊严"的法官职业作赌注去违纪违法。法治成熟国家，其法官自重、自爱，司法腐败相当鲜见的"秘籍"就在于此。

在我国，司法制度框架已经建立，但具体运作制度的完善之路依旧漫长，如法官市场准入门槛偏低、准入机制不完备，同级人大常委会任免法官之宪法和法律规定形同虚设；法院财政始终仰赖于地方政府，法官身份不受法律更遑论宪法保障；司法至今只做到了很有限的公开，全面、系统的公开仍遥遥无期；人民陪审制度仍有缺陷，陪审员对判决结果影响有限甚至毫无影响；等等。

而审判长选任和主审法官制、错案追究制和法官责任豁免制，正式层面上法官遴选的高标准与地方财政制约下法官底薪之间潜在的制度矛盾，在既有法官大众化和法院绩效考评"双轨制"制约下无法实现的现实充分说明，法院人事管理已然成为我国司法实现现代化的"瓶颈"。

实践中的司法运作背离司法本性之要求可谓甚矣。中外正反两方面的经验告诉我们，纠正之道在于建立类似西方那种法官身份有保障、法官之间人人平等、无人事考核和内外种种监督的现代司法制度。

不管改造现行错位的司法制度困难有多大，治理司法腐败，就必须迎难而上。不然，只能在背离司法基本原则和规律的相反方向上渐行渐远，法官违纪违法依旧难以得到有效治理，甚至因不良新制度的介入而变本加厉。方向问题始终是第一位的，否则难免会南辕北辙、有劳无功。

治理司法腐败，重要的是从法官选任及其身份保障和司法过程的社会参与等方面着手,法院内外的种种监督对于法官控制而言,应该是非常辅助性的事后措施。对于法官与其监督毋宁信任,创建一套法官可以信赖、值得信赖的现代司法制度,才能从源头上遏制司法腐败。

杨德龙法官的悲剧人生告诉我们,在惩治司法腐败方面种种监督制度基本无效,继续走司法监督的老路注定没有出路,致力于建设可资信赖的现代司法才是沧桑正道。

第二辑

聚焦法院　制度建言

不判案，非法官

2012年8月，中国政法大学何兵教授一条批评法官写论文、编书是"沽名钓誉、不务正业"，提出法官的主要任务是审案子而非审稿子的微博在网络上疯传，在广大网民中间掀起了法官该不该著书立说、什么才是法官立身本业的讨论高潮。

其实，关于这个话题探究空间有限、商榷余地不多。在法庭上听审案件并撰写裁决案件之司法意见乃法官的基本职责，法官的务本之业就在于此且仅在于此。至于写论文、编书、翻译什么的，法官当然可以做，但只能把它们作为业余的兴趣爱好或业余学习充电的方式和手段。在正常工作时间内不坐堂问案、不敲键盘写判决书的法官是没有资格称为法官的。这种人哪怕学富五车、著作等身，在法官的位置上也不过是一具行尸走肉。

听审案件、发表判决意见是法官最基本的职能，甚至是人民赋予法官的唯一职责。皓首穷经、埋头著述，那是学者的本分，不是法官的使命。对于法官，人民不需要他有多么精深、前沿的法学理论知识，只要他具备较为丰富的法律理论素养就行。人民最需要法官的是严格依法裁判，面对双方当事人时能够做到公平公正、不偏不倚。在人民眼里，法官的一本鸿篇巨制远抵不上一纸事实清楚、说理透彻的判决书。

就法官来说，不裁判案件是典型的不作为，而在工作时间写论文、编书则是乱作为。不管是不作为还是乱作为，都是角色认知错误和身份认同变异。从速纠正此等认知错误和认同变异，彻底抛弃学者的使命与担当，坚定地转到听审案件、制作裁判文书的务本轨道上，才是此类法官人生之正道。

有民谣曰："学者摇唇鼓舌、四处赚钱，越来越像商人；商人现身讲坛、著书立说，越来越像学者。"的确，我们这个时代人的角色错位相当明显。但正因如此，法官就越不应跟着错位，将自己视为法律学者。法官就像是社会的医生，社会上的各种错乱腐败、越权违法不能没有法官来诊断和医治。此时，如果法官也跟着发生了身份错位，那还有谁来救治这个有疾有恙的社会呢？是故，法官务必要坚定地站到法院一线去裁判案件，认真地医治社会的种种创伤。那些两耳不闻窗外事、一心只写学术书的法官，是自私而又不负责任的。人民完全应该依法剥夺戴在他头上的"法官"头衔，因为他根本不配有这样神圣的光环。

在微博上有人跟帖说，美国的波斯纳、霍姆斯等法官"中枪"了。这种说法实乃无知得很。波斯纳法官、霍姆斯大法官诚然著作等身，但他们在担任法官期间每年都要参与裁判几十个甚至上百个案件，发表几十份甚至上百份司法意见。波斯纳是1981年开始担任联邦法官的，到1999年他就发表了1680份司法意见。而霍姆斯也是在司法意见中而不是在论文中提出"观念的自由市场"这一著名论断的。

不能不指出的是，霍姆斯、波斯纳等法官在其著作中常常大段大段地原文引用（照抄）他们在裁判案件时所发表的司法意见。与学者的著述不同，这些法官如此半写半抄之著述的工作量其实不是很大，业余即可胜任。这方面的典型还有英国著名法官丹宁勋爵。《法律的训诫》《法律的正当程序》《法律的未来》等书在我国法学界算是畅销书。读过这些书的法律人应该知道，这些书完全是由丹宁法官几十年的司法意见串联起来的，是名副其实的编出来而不是写出来的书。

然而，我国那些著作等身的著名"法官"，有多少人在其论文著述中引用自己撰写的司法判决意见？在不胜枚举的著作中有一本是通过串联自己平时发表的司法意见而"编"出来的吗？这些著名法官，有多少人坚守在法院一线听审案件呢？据最高人民法院统计，2011年我国法官全年人均结案量为59.86件。那些高产的著名"法官"2011年审判过50余件案件的有多少，在法庭上宣读过近60份判决书的又有几人？只怕全国上下打着灯笼也找不到这样一位以著述闻名的"法官"吧！更遑论有多产的著名"法官"听审案件数量超过这一平均数了。

客观地说，导致在任法官远离案件纠纷之裁判，躲进小楼做书生的原因是多方面的。各级法院以提升理论水准为由鼓励法官著书立说，对那些发表论文、出版专著的法官给予各种奖励甚至直接提拔当法院领导，是导致法官远离裁判而"醉心"于科研的重要外因。提高法官理论素养的最好方式是送法官去培训进修，而不是要求法官著述多产，那样只会让法官荒废裁判案件之正业。

准此，我国各级法院应逐步取消对法官的著述考核，停止对著书立说成绩突出的法官给予任何奖励，以此清化和纯洁法官的职能和使命，驱使法官将全部的精力投入裁判案件中去。不宁唯是，对于多产的法官还理应适时公开其年度庭审案件数量和判决意见书份数，以利于同行和社会公众对其实施监督。

长年不判案的法官有负于"法官"这个神圣称谓。法官当然可以著书立说，但不能因此种了学者的田而荒自己的地——听审并裁决案件。法官到处讲课、著书立说，越来越像学者，这是可怕的社会精英的身份错位。长此以往，注定只有悲剧没有喜剧。我们或许正处于一个悲剧即将发生的时代。面对这样的时代，法官将才华献给裁判还是学术，考验着每位法官的职业良知和我们民族的决策智慧，不是吗？

为此，我们呼吁所有的法官都应该在一线直接面对当事人和辩护律师，任何法院都不应该有不裁判案件的法官。但凡法官都必须到庭听审案件、化解纠纷，这应该是我国司法改革的应有之义。

法官无权积德

2012年1月，吴英案二审裁定驳回上诉、维持对被告人吴英的死刑判决。此裁定甫一宣布就掀起了吴英案社会舆论一边倒的第二波高潮（2009年的一审乃第一波）。毫无疑问，如果舆论真的可以参与审判，那吴英现在不是在继续集资，就是走在继续集资的路上。但法治国家禁止舆论审判，所以吴英不但不可能继续集资，而且只能待在看守所等待最高人民法院的死刑复核。

吴英案一边倒的巨大民意舆论其来有自，与大多数法律人和其他教育背景的公共知识分子的鼎力推动息息相关。没有这些人的有意识的合力参与，吴英是生是死不可能如此扣人心弦。

但依愚见，一些法律人尤其是无法学训练的公共知识分子对吴英案的诸多评判意见混淆了法律与道德的界限、违背了法治的基本原则，值得吾人警惕，文化学者易中天的"法官积德论"堪称其典型代表。

针对吴英案的死刑判决，易中天在其新浪博客上公开呼吁刀下留人，他说："我不懂金融，也不懂法律，对吴英案更知之甚少。但我知道两点：一，经济犯罪不判死刑，已经成为基本的刑事司法原则；二，本案事实部分不清……请最高院的法官大人刀下留人，最好能够重审!"他认为,法官"大人勾决的朱笔只要现在停住,就是为法治积德,也是为自己积德"。

不懂法律又为什么要说"经济犯罪不判死刑,已经成为基本的刑事司法原则"这种既于法无据又与事实不符之主观臆断?我国刑法第199条不是明文规定集资诈骗"数额特别巨大并且给国家和人民利益造成特别重大损失的,处无期徒刑或者死刑"吗?在厦门远华走私案中,王金挺、黄山鹰、庄铭田等人不就因走私这种经济犯罪被判死刑了吗?被告人唐亚南不正是像吴英一样因犯有集资诈骗罪在2008年被安徽亳州市中级人民法院判处死刑了吗?

既然"对吴英案更知之甚少",那又凭什么提出"本案事实部分不清"这种没有调查就发言的主观猜想呢?从案卷上看,吴英案事实并不复杂,案情事实基本上比较清楚,在审判过程中争议的重点不是事实部分,而是法律适用部分。

在刑法第176条(非法吸收公众存款罪)与刑法第192条(集资诈骗罪)及第199条(集资诈骗罪的加重处罚条款)之间,到底适用哪条来判决才是此案之关键。如果以第176条治罪那结果就没有震撼性,因为最高也只判处10年徒刑;但如果适用第199条那结果就完全不一样,它意味着吴英可能面临死刑的致命判决。而在第176条、第192条和第199条之间何去何从,这属于法官的职权及自由裁量范围。不管法官最后的选择如何,我们都只能保持理性克制、服从并尊重。

其实,在法官的裁判过程中,所有人都有合法正当的途径去向法官表达自己的意见以影响法官、拯救吴英。众所周知,在沈阳刘涌案中,十余位刑法专家向法院出具了旨在把刘涌从死刑边缘拉回来的《专家意见论证书》。吴英被逮捕是在2007年3月,一审判决在2009年12月,时隔2年又8个月。吴英上诉是在2010年1月,二审判决在2012年1月，时隔整整两年。在这两个阶段共计4年8个月的时间里，金融专家、刑法学者及其他公共知识分子去哪里了？为什么就不见他们向法庭提供论证意见书以引导或影响法官的法律适用？难道就因为负债累累的吴英没钱而黑社会老大刘涌家里有金山银山？

既然判决前泰然处之，浪费了合法正当地说服法官的有利时机，那判决之后又有何道理对判决结果极尽指手画脚之能事，对法官大谈刀下留人、为法治积德呢？这前后两重天的巨大反差能叫人不怀疑其"醉翁之意不在酒"吗？当然，更关键的不是动机问题，而是法官无权积德这一基本的法治原理问题。

法官回避制度，决定了裁判法官与吴英及其他涉案人员之间不存在任何的爱恨情仇。法官作为普通人或许像我们一样对刚刚三十岁出头的女青年被判处死刑充满恻隐之心，但在法庭上以法官的身份判决本案时，他首先想到的不应是内心的道德法则，而只能是法律规定。当法律与道德相冲突时，法官的角色只能是守护法律。社会公众完全可以考虑案件的道德处境而宽恕被告人，但法官恰恰不能这样做。他必须忠实地依据法律的规定判处被告人某种法定刑罚。纵然离开法庭之后法官可以毅然以一介平民的身份去请求国家元首赦免被告人，但在法庭上他还是必须亲手处以被告人法律所规定的刑罚，不管此等刑罚多么不合情理。

司法判决背叛道德法则其最主要的原因往往不在于司法本身，而在于立法。立法和道德不可分离，任何良好的法律都内含着大众所认可和信仰的道德法则，而背离公众的道德信条则是所有恶法的共同特征。但对于法官而言，法律和道德只能彼此独立。在司法裁判过程中法官必须严守既定的或良或恶的法律而无权以某种道德戒律来判决案件，否则，法官迟早有一天会以道德的名义抛弃法律。

而道德取代法律成为裁判案件的基本准则之时，必将是民主法治沦陷和伪道德肆虐泛滥之日。舍弃法律的"文革"噩梦可谓不远之殷鉴。

立法与司法之间的关系犹如上梁与下梁。俗话说，上梁不正下梁歪。当立法不正即所立之法为恶法时，那司法必然不正即判决结果一定是荒谬的或显然与大众伦理道德观念相冲突。吴英案就是立法不正司法歪的典型。

谈到吴英案，有哪个不是对我国现行的非法集资刑法规制立法满腹异议呢？茅于轼先生不就公开指出非法集资这个罪名不成立吗？是的，环诸全球，用刑法规制民间金融的国家并不多见，而坚持市场经济制度之国家用严厉至死刑的刑罚来遏制民间金融开花结果的更是绝无仅有。在其他国家，对于民间金融秩序多以"侵权法""合同法"等民事法律来规制，用刑法来规制的属于鲜见之少数。但我国刑法却用"非法吸收公众存款罪""集资诈骗罪""擅自发行股票或者公司、企业债券罪"等数个罪名来规制，这不能不说是现代市场经济法律制度中的另例和异数。既然是另例和异数，那当然就难免与普世性的道德法则磕磕碰碰甚至格格不入。而在这种没有宽容到给大众道德理念一席之地的上梁恶法之下，身为下梁的司法当然只能处于"陷于不义"的被动之境。

在成熟的宪政国家，面对丧失道德伦理要求的恶法，法官不会手足无措，而有可能使出宪法审查的撒手锏，宣告此等恶法因违反宪法所保护的公共道德法则而无效。但不幸的是，我们的民主宪政尚处于襁褓之中，法官解释宪法、实施宪法审查始终"名不正言不顺"，宪法因而长期游离于法庭之外。所以，面对诸如刑法第199条这种恶法，法官唯能喟然长叹——宪法审查这种除恶存良之武器，我国法官又何尝不想拥有呢？——恶法亦法。

既然如此，那我们又有什么理由对法官求全责备、批判挞伐呢？相反，我们不但不应一味地指责法官，还应该坚决地维护和尊重法官这种看上去不可思议的判决。因为这不是法官的错，这种视生命如草芥的判决系作为上梁的立法不正所致，而非身为下梁的司法自身执法不严或违法不究——违反宪法不予追究。是故，直面吴英的悲剧，请求法官刀下留人、呼吁法官积德，在时间上错了——理应在判决作出之前以书面形式有理有据地这么吁请，在对象上亦错了——应该向国家主席呼吁特赦或向立法机关提议废止这种公然排斥人权和人道的恶法。

不管吴英的法庭命运如何，我们都应理性地看待、冷静地接受，而不是戴着有色眼镜去质疑法官，或试图用道德话语去说服法官改判。法官的职责是守护法律尊严而非捍卫道德价值。无论如何法官都无权在司法裁判中塞进其个人或他人的道德私货，更遑论为了所谓的积德而舍弃法律。民众对司法裁判的服从程度决定了司法权威之高下，司法权威之高下则决定了一个国家的法治状况。为了实现法治之梦，为了不让明天的你我成为下一个吴英，就应该从维护法官权威和服从司法裁判做起，唯有民众由衷服从和尊重的司法才能托起法治的明天。

公共知识分子所推动的社会舆论，即便成功地解救了今天的吴英，那他也不可能同样地挽救明天、后天的"吴英"。吴英的悲剧与其说是司法问题，毋宁说是立法问题。我们应该用舆论和选票来重构我国现行的充满特权和歧视的金融规制立法体系。酿成吴英悲剧的是立法机关而不是法庭，要避免吴英式悲剧在我国重演，我们要走向的不是法庭而是立法机关，我们要呼喊的对象不是法官而是身为立法者的人大代表，是他们而不是法官制定了与人权为敌、跟自由有仇的刑法第 199 条。

德国哲学家黑格尔曾指出："谁在这里和那里听到了公共舆论而不懂得去藐视它，这种人决做不出伟大的事业来。"人类历史上最伟大的事业当属告别人治、实现法治。为了法治，我们应该自觉地远离所有不信任司法裁判的公共舆论。一切不尊重司法的公共舆论都是理性匮乏、理智浅薄的廉价煽情，它只会导致充斥着傲慢与偏见的舆论审判。而一个盛行舆论审判的民族是不配亦不可能真正走向法治的。

法官判案

——推动司法法治化的杠杆

自 1988 年第 14 次全国法院工作会议,决定对审判方式进行改革以来,我国司法就一直处于改革之中,至今已经历了三十余年的改革洗礼。但伴随我国司法不断改革的是,司法腐败未破,司法权威未立,社会各界对司法的总体表现不甚满意。在每年的全国人民代表大会上,常有一定数量的人大代表,不赞成最高人民法院的工作报告,反对票屡创新高。毋庸置疑,持续多年的司法改革,并未给我国司法铺垫应有的社会信任基础,司法依然面临着改革的重任。

那我国司法到底该如何改、怎样革呢?窃以为,我国司法必须走法治化之路,法治化应该成为我国司法改革的基本目标。司法法治化,简言之,就是司法与政治保持适当的距离,法院彻底告别行政化倾向,实现法官职业化,同时规范法官的裁判职能。我国司法要实现法治化,就必须铲除司法行政化的痼疾,而从法院院长到普通法官,是否一律上法庭听审和裁判案件,则为司法能否撤废行政化,并实现法治化的内在关键。如果全体法官都把判案作为自己唯一的主业，真正站到一线去庭审和裁决案件，那就相当于开启了中国司法法治化的新模式，容解析如下。

一、审理并裁决案件乃法官的天职

法官不判案，就有负于"法官"这一崇高的法律职业称谓。然而，伴随着司法改革不断进行的是法院内不参与案件裁判的法官人数呈连年增长之势，一些法院不判案的法官，甚至占到全院法官的一半以上。法官有名无实，不参与任何案件的裁判，此等不审判的法官大量存在，既是我国司法高度行政化的外在标志，又在极大程度上巩固并加剧着我国司法的行政化倾向。准此，强化法官的裁判意识和审判职能，实乃时不我待。

才华横溢的法官我国诚然不缺，但将学识与才华全部用于案件审理及裁决的法官，则凤毛麟角。当下我国知名法官并不少，但他们中几乎没有一位是因为作出了哪怕是一起权威的司法判决，而为世人所知。他们更多的是通过著书立说或大量译介西方法学著作而为人所闻。我国最高法院里，就有数位甚至十多位法官，其学术产出明显超过一个大学法学院的教授，但这些知名法官的身影，基本未在法庭出现过，他们从未参与案件的庭审，更遑论撰写司法判决意见，此乃公开的秘密。三十余年来，凭借经典的判决意见，而在法律职业共同体中赢得广泛声誉的法官，打着灯笼也找不着一个，但通过其惊人的学术产出，而在法律职业共同体中，斩获声望的法官数量之多，足以形成一个规模不小的所谓"学者型法官"群体。不判案的法官却可以成为著名法官，此等史书不载、吊诡意味十足的司法乱象长存，充分映现了我国真实司法的另一面：法官职业化在我国法院内尚未生根，甚至法官群体对职业化都了无兴趣。

法官远未实现职业化的司法现状，导致我国的司法判决，一方面因说理欠佳,而缺乏基本的权威;另一方面亦产生不了大量富有理论价值和现实意义的优秀裁判文书。在这方面,我们甚至还不如我们的古代先辈。在我国古代,尽管没有议事、执行和审判三种国家权力分立意义上的近代化司法,只有相对专业或专司意义上的司法,但差不多每个朝代,都出现过几位甚至一批著名判官(法官),且他们著名的根源就在于,他们曾经作出过许多优秀甚至是经典的司法判决。像《名公书判清明集》就是由宋代官员裁判案件的判决意见汇集而成的。类似这种司法技艺颇高的判词汇集,几乎历朝历代都有流传下来一两本甚至更多,它们业已成为我国法律思想文化宝库中的一个重要组成部分。如针对范宽凌族叔一案,宋代判官就写出了这样一份判决:

> 本司以劝农河渠系衔,水利固当定夺;本职以明刑弼教为先,名分尤所当急。范宽以富而凌虐其穷困之族叔,动辄以服绝为言,如此,则族之尊长皆可以服绝而毁辱之矣!后生小子,不知有宗族骨肉之义,本合科断,以其稍能读书,不欲玷其士节。押下金厅,请吴金捶楚二十,以为恃富凌族长者之戒。(《名公书判清明集》,中华书局2002年版,第392页)

此等判决意见对情理法条分缕析,说理透彻,兼顾了法律、人情和伦理。此等判决意见充分体现了判官高超的司法裁判技艺和社会治理理性。至于此判决所承载的"序尊卑,别贵贱"的儒家文化需要批判,则是另一回事。

不宁唯是,明代著名知县判官——海瑞,还根据自己以往处理各类案件的经验教训,总结出了以下这段广为流传的司法裁判原则:

> 窃谓凡讼之可疑者,与其屈兄,宁屈其弟;与其屈叔

伯，宁屈其侄；与其屈贫民，宁屈富民；与其屈愚直，宁屈刁顽。事在争产业，与其屈小民，宁屈乡宦，以救弊也。（乡宦计夺小民田产债轴，假契侵界威逼，无所不为。为富不仁，比比有之。故曰救弊。）事在争言貌，与其屈乡宦，宁屈小民，以存体也。（乡宦小民有贵贱之别，故曰存体。弱乡宦擅作威福，打缚小民，又不可以存体论。）

[《海瑞集》（上册），中华书局1962年版，第117页]

范宽凌族叔案判决意见和海瑞的司法裁决经验总结，足以证明我国古代判官（法官），都站到了案件处理和纠纷解决的一线，在判决案件时常常充分考虑情理法，力求做到法律、人情及伦理三者兼顾、和谐统一。一句话，他们都是严肃对待判案的优秀法官。

然而，就是在裁判案件之正业方面，我国当代法官与古代判官也难以相提并论，且越是业务能力强的法官其表现越糟糕。据最高法院统计，2011年我国法官全年人均结案量为59.86件。从各地法院院长、副院长到以学术产出闻名的知名法官，有多少人在2011年这一年审判过50余件案件呢？他们中又有几人执笔撰写过50余份判决意见书？在我国各级法院院长、副院长，基本不上法庭听审案件。全国法院上下打着灯笼也找不到，年度判案数量接近平均数的法院院长或副院长。至于以学术高产闻名的法官，他们中间亦不可能有人达到人均判案数量。从现有的公开信息来看，那些高产的知名法官跟法院院长、副院长一样，大多数都是远离当事人、不踏法庭半步的不判案法官。而不管是院长、副院长还是高产法官，他们原本都是司法业务能力较强的精英法官。

听审案件并发表判决意见，乃是法官最基本的职能，甚至是人民赋予法官的唯一职责。对于法官，人民不需要他有多么精深、前沿的法学理论知识，他只要具备较为丰富的法律理论素养就行。在人民眼里，法官的一本鸿篇巨制，远抵不上一纸事实清楚、说理透彻的判决书。就法官而言，不裁判案件是典型的不作为，而在工作时间写论文、编书则是乱作为。不管是不作为还是乱作为，都是角色认知错误和身份认同变异。从速纠正此等认知错误和认同变异，坚定地转到听审案件、制作裁判文书的务本轨道上，才是那些精英法官的职业正道。

从基层法院到最高法院，院长、副院长基本不参加合议庭，不亲身出庭听审案件，此乃我国法院沿袭多年的传统。然而，法院院长、副院长首先是法官，其次才是院长、副院长，院长、副院长的行政管理角色非但没有剥夺其法官身份，相反它还进一步强化了其法官身份——不合格的法官岂能当法院院长、副院长？

是故，此等法院领导不判案的传统，实乃违反常理的司法陋习，它诚然是有违法官职业伦理的人治而非法治规则。作为首席法官的法院院长，其法袍基本不用，这形同虚设的不仅仅是法袍，还有宪法和法律。兹事体大，不可不为。当然，碍于行政管理任务，法院院长、副院长们无须整天坐堂问案，但一年到头亲自参与几起、十几起案件的庭审，并撰写几份、十几份判决意见书这样的底线要求，应该不难做到。是故，问题只在于"非不能也，是不为也"。

二、法官判案有助于抑制法院的行政化倾向，减少法院内部的行政权力，对司法裁判的干预或影响

法院行政化严重的一个重要原因是，法院里不判案的法官占到了一定的比例。一旦这些人放下手中的行政事务，个个去会见当事人和律师，将主要精力用于案件纠纷的审理和裁判上，那法院内的行政化倾向，自然会得到有效抑制，所有法官都将回归到仅且仅仅裁判案件的务本正道上。

法院行政化倾向遭人诟病，是因为它妨碍了法官的审判职能。国家和社会对法官只有一个要求，那就是裁判好案件，包括著书立说在内的所有其他事务，法官都可以置之不理。不宁唯是，为了这唯一目标，宪法和法律都规定法官审判独立，"不受行政机关、社会团体和个人的干涉"（《宪法》第 126 条）。然而，法院内部行政化倾向，必然对法官之间理应彼此独立、各自对法律负责的关系状态造成冲击，使法院沦为权力有大小、身份有高低的行政机关，使法官在对法律负责的同时，还得对院领导负责，甚至罔顾法律而仅仅对法院领导负责。要扭转法院的行政化倾向，就必须强化法官判案的意识和职能。当所有的法官都将全部精力用于案件的裁判上，人人平等地走进法庭裁判各自的案件，那法院院长、副院长等法院领导，对其他法官判案的干预就会渐渐减少，在这个过程中，法院内部的行政化倾向，自然会得到控制，并随之慢慢地销声匿迹。

　　法院在单位时间内的判案数量及质量，与法院内部的行政化倾向成反比。在法治成熟国家，其法院的司法效率往往更高，其中一个重要原因是，法院内部基本不存在行政化倾向，所有的法官都将主要精力用于案件的庭审和裁判，根本没有不审判的法官，法院院长或首席大法官同样以判案为主，以行政为副。包括法院院长、副院长在内的大量法官，长年累月不判案，这在我国相当普遍，但在法治成熟国家完全不可思议。不管是做行政管理工作还是著书立说，都不应该成为法官的主业，它们只能是法官判案之余的副业。当法院内所有的法官，都将精力用于判案之主业，那法院行政化倾向，自然会日渐成为无本之木。准此，要求并强化法官判案，必定能有效抑制法院内部的行政化倾向；没有行政化倾向的法院，所谓来自法院内部权力对审判的干预，当然就会渐渐变为无源之水。

三、法官判案能强化和推动法官职业化建设，有利于树立和巩固司法权威

一旦所有法官都到一线去听审和裁判当事人的诉讼请求，那法官职业的准入门槛必将在实践中被提得很高，其结果不但有利于巩固和加强法官的职业化建设，而且能对司法权威之养成带来福音。毕竟，高素质的法官的司法裁判，往往具有更高的合法性和合理性，继而促进司法权威。

司法改革都几十年了，但各级法院还存在一批缺乏足够法学素养的法官，其中一个重要原因在于，有大量法官可以不上法庭裁判案件。尤其值得指出的是，各级法院院长、副院长与其他政府部门首长，之所以彼此调来换去，大量毫无法学教育背景或法律执业经验的人，也能被任命为法院院长、副院长，这同样与不是所有的法官都非得判案不可的不良司法传统息息相关。试想，如果与之相反，即所有的法官都得听审和裁判案件，那些未受过法学教育的人，怎么可能有勇气进法院当法官或做院长呢？毕竟，坐堂问案需要面对案件双方当事人、具有法律专业知识的律师和其他旁听人员，一旦露馅将当场让自己无比难堪，事后还会受到同事和他人的耻笑。不宁唯是，一旦法律基本知识匮乏的缺陷在判决书中露出马脚，那将会成为个人职业生涯难以洗刷的污点。因为判决书必然面临着网上公开，并被存档保留。换言之，这种缺陷既可能面临着上级法院的审查，更可能会被媒体曝光，成为社会公众质疑和问责其个人及整个法院的最好证据。

上述分析表明，一旦成为法官或法院院长、副院长，就必然意味着参与庭审并裁决案件，那任何具有自知之明的理性人，在法学教育不足的情况下，是不会选择进法院当法官的，更不会接受法院

院长、副院长的任命。如此一来,那进法院的就当然只剩具备良好法学素养和法律执业经验的法界精英了。法官职业化,自然会随之水到渠成。

与立法机构和行政部门相比,法院的职能相当单一,它只需要受理案件并依法裁判之。法官只需为国家和社会提供一种公共产品,那就是司法判决。舍此,宪法和法律对于法官没有任何别的要求。不判案的法官,无论做了多少行政工作,亦无论著作如何等身及精深,都明显违背了人民对他判案的期待,违反了宪法和法律对其职业之要求,其缺乏职业伦理、不忠于职守实属毋庸置疑。

所谓法治,用个简单的比喻就是,上帝的归上帝,凯撒的归凯撒。几十年来,此等各守本分的法治精神,始终未能成为我国司法改革的指南针,此诚我国司法改革历来成效不彰的重要内在原因。当下我国应该吸取此等经验教训,将法官判案作为司法改革的一个基础目标。一旦按下此等中国司法法治化的按钮,那中国司法行政化倾向严重的积疾,定能得到有效治理,而实现法官职业化的改革目标,亦必将为期不远。为了中国司法的明天,今天的我们务必启用法官判案这一司法法治化的杠杆了。

法官对法律负责还是对审判长负责

2013年2月，深圳市福田区人民法院首开全国法院之先河，全面实行审判长负责制，建立更灵活的审判团队的新闻报道，引起了社会各界的关注。对于福田区法院的审判长负责制改革，肯定者有之，存疑者亦不少。

案件裁判结果常常需要经庭长、院长等层层审批，一旦案件出现质量问题，责任难以落实，该负责的不负责，不该负责的却要负责，福田区法院此次改革主要针对的就是这种"判者不审，审者不判"以及裁判流程过于复杂等不合理现象。

改革后，审判长在审判团队中居于核心地位，拥有案件的分配权、决定权和签发权，并承担团队成员的工作安排、管理考核等职能。这样使得案件的审理者与裁决者实现了统一，法官的职、权、责也达到了高度统一，哪个案件出了问题就能立即找到责任人。

由此可知，所谓开先河的审判长负责制改革，实际上只是将责任从原来的庭长、院长直接转嫁到各个审判长身上。审判长负责制仅仅只是部分化解了案件的责任主体问题——对于审判团队中其他法官裁判的案件审判长也要一律担责，这同样既不合法又不合理。像以往的审判改革一样，此番改革同样回避了一个更为根本的问题，即对于案件的裁判承审法官到底该承担何种责任？

任何人都要对自己的行为负责，法官亦不例外。对此等常识性的事理逻辑当然无须投以怀疑的眼光。但裁判案件的法官该对谁负责、对其裁判行为负有什么样的责任等问题，则兹事体大。此等问题如何回答，不但直接攸关法官能否独立，而且严重影响到司法是否公正，吾国吾民不能不慎。

人是经验的动物。在答复此等问题之前，我们不妨首先检视一下西方法治成熟国家是如何看待这个问题的。或许，它们能为我们提供一些有益的经验及启示。

环诸全球，大多数国家和地区的宪法都主张司法独立，保障法官只服从法律。如邻邦日本宪法第76条规定"所有法官依良心独立行使职权，只受本宪法及法律的拘束"，又如德国基本法第97条规定"法官应独立行使职权，并只服从法律"。美国宪法虽未作类似之规定，但其法官任职终身、法官薪水不得减少等规定，事实上使得法官不对法律之外的任何个人或组织负责。不宁唯是，美国法官还有权审查国会的立法及总统的行为是否违反宪法。换言之，必要时法官还会以对国会立法说"不"的方式对作为"高级法"的宪法负责。

由此可知，在法治成熟国家法官只服从宪法和法律，即法官只对宪法和法律负责，此外，不会对任何具体的个人或组织机构负责。其负责的基本形式就是严格依法裁判一切案件。

或许有人要问，如果法官对宪法和法律也不负责，即不严格依法裁判，那又如何是好呢？在法治成熟国家，对宪法和法律不负责任的法官肯定是有的，但相当罕见。因为在这些国家法官都是经过层层选拔而来的，属于法律人中的精英，其职业能力和职业伦理几无瑕疵，更遑论存有缺陷；同时，法官的薪资和社会地位都比较高，他们确实犯不着知法犯法，此其一。

其二，法官的所有裁判行为都是公开的，其判决文书的说理释法程度如何，事后要经受上级法院及社会各界的审查与检阅，他们枉法裁判的空间相当有限，堪称小如针孔。

其三，法官如果确实存在枉法裁判等违法失职行为，那必将面临着被弹劾，甚至被司法起诉的命运。

前两条算是西方法官枉法裁判并不常见的根本原因。因为有此两条，所以第三条即事后的惩罚机制很少有机会派上用场。两百余年来，美国尚无一位联邦法官在任职期间因违法失职而被判有罪，至于因某些行为不检点而辞职或遭除名的联邦法官至今亦只有八位。

美国等西方国家的经验说明，法官只对宪法和法律负责不但行得通而且完全靠得住。他们这种法官不对任何个人或组织负责的模式值得我们借鉴，我们甚至可以对之采取"拿来主义"原则，让我们的法官也仅仅只对我国的宪法和法律负责，从而在裁判案件时无须察言观色和请示汇报于任何人，真正做到依法裁判、独立自主。

然而，深圳福田区法院改革后的审判长负责制下的法官跟原来在庭长、院长审批制下的法官并无二致，他们同样难以做到只对宪法和法律负责，在服从宪法和法律之外，他们更要服从有七情六欲的人，只不过，这个人现在不是庭长或院长，而是审判长，仅此而已。

与庭长、院长相比，审判长更值得信赖吗？未必。毕竟，他们都是容易被各种外在因素蛊惑的人，而不是铁面无私的神。就算审判长心底无私、人格高尚，那法官对审判长负责亦不妥。因为这必然导致法官裁判案件时在遵守宪法和法律的同时，还得受审判长个人认知与意志的影响甚至是支配。当他们之间发生矛盾时（有谁能想象他们之间始终是和谐统一的呢？），法官就往往只能抛弃自己而服从后者了。因为审判长不是一般的人，他是有权决定法官前途与命运的上司。

西方的经验早已证明，只服从宪法和法律的法官绝大多数都是好法官；同样，只服从宪法和法律的裁判绝大多数都是好的裁判。与人相比，宪法和法律更值得信任和依靠。我们所有的司法改革举措，都应该坚决朝着法官只服从宪法和法律的方向去努力，而不应该是让法官今天服从这个人，明天又服从那个人。我国司法改革的目标必须是：法官只对宪法和法律负责，此外，他无须向任何人负责。

早在1842年马克思就指出："法官除了法律就没有别的上司……独立的法官既不属于我，也不属于政府。"人类的法治经验史表明，最能维护法治秩序的，从前是而且仍然是诚实、能干、独立和博学的法官。为建立宪法和法律下的公正司法，我们努力的方向不应是强化对法官的监督和问责，而应致力于法官的独立、诚实、能干与博学建设。

美国大法官斯托里曾言："在人类政府中，只有两种支配性力量：暴行的力量和法律的力量。如果司法部门不能超越所有恐惧、超越所有指责而实施后者，前者必定盛行。"司法部门指望谁来展示法律的力量呢？当然是严格依法裁判、只对宪法和法律负责的独立的法官了。

任何人在准备问责甚至指责法官的时候，请务必扪心自问一下，你所问责或指责的法官究竟在对谁负责？他是只服从宪法和法律的独立法官吗？

期待最高人民法院推动五大改革

在 2013 年 3 月的十二届全国人大一次会议上，周强先生当选我国最高人民法院院长。对这位新科最高人民法院院长，包括法律人在内的社会各界充满期待，皆盼望他能给我国司法带来新气象，为我国法治书写新篇章。

民众的满心期盼，一方面是因为近十年我国司法的权利救济功能明显不彰，其社会信任度始终只跌不涨；另一方面则源于周强的法学教育背景。与前任院长不同的是，周强在我国法学重镇——西南政法大学接受过七年的正规法学训练，早年在司法部任职时还做过肖扬部长的秘书，而肖扬入主最高人民法院后对我国的司法职业化建设贡献甚巨。成为第二个肖扬，此诚法律人对周强的最大期望。

身为法律人，我难以免俗，对新任院长周强亦有如下寄语，期待周院长能身体力行，在任期内能将之一一付诸实施，最终把我国司法推进职业化的法治轨道。

一是院长参与案件的庭审并撰写裁判文书。从基层人民法院到最高人民法院，院长基本不参加合议庭，不亲自参与任何案件的庭审，此乃我国法院的传统和常规。然而，法院院长首先是法官，其次才是院长，院长的行政管理角色并没有剥夺其法官身份，相反它还进一步强化了其法官身份——不合格的法官岂能当法院院长？

是故，此等传统实乃违反常理的司法恶习，此等常规诚然是权大于法的人治规则。我们殷殷期望周强院长能以身作则，自觉废除这种不成文的法院陋习。不穿白褂治病救人的医院院长不是好院长，同理，从不穿法袍上法庭听审案件的法院院长亦不是好院长。院长是首席大法官，其法袍基本不用，这形同虚设的不仅仅是法袍，还有宪法和法律。兹事体大，不可不为。当然，碍于行政管理任务，法院院长无须整天坐堂问案，但一年到头亲自参与几起案件的庭审、亲自撰写一份判决意见这样的底线要求总应该能做到吧？在这方面，一旦最高人民法院院长能率先垂范，那其他下级法院院长接着跟进应不成问题。

二是逐步减少并最终废除法院内部的种种奖励制度。我国法院跟其他组织机构一样存在着各种奖励制度。但法院终究迥异于别的政府机关，它是以依法裁判案件纠纷为唯一天职的特殊机构，法官之间最理想的关系是完全的平等与独立。而法院内部的各种奖励制度严重影响了法官之间的平等与独立。它不但使得法官每年要花相当多的时间和精力用于争取各项奖励，从而耽误案件的听审和裁判，而且为院长、副院长、庭长等法院领导利用手中的奖励权力实行寻租腐败提供了契机和空间，人为地卑污了法院内部人事关系，使之远离应然的简单纯洁。

案件的裁判文书是法官为社会生产的唯一产品。对法官的最好奖励莫过于将他撰写的司法判决意见在网上公开，让他的司法理念和法治思维去感染和影响社会大众，同时把他的说理释法技巧介绍给其他法官。法律人及社会民众对法官判决意见的认可和褒扬，就是对法官最大的奖励，此外法官不需要别的奖励。希望周强院长能逐步减少法院内部的各种奖励制度，并在时机成熟时彻底废除之。

三是改革法院的考核制度。我国现行的法官考核制度存在诸多问题，如考核项目过于庞杂，复如考核频率过高，再如考核程序不公开透明，等等。关于法官考核，我国法官法第23条规定："对法官的考核内容包括：审判工作实绩，思想品德，审判业务和法学理论水平，工作态度和审判作风。重点考核审判工作实绩。"但在实际的考核中，"审判工作实绩"所占比重并不大，那些将全部精力和才华都献给司法判决书的法官，其所得考核结果往往低于那些论文发得多、书出版得多的法官。法官考核制度扭曲变异至何等地步由此可见一斑。

有什么样的考核制度，就有什么样的法官。法官不是神，他同样是有理性计算的人。法官考核制度的目的，应该是驱使法官将更多的时间和精力用于案件的听审和判决书的说理释法，而不是引诱法官去做一个著作等身的法律学者。希望周强院长能大刀阔斧地改革我国的法官考核制度。逐步淘汰那些与审判工作实绩不相关的考核项目，最终把法官法规定的审判工作实绩作为唯一的考核项目。同时改革考核频率，实现几年一考核而不是现在的一年几考核。

四是废除裁判文书签发制度而厉行案件管理制度。导致"审者不判，判者不审"的裁判文书签发制度，于法无据但又在各级法院长期得到严格执行，实乃怪哉。这种制度只能导致承审法官对法院领导负责远胜于对宪法和法律负责，其最终结果常常是法官既不对宪法和法律负责，又不对案件当事人负责。而一旦出现冤假错案，承审法官却又要替签发案件的领导背"黑锅"。在实践中，该制度可谓有百害而无一利，学界对其诟病之深之久无须多说。如果最高人民法院新院长周强能勇于担当，以舍我其谁之气概率先在最高人民法院内废除此等制度，并最终使全国各地法院自觉废弃此等违反基本责任伦理之旧制度，那诚然是法官之幸、法治之福。

当然，如果能同时在法院推行案件管理制度，那就百尺竿头，更进一步了。通过法官对承审案件进行经理化管理来降低当事人的诉讼成本和法院的审判成本，最终实现在合理期限内审结案件，这就是案件管理制度的核心要旨。西方的经验证明，案件管理制度能强化承审法官的责任心并提升其工作效率。同样面临着积案压力的我国法院完全可以借鉴此等制度，以提升我国司法的整体效能。

五是致力于基层人民法院的建设与发展。与位于大中城市的中高级人民法院相比，处于中小城镇的我国县级法院，从硬件装配到人才配备都明显满足不了其裁判业务需要。县级法院承担着全国大部分（至少不低于70%）案件的裁判工作，但这些基层法院一直面临着办案经费紧张和法官人手不足的双重困扰，最高人民法院应该致力于解决长期煎熬着基层法院的此等难题。

普通民众接触最多、与社会民众最贴近的基层法院，其运转状况如何直接决定着一个国家整个司法体系的社会民众信任根基。最高人民法院新任院长对此应该有足够的认知和重视，否则，位于金字塔顶端的最高法院其社会权威地位必将受到冲击与动摇。在基层法院的建设及发展方面，最高人民法院必须有所作为，否则，不但有负于基层法院的嗷嗷期待，而且会耽误我国法治的进程。

子路曾向孔子问政，孔子曰："先之，劳之。"意思就是说，"自己带头，大家努力。"我国司法亦然。如果最高人民法院院长在诸多方面能身先士卒，那我国司法走上规范化的法治轨道应该是可欲可求的。千里之行，始于足下。期望最高人民法院新院长能逐步开展以上五个方面的工作，不辜负人大代表和全国人民对法治化司法的殷切希望。

陪审并不意味着司法民主化

迄今，关于陪审的性质与功能的认识大多数学者还停留在陈旧的所谓"司法民主论"上。在国内最新出版的《陪审制研究》的专著中，作者施鹏鹏就将陪审制视为"司法民主化的标志"。类似这种陪审意味着司法民主的观点堪称是我国学者在陪审性质问题上的"通说"，差不多所有有关陪审的研究文献都言必称"司法民主"。譬如何兵教授把陪审制看作"法官职业化和司法民主化的制度结合"；何家弘教授同样认为"陪审制度是人类社会发展进程中审判专业化与司法民主化相折中的产物"；周永坤教授亦断定陪审的"根本属性是司法的'草根民主性'，它是民主的重要组成部分"。除这四位较有代表性的学者外，将陪审定性为司法民主的还大有人在，在此就不必一一列举了。

但把陪审视为司法民主化的学者，都仅仅是将这种论断作为一种无须证明的公理在论著中一再重复，尚未见学者对此论断有过严肃而又严密的论证。在西方话语中，"司法民主"（judicial democracy）尚不是一个正式的学术概念，更未见有西方学者明确提倡"司法民主"或主张"司法民主化"。

是故，所谓"司法民主"不是一个舶来品，相反它是个地道的中文词汇和本土概念。但它又算不上是一个具有特定含义的正式学术话语，它显然是由"司法"和"民主"这两个术语组合而来的。比较符合事物逻辑的是，在探讨司法民主的含义之前，首先应该界定司法和民主，但上述四位学者及其他学者在论著中均有意无意地回避了这种不可或缺的界定。于是乎，何谓司法民主以及司法是否真的需要民主化等基本论题完全是存而不论、点到为止，而仅仅是把司法民主作为一种公理在论著中反复提起。

窃以为，司法与民主各有其运作规律，司法的原理与技术难以跟民主的原理与技术丝丝入扣、水乳交融，司法不宜被民主化。司法一旦被民主化了，那必将导致彻底的民意审判而非法律审判。将司法与民主强行嫁接生成的司法民主，不是一个符合逻辑与理性之基本要求且内涵确定的学术概念，此由司法和民主这两个概念最基本的内涵推导可得。所谓司法，按《布莱克法律词典》的解释就是"负责解释法律和主持正义（administering justice）"。作为"一种判断权"的司法具有"被动性""程序性"等特征，此外司法者即法官须具备足够的法律技艺理性。

而民主其实质就是"公开、自由和公平的选举"，它是一种通过投票选举决定政治权力具体行使主体的制度安排。民主最基本的特征就是"多数人的统治（多数至上）"，民主主体具备简单的自然理性就够格。只需简单考量司法与民主的此等基本内涵，就可知司法与民主完全是两套不同的制度装置，它们之间没有交集。

民主是个政治概念，涉及的是政治领域；而司法是个法律概念，处理的是法律问题。司法位于民主之下，民主是司法的上位概念，在司法领域必须恪守的是法律至上而不是民主式的多数至上，准此，所谓司法民主根本是一个逻辑矛盾的伪命题、假概念。

司法民主化的主张完全混淆了政治与法律之间的关系，把政治领域的多数至上原则错误地延伸至按既定法律规范裁判纠纷的司法领域，它必将导致司法背离法律技艺理性而屈服于民主多数的暂时意志和随性偏好。司法一旦被民主化了，那少数人的自由和权利必将难以受到法律保障，而完全决定于民主多数的激情与偏好。须知民主主宰司法之日，亦为无法无天的大民主盛行之时。大民主的实质，其实就是否定真正意义上的、以捍卫人的尊严与权利的自由民主。职是之故，司法绝对不能被民主化，主张司法民主化不但背离了法治的精神，而且必将抑制真正的自由民主的健康发展。

那么，陪审即未受过专业法学训练的普通民众参与司法裁判是否就意味着司法被民主化了呢？答案是否定的。诚然，非法律职业人士参与司法审判，看上去确实给司法抹上了一层民主色彩，但如果据此就认定陪审的目的旨在使司法民主化，乃至让民主主宰司法审判，那就误会大了。

首先，无论是在其故乡英国还是其他移植国家，陪审都呈现出明显的式微趋势，如今一般只在可能被判处刑事重罪的案件中才适用陪审，轻微刑事案件及民事审判中使用陪审已不再具有普遍性，而只是作为一种例外或少数存在。如果说陪审的目的是实现司法民主化，那为何只有严重刑事犯罪的司法审判才需要民主，而民事案件和轻微刑事案件则可以不民主了呢？难道在司法过程中存在民主不平等，民事案件和普通刑事案件遭遇到民主歧视？此外，民主在当今社会的繁荣扩张可谓势不可当，但陪审却一直走在下坡路上，其不断式微之命运已是回天乏术、难以扭转。

如果说陪审标志着司法民主化，那陪审下的民主化的司法不也必然面临着不可抵挡的衰微之势了吗？在民主昌盛之今日，司法民主却日薄西山，面对此等矛盾及悖论，值得我们反思的，与其说是民主本身，毋宁说是陪审即意味着司法民主化的命题"伪"在何处、"错"在哪里。

其次,如果陪审真的是要把民主精神注入司法过程,那为何陪审本身却与民主原则背道而驰呢?众所周知,陪审团在裁定过程中一般坚持"一致同意"原则,尽管在现代"10∶2""9∶3"等**绝对多数一致裁定**获得了一定程度的认可,但也终究与民主简单多数原则背离明显。既然陪审团裁决本身就不遵守民主多数原则,相反它长期拒绝多数裁决而坚持一致同意原则,那还怎么能说陪审旨在使司法民主化呢?本身不接受民主多数原则的陪审,又怎么能为司法注入民主的精义呢?

再次,众所周知,无论有陪审团参与的一审案件还是无陪审团参与的一审案件,其上诉审一般不采用陪审团审判。如果说陪审意在使司法走向民主,那缘何陪审仅仅适用于案件的初审,而决定案件最终裁判结果的二审、三审(上诉审)反而拒绝陪审团参与审判?认为陪审就是让民主精神注入司法过程的学者对此能作何解释呢?

最后,并非不重要的是,如果说司法民主这个命题真的成立,那它应该像民主本身一样具有普世价值,那不适用陪审制(包括参审制)的司法就应该是违背民主精神的反民主司法,因而是一种不具有合法性的司法。但事实上,放眼全球不适用陪审的国家为数甚多,至少不少于适用陪审的国家,但我们能否定这些国家如新加坡、新西兰、加拿大等国的司法是不法之司法吗?

综上所述,笔者认为,司法是不宜被民主化的,而陪审亦非所谓司法民主的体现及标志。把陪审定性为司法民主的学界通说严重误读了陪审,不应继续坚持这种并不严谨的学界通说,否则不利于我国人民陪审制度的改革与完善。

陪审门槛：有读写能力即可

司法实践中，人民陪审员"陪而不审""合而不议"早已不是什么秘密，"陪审变陪衬"已然是一种普遍现象，改革和完善人民陪审员制度可谓时不我待。那如何改革、怎样完善呢？陋见以为，以下五个方面的意见和建议可供参考。

一、应把获得陪审和参与陪审视为一种基本权利

与美国等国家的宪法明文规定了陪审，从而使陪审成为一项宪法权利不同，在我国陪审并未载入现行宪法。但弥补这一重大缺憾并不一定要修订宪法。只要对现行宪法第 2 条（人民依照法律规定，通过各种途径和形式，管理国家事务，管理经济和文化事业，管理社会事务）和第 33 条（国家尊重和保障人权）之规定进行宪法解释，就可以在一定程度上弥补和修复这种宪法规范上陪审权利定位缺漏之现状。唯有把陪审作为一种双重基本权利时，陪审的观念才有可能在我国深入人心，陪审才能真正登堂入室，成为我国司法审判中的一道亮丽风景。

二、参与陪审的过程实际上是个生动有效的普法过程

对于我国的法治教育而言，陪审潜力无穷，值得期待。关于陪

审员与法官（审判员）之间的关系，我国有关陪审的法律法规仅仅抽象地规定陪审员与法官具有同等的权利义务，而并未像英美国家那样要求法官在庭审过程中给予陪审员必要的陪审指示。陪审指示这种身临其境、以案释法的最好的法治教育形式，在我国的陪审过程中却被人为地抛弃了，或者说有意无意地遗忘了。由此带来的遗憾堪称大焉。不宁唯是，陪审在我国始终难以真正像英美国家的陪审那样有效长存，亦与其法治教育功能长期被弃之不顾关系甚重。从速引进并逐步规范我国法官在陪审过程中的陪审指示，此诚我国陪审制度改革和完善的关键性环节。

三、"陪审团审判是一项昂贵的事业"，在我国亦不例外

陪审在我国运转不灵，很多被挑选的陪审员把进法庭参与陪审视为一种负担和拖累，与他们为陪审付出了代价，却难以甚至根本不可能获得相对合理的报酬补偿关系较大。关于陪审人员的误工报酬，仅仅《全国人民代表大会常务委员会关于完善人民陪审员制度的决定》有所规定，但这种规定相当含糊，导致实践中全国各地对于陪审员的补助标准、补助主体以及补助到位程度大相径庭、千差万别。笔者以为，为切实保障陪审制度有足够经费保障运作下去，陪审员的误工补助应该全国统一由中央财政支付。天下没有免费的陪审，钱的问题直接攸关着陪审制度的生与死。

四、陪审员的资格问题和陪审任期问题值得检讨

2004年出台的《全国人民代表大会常务委员会关于完善人民陪审员制度的决定》将陪审员的准入门槛提高到史无前例的"大学专科以上文化程度"（第4条），同时规定"人民陪审员的任期为五年"（第9条）。这两项规定显然有违陪审之基本精神。在司法裁判

中，法官已然代表着社会精英，因而陪审员必须是社会普通民众的代表。我国高等教育普及化尚需假以时日，当下规定如此高的陪审准入门槛诚然有违陪审员乃社会普罗大众之代表的基本要求。我们理应降低陪审门槛，最好是像英美国家一样，只要具备基本的文字读写能力即可担任陪审员。

陪审员任期五年之规定，实际上是把陪审"职业化""专业化"，此乃史书不载的非理性规则。5年任期，不但让一般民众对陪审望而却步，而且明显背离陪审的"同等"精神。陪审之精义在于与被告人有着同等身份地位，乃至与被告人生活在同一地方（社区）的12人参与对被告人的审判，以使被告人获得比法官单独审判更为公正的判决。陪审员来源应该实行依据个案随机挑选的"随案制"，而非有法定任期的"固定制"。

五、在一些影响性诉讼中率先实行陪审制，不失为探索我国陪审制度发展和完善的可行之路

在当下我国率先在一些具有较大社会影响的案件，特别是广受社会关注的刑事案件中实行陪审试点，最终使陪审成为被告人尤其是刑事被告人的一项基本诉讼权利较为切实可行。在影响性诉讼案件试点陪审制，无论是对于陪审观念的深入人心，还是对于案件判决的正当性和社会可接受度都具有不可估量的正能量。如此试点一段时期之后，陪审就不难真正成为我国司法制度一个不可分割的组成部分了。

上述五点如能在司法实践中获得较好的实施，那不久的将来近代立宪意义上的陪审一定能在我国枝繁叶茂，成为我国司法一个不可分割的有机组成部分。

司法判决是一种公共产品

司法判决，乃身为国家执法机构的法院为国家和社会生产的唯一产品，这一点毋庸置疑。司法判决人依赖于纳税人的税收及其本身的公共立场，此两种特性决定了它绝不像农夫在自家田地里种的萝卜、钢铁企业生产的钢材那样属于一种私人产品，它是在成本、性质、效用等方面与私人产品截然不同的公共产品。

早在1947年美国大法官道格拉斯就在判决中指出："审判是一项公共事件，法庭上披露的所有信息都属于公共财产。"后来大法官布莱克门和布伦南在其判决意见中亦一再重申司法判决的公共产品属性，并强调此等属性有助于审判公正。

公共产品是经济学上一个基础性概念。著名经济学家萨缪尔森等人认为，公共产品是一种向所有人提供和向一个人提供时成本都一样的物品，不论个人是否愿意购买，都能使整个社会每一成员获益的物品。由此推导可得，如果将某种公共产品的效用扩展于他人，那并不会出现因其效用增加而导致其成本随之水涨船高的现象。正因为公共产品的成本具有高度的稳定性和固定性，所以公共产品一般无法亦不必排除他人参与共享。

概言之，公共产品具有两个关键性特征：（1）非相克性，即增加一个人的消费服务所追加的成本为零；（2）非相斥性，即不排除他人享用。正是基于公共产品的此等特性，所以可以将公共产品简单地定义为"能以零的边际成本给所有社会成员提供同等数量的物品"。

像国防、桥梁一样，司法判决亦属于一种公共产品，具有非相克性和非相斥性。

先来检视一下司法判决的非相克性。公共产品的非相克性，是指增加该产品的消费人数却无须追加成本，即消费服务的无限性和制造成本的固定性。任何司法判决一旦出炉，那其成本就固定了，此后所有人即便在所有时间都来消费此司法判决，都不会导致其成本的上涨。法院就某个案件作出司法判决之后，包括案内案外、国内国外的所有人都可以随时随地免费查阅此判决，通过此判决学习、了解或探究该判决所涉及的法律规范，以及它所展示出来的该国的法律文化与司法传统。

任何人之所以在不向法院或案件当事人支付点滴费用的情况下，就可以无限制、无限期地参考、引证和利用司法判决，是因为司法判决成本具有固定性，它并不因消费人数的增加而增长。

再来看看司法判决的非相斥性。所谓非相斥性即不排斥、可兼容，意指公共产品你我他都可以分享。不是你分享了，我和他就不能分享；亦非我分享了，他和你就不能分享，只要愿意大家皆可厉行拿来主义、分享它个没商量。司法判决身为法院生产的公共产品，其非相斥性堪称是无须证明的事实存在。

只要有兴趣，所有的司法判决，案内案外的所有人都可以使用它，相同的时间或不同的时间都无所谓。司法判决的功能从来就是多元的，它在执法裁决纠纷争议的同时，还在解释法律含义、传输正义观念、对类似案件所涉及的问题表达公共立场。正所谓判决必须向当事人解释为什么他们输或赢，必须向律师解释为什么得出某个结果，必须为社会整体确立判例法。司法判决可以为不同的读者而用，实现不同的作用。一句话，不问动机和目的，任何人都可以无偿地获取他需要的一切司法判决为其所用。

司法判决具有非相克性和非相斥性，此乃司法判决属于一种公共产品的重要表征。司法判决能成为且必须是公共产品之关键在于它依赖于税收。作为公民，通过民主过程，我们当然是既选择了公共产品，又选择了为它而负担的税收成本。

司法判决始终是依法裁判，法律性是其内在的根本特性。所有法律都是公共的，因为所有法律都是社会的。所有的社会职能都是社会的，如同所有有机体的机能都是有机体的。同理，以依法裁判为唯一天职的司法，其职能亦只能是公共的、社会的。正是司法判决功能的公共性与社会性决定了它必须且只能依赖于税收，它必须且只能是一种公共产品。

司法判决实现公共产品化的关键，在于它及时并无条件地公开。现代网络社会要求所有的司法判决都必须网上公开。在判决公开方面，我国各级法院做得还很不够，当下只有一小部分案件的判决文书能在网络上查找，大大落后于时代的要求。希望我国各级法院紧跟时代，每一起判决作出之后就第一时间将其裁判文书在网上公开，以充分满足其公共产品属性之需要。

司法为何要公开

近年来，全国各级法院积极推进审判流程公开、裁判文书公开和执行信息公开"三大平台"建设，司法公开在我国取得了前所未有的进步。司法需要公开，躲避阳光的不公开司法不值得信任，这在我国已然是社会各界的共识。

然而，司法何以要公开呢？对此等"所以然"问题，鲜见有民众去刨根问底。窃以为，司法必须公开是因为司法判决就像国防、公共道路桥梁一样是一种公共产品。司法判决的公共产品属性决定了司法不能保密，只能公开。唯有公开了，司法判决才能成为方便所有人利用的公共产品。

司法判决依赖于税，此乃司法判决位居公共产品之列的关键。任何司法判决的出台都不是免费的，需要一定的成本。司法裁判本质上是一项昂贵的事业，不但当事人要为之付出一大笔诉讼费用，而且社会公众还通过纳税为之承担高昂的审判成本。

审判成本表现为法官、书记员、法警等司法人员为司法裁判所付出的时间、精力，以及包括法庭设备在内的司法装配和设施的使用折旧等。审判成本最终的体现是法官、书记员、法警等司法人员的薪资报酬和福利待遇，以及法院建筑、法庭设备等司法装配与设施的配置和维护费用等。

就像"自由依赖于税"一样,司法判决须臾离不开税,税收是审判成本最主要的财政来源。没有税收,政府将停止运转;同理,作为公共执法部门之一的法院亦时刻离不开税收。是税收撑起了法院的大楼,是税收打开了法庭的大门,是税收支付了法官的薪金,是税收负担了法警的报酬。简言之,司法诉讼从头到脚每个毛孔都有税的原子和分子,正是税的原子和分子构成了司法判决这个看得见的物质化产品。

没有税收就没钱建造法院,即便有了法院亦难以维持长久;没有税收就没钱雇用法官,即便有了法官亦难以坚持到老。没有税收的社会,只有私力救济,没有司法救济;没有税收的地方,只有暴力裁判,没有司法判决。税收是法院之母,是诉讼之母,是司法判决之母。

既然如此,那纳税人当然有资格要求法官的所作所为,都置于看得见的阳光之下,以使之忠于职守、依法裁判,而不是玩忽职守、执法犯法。即便司法判决结果如何对其工作和生活没有丝毫影响,也阻挡不了案外的人民对司法判决的留意与评判,这是他们通过纳税所应得的基本权利,而身为由纳税人供养的法官更有公开其司法裁判过程和判决结果,以自觉接受人民监督和批评之义务。一旦司法不公开,那纳税人就无从监督司法裁判,作为司法生命线的司法公正就唯能仰赖法官的慎独和自觉了。

而人类历史早已证明,对于任何掌握权力的人(法官的裁判权当然是一种权力),我们与其相信人性本善毋宁坚持人性本恶,与其相信个人内在的道德良知毋宁坚持外在的法律制度约束。面对法官,我们同样没有理由坚信他们是不会滥用权力的天使。须知身为世俗社会一员的法官,他们个个都是有七情六欲的肉身,绝不是什么百毒不侵的天外之神。

英国鲍恩勋爵曾说："法官应像恺撒夫人一样不受怀疑。"法官要做到像恺撒夫人一样清白纯洁，除了把自己充分地暴露在阳光下，将其在法庭上的审判过程对外公开，把其司法裁判结果对外公布外，还真没别的办法。当其审判活动从头至尾都公开地接受社会公众的监督和检阅时，法官不受怀疑的清新形象和权威地位就自然而然地树立起来了。

"正义不是一种隐居的美德。"为案件内外所有人的正义而在法律帝国的首都——法庭上从事审判工作的法官，没有任何理由将其司法裁判过程和结果隐匿不公开。

"公开是正义的灵魂。公开是努力工作的最优质的精神状态，是不诚实的最保险的全方位防备手段。公开确保法官在审判时处于审判状态。"英国法学家边沁的这段至理名言告诉我们，公开其实就是司法的本质属性之一。离开了公开，法官将不再是执行法律、捍卫公正的法官；离开了公开，司法就不再是公平正义的化身。没有公开的司法不过是脱离司法本质属性的徒有虚名而已。

法院奖励调解不宜过多

自 2004 年法院调解高调"复出"后，尤其是从 2008 年最高人民法院（下称最高法院）确立"调解优先"以来，全国各级法院都为提升调解结案比率而使出浑身解数，频频出台种种政策措施督促和激励法官以调解方式结案。对那些在调解方面业绩突出的法官和法院予以各种形式的奖励，乃各级法院最为普遍的激励手段之一。

对法院的奖励往往来自上级法院或最高法院，是上级法院或最高法院对法院整体调解业绩的肯定，并以此嘉奖来激励其他法院更加积极地对待调解工作，争取有更多的案件以调解方式结案。如 2007 年湖北省高级人民法院在召开"全省法院诉讼调解现场经验交流会"时，授予 10 个单位"全省法院诉讼调解先进单位"称号。又如为进一步调动各级法院开展调解工作的积极性和主动性，激励队伍，鼓舞士气，2009 年最高法院对在调解工作中做出突出成绩的北京市朝阳区法院等 50 个法院予以通报表扬。

对法官个人的奖励既可能来自本院，也可能来自上级法院或最高法院。除法院系统的嘉奖外，法官个人还可能因调解业绩突出，而得到来自政府方面的荣誉称号等奖励。如广东省佛冈县法官蓝榕概因连续三年所承办的案件 90% 以上是经过调解结案，而获得了

"清远市法院系统调解先进个人""清远市法院系统调解能手""广东省劳动模范（先进工作者）"等荣誉称号。又如江西省乐平市法官左斌因在民事纠纷调解网络建设方面成绩显著，而先后荣获"全省优秀法官""全国指导人民调解工作先进个人""全省为民服务'十佳标兵'"等荣誉称号。

当然，法官个人因调解成就突出而获得各种嘉奖的典型代表，当属江苏省靖江市法官陈燕萍。有人认为，在办案中，陈燕萍运用"真情调解、调判结合、合力化解"的基本方法，晓之以理、动之以情，在法理情之间寻求最佳结合点，真正做到案结事了人和。在陈燕萍所承办的 3100 余件案件中，70% 以上的案件是以调解结案。鉴于陈燕萍在调解方面的杰出成就，最高法院曾授予她"全国模范法官"称号，并召开陈燕萍先进事迹报告会。江苏省高院更是成立了"陈燕萍工作法研究小组"，以向全省法院推广陈燕萍的调解工作经验。以法官个人的名字命名"工作法"在我国司法史上实属罕见，应该是大年初一翻皇历——头一回。最高法院的先进事迹报告会和江苏省高院的工作法研究小组，充分表明法院对调解成绩辉煌的法官的奖励是大手笔。它们这么做，目的当然是要激励更多的法官投入法院调解的洪流中去，贯彻调解优先司法政策的手段。

但不管是嘉奖整体调解业绩突出的法院，还是个体调解成绩优异的法官，其所带来的消极影响是多方面的，不利于法院的制度化建设和法官的职业化发展。

对法院和法官的奖励不是越多越好，而是越少越好。过多奖励必将耽误法官更多的时间，浪费他们更多的精力，他们用在案件审判上的时间和精力会因参评各种奖励而大为减少，此其一。

其二，但凡奖励都要经过一番评比，会在法官之间分出个子丑寅卯、谁优谁劣。获奖的法官不但内心的荣誉感需要会得到满足，而且还为将来的加薪、升迁积累了宝贵的资本，看得见的物质方面的收益会随之源源滚滚。职是之故，面对包括调解在内的所有评奖，法官难免抵挡不住诱惑而要全力以赴搏一下，甚至不惜为此动用走后门、拉关系等腐败手腕。因为评委以法院领导为主，所以各种评奖本身又为法院领导滥用权力提供了大好时机。评奖占用了法院领导的时间和精力事小，诱使法院领导借此欺负老实法官、教训不听话的有个性法官和奖赏拍马屁的无良法官则事大。法院内部人事关系和工作气氛，常常被包括调解奖励在内的各种评奖扰乱，评奖难免会把原本和谐平静的法院弄得鸡犬不宁、人心惟危。法官与法官之间为奖励而钩心斗角，无法将全部心思用于案件的裁判，成了各级法院种种评奖阶段相当普遍的一道"风景"。

源于合意的调解结案，其决定权原本就在当事人手中，任何法官都无权独立决定以调解方式化解纠纷，是故，不惜用重奖来诱导、促使法官选择调解结案，有逼迫法官去抢夺当事人手中调解决定权之嫌，此乃相当明显的知法犯法、执法犯法。即便想鼓励法官更多地说服当事人以调解形式结案，那至多也只能限于精神鼓励为主，绝不应人为地设定某种调解比率，并对调解先进法官和法院给予各种奖励。至于将调解业绩突出的法官予以提拔、升迁，那是要使依法裁决纠纷的审判法院变质为罔顾法律、一心只当和事佬的调解法院。

对在调解方面成就显著的法官予以各种层次的奖励，只会进一步加剧我国法院日益严重的行政化倾向，使得司法行政管理权力可以更加名正言顺地干扰和侵蚀法官手中的司法裁判权，我国宪法规定的审判独立因此而变得愈加遥不可及。而让法官手中的审判权逐步获得真正的独立，才是我国司法发展的正确方向。如此反其道而行之，实乃违背司法发展之基本规律。

盛行于各级法院的种种评奖，实际上是用来规训法官的一种常规手段，它根源于对法官的不信任。然而，如果连法院都不信任法官，那还有谁会信任法官呢？法官又值得谁去信任呢？如果法院信任法官，就应该相信法官会尽可能地用省时省力的调解方式结案，完全不必对法官提出什么具体的调解比率等硬性指标，更不必对所谓的调解先进给予重奖。重奖之下固然有勇夫，但重奖也难免会导致法院调解的异化和变质。强制调解在各地法院已然司空见惯，大量调解案件依赖法院强制执行，不就是法院调解异化和变质的最好明证吗？

身为一个典型受政治意识形态统领的能动型国家，司法在我国历来都不被视为中立的纠纷解决者，相反，它将自己看作合作行为的管理者。于是，一直以来司法都从属于政治，司法裁判变成了国家政治运作甚至斗争的延续，政治的逻辑与司法的逻辑暗合相通。随机的政治权力策略和直接的利益分配机制，在司法过程中同样屡见不鲜、习以为常，程序至上、法律权威、权利神圣、法理推论等等在司法过程中常常隐而不彰，充其量是偶尔冒个泡。

然而，我国近代以来的司法实践经验证明，这种司法与政治连理同枝的格局再也不宜固守下去，是该打破它的时候了，且事不宜迟，越快越好。司法与政治必须保持足够的距离，否则，司法永远是政治的婢女和工具，其最基本的救济权利和制约权力功能，都将难以得到充分必要之彰显。须知社会主义法治国家的建立，端赖司法与政治相对分离开来，使得司法具有基本的执法与维权功能，否则，社会主义法治国家必将始终停留在远远看得见，但实际永远摸不着的地平线上。

第三辑

问责错案　反思机制

司法与政府：距离产生美

2012年6月，有媒体报道，河南省平顶山市中级人民法院为了阻止被害人亲属上访，竟然"承诺"对该案犯罪嫌疑人判死刑。此则法院罔顾司法人权而与被害人亲属做交易，签订史书不载的"死刑保证书"的天下奇闻，引起了社会各界的广泛关注，"维稳"与法治孰重孰轻的问题再一次摆在了我们面前。

在"维稳"与法治孰重孰轻背后是司法与政府的关系问题。如果司法与政府能够保持足够的距离、彼此独立，那它们各司其职，也就无所谓孰重孰轻。而当它们两位一体，司法隶属于政府、成为受政府指挥的下属执法机构时，那结果必定是"维稳"重于法治，"维稳"压倒法治。

我国司法捍卫法律尊严无力、保障公平正义无能，主要原因在于司法与政府未能实现彼此分离、相互独立，司法只能跟着政府的"维稳"旗帜前进，而完全不能或仅能非常有限地坚守法治阵地和人权底线。

作为一个终极目标是实现共产主义理想蓝图的能动型国家，我国政府从未把司法视为中立的纠纷解决者，相反，却一直把司法看作其社会管理不可或缺的合作者。于是，对于司法个案，各级政府官员必要时都会公开发表立场鲜明的干预性谈话，以影响乃至决定法官的司法判决。而这个"必要时"往往就是案件有可能涉及社会稳定、政府要开展"维稳"工作的时候。

然而，政府一旦开始干预司法，那司法就难免主动或被动地放弃法治原则。此时，司法裁判就不再是一种严格的依法裁判，而是一种稳定高于法律、权力重于权利的维稳式裁判。这种裁判最多只能实现控制上访、克减权利的次等正义，尊重法律、制约权力和救济权利的立宪正义则可望而不可即。

长期以来，我国司法判决都不能不追求审判的社会效果。所谓社会效果，尽管官方的说法是指通过审判活动来实现法律的秩序、公正、效益等基本价值，实则是要求案件判决之后必须做到"案结、事了、人和"。质言之，司法裁判务必要以社会稳定为鹄的，坚决不允许有可能带来上访不断、聚众闹事等不稳定后果的判决出现。至于这种满足社会效果要求的司法裁判是合法还是违法、是救济权利还是侵害权利等司法裁判应然问题，他们就在所不问、漠然置之了。

在那起出具死刑保证书的案件中，为了阻止被害人母亲杜玉花上访、维持社会稳定，竟然将嫌疑人李怀亮的司法人权束之高阁，将其超期羁押长达十余年之久，导致他妻离子散、家破人亡。敢问这种显然违法的"维稳"意义何在？此等严重蔑视及侵害当事人李怀亮基本人权的司法，还有资格称为司法吗？

更重要的是，这种司法严重违法式"维稳"能一直维持得下去吗？李怀亮总有一天会告别超期羁押，重获自由吧！到那时，他的国家赔偿问题如何解决？十余年的无端牢狱，国家赔偿可不是一笔小数字啊！可以想见，李怀亮绝不可能轻松获得这笔赔偿，公安机关、检察院、法院和政府之间必将相互推诿责任，李怀亮难免要为其依法应得之国家赔偿而踏上漫漫上访路。对杜玉花的"维稳"结束之日，就是对李怀亮的"维稳"开始之时，"维稳"注定只有开头没有尽头！

毫无疑问，要走出此等"维稳"无极限的现实怪圈，就只能打破"司法—政府"一体化的政制现状，把司法从政府中"解放"出来，结束司法从属于政府、系同级政府一个职能部门的无距离历史。唯有如此，才能实现司法的归司法、政府的归政府，才能真正恢复司法制衡权力、救济权利的应然功能和神圣使命。

司法部门参与社会治理和维护社会稳定的最好方式，莫过于严格依法裁判。除了对案件纠纷争议作出证据确凿、法理充分的公正判决外，司法不应该有任何其他职责。司法的社会角色不宜多样，它必须是单一而又单纯的，否则，必将发生角色混乱、功能不彰的司法不法现象。

社会角色多样化，职责功能不单一，此乃我国司法面临的一项重大问题。而其根源就在于司法在很大程度上隶属和受制于同级政府，司法与政府之间剪不断、理还乱的错位关系。它们之间此等非制度化的混沌状态，已然严重制约了我国法治的发展和进步。只有坚决破除司法与政府你中有我、我中有你的非正常关系，我国的政治体制运作才能步入法治化轨道的美好明天。

距离产生美，司法与政府唯有保持适当的距离，司法才会越来越像司法，政府亦才能越来越像政府。政府固然要致力于维护社会稳定，但政府绝不应要求司法放弃其依法裁判的基本职责，而沦为"维稳"之工具，否则，任何和谐稳定都是暂时的，而由此造成的不稳定则是长久的。

总括而言，和谐社会的形成以司法和政府保持适当距离、彼此能够真正独立为前提条件，抛弃此等前提条件只能造就一个"维稳"无穷尽的不和谐社会。

刑事错案发生的逻辑

2013年1月19日，浙江省高级人民法院发布消息称，1995年3月发生在浙江萧山的抢劫并杀害出租车司机案真凶另有他人，萧山人陈建阳、田伟冬、王建平、朱又平、田孝平并非该案凶手；法院已对此案立案复查，并将"有错必纠"。但至此，完全无辜的陈建阳等5人已在高墙内度过了17个春秋。

类似这种司法错案的报道时常见诸报端，可谓见怪不怪。面对一桩桩错案，我们需要追究责任，就像需要对之复查平反一样，否则既难以抚慰冤屈者的心灵，又不足以警告后来的司法案件承办人。那谁该对错案负责呢？这真的是个大问题，不可一概而论，唯能就案论案。

错案一般都是刑事案件，民事案件和行政案件中出现冤假错案相当罕见。而刑事案件堪称是最为复杂的案件，普通案件往往只有原告、被告和法官三方，但刑事案件除被告人及其辩护律师和法官外，一般还有公安刑侦机构、检察院、被害人及其亲属、专家证人等多方人士介入，其中任何一方的草率应对、不负责任都有可能酿成司法错案。但一有刑事错案出现，不少社会民众首先想到的是法官枉法裁判，认为承审法官就应该对错案负责。这种矛头直指法官的想法、做法，是对刑事案件的复杂性缺乏基本认知的非理性表现，应该抛弃。

不幸的是，这种非理性并非普通民众的"专利"，在理性的法律人身上同样存在。1998年最高人民法院发布了《人民法院审判人员违法审判责任追究办法（试行）》，专门针对法官的所谓错案责任追究制由此形成。这种错案责任追究制对法官的审判独立危害明显且巨大，一直深受学者的诟病和质疑。尽管依据此试行办法被追究责任的法官事实上比较少，但它的存在依然是司法问责非理性的显例。

或许有人要问，如果确实是由法官枉法裁判导致司法错案，那法官难道不应该承担责任吗？法官枉法裁判当然要被问责，且具体如何问责我国法院组织法和法官法早已有明文之规定，用不着叠床架屋再创立一套新制度。司法实践中百分百由法官枉法裁判导致错案的可能性基本不存在，因为有审级制度和审判公开这种旨在避免此等情形的制度装置。一审法官枉法裁判有二审，二审法官枉法裁判有再审（国外是三审），对同一案件一审、二审和再审（三审）法官都先后枉法裁判，从而导致错案之情形即便存在，那也是几十年一遇的极端例外。是故，直接源于法官枉法裁判的司法错案实乃小概率事件。错案产生的原因，更多地要从法官之外的其他司法参与者身上去寻找。

其实，证人的错误辨认、证人作伪证、司法鉴定错误、警察或检察官隐瞒真相等，都有可能导致司法错案。法国著名律师勒内·弗洛里奥曾在《错案》一书中用诸多案例生动地说明，法庭如何被证人欺骗、被书证欺骗、被鉴定错误欺骗、被被告人欺骗等。总之，刑事司法错案产生的原因异常复杂，有时复杂到想问责都无从下手的程度。

但刑讯逼供几乎是所有刑事错案的共同原因，而刑讯逼供恰恰是不难被追责的。因为它的主体是特定的，法官、检察官（职务犯罪案件的检察官除外）、证人等，都不可能刑讯逼供，刑侦警察是刑讯逼供的唯一主体。

在我国由于律师辩护制度尚不完善，犯罪嫌疑人和被告人又不享有沉默权，因而刑讯逼供现象一直未得到有效的抑制。现实中由于刑侦人员的指名问供引发刑事错案可谓屡见不鲜。

所谓指名问供是指侦查人员违背法定的讯问原则，按照自己的主观臆断，以刑讯、威胁、引诱、欺骗等方式，将未经查证属实的材料故意告诉、暗示给犯罪嫌疑人或被告人，使其知悉"案情"，并按照侦查人员的意图供述或供认。对于刑侦人员的指名问供，我们当然要坚决追究责任，严惩不贷，但同时更应该追问其屡禁不止的背后原因。

众所周知，我国的命案破案率高于英法美等法治成熟国家。而我国奇高的命案侦破率跟各地政府和政法委一再强调"命案必破"关系甚重。命案必破往往是驱使警察走上指名问供之路的最重要的外在力量。近年来曝光出来的错案，如佘祥林案、赵作海案、聂树斌案以及本文开头提到的陈建阳案，可以说都是由"命案必破"引起的刑事错案。面对命案，政府一旦向社会公众承诺"命案必破"，那刑侦人员在真凶难觅的时候只能使出"指名问供"的撒手锏，以兑现政府的承诺。

"命案必破"违背了刑事侦查的基本规律，超越了人类认识的能力及限度。继续执行它，只会催促更多的指名问供，制造更多的刑事错案。"命案必破"当休矣。

错案的产生除刑侦人员指名问供外，还与检察官的不作为或滥用职权有某种关系。在我国，检察院是专职执法的监督机构。在刑事司法中,检察官的权力非同小可,他不但有权(也有义务)监督刑侦人员办案,而且对犯罪嫌疑人是否起诉及以何种罪名起诉都有几乎不受制约的决定权和自由裁量权。是故,每一起刑事司法错案的问世,检察官必定多少有几分"功劳"。

在监督刑侦人员的指名问供方面,检察官如果认真严厉,积极作为,那错案一定会大为减少;在决定是否起诉及以何种罪名提起诉讼方面,检察官如果能做到客观公正,像捍卫自身的自由人权那样去注重保护犯罪嫌疑人的自由人权,那错案出现的概率无疑会大大降低。美国大法官罗伯特·杰克逊曾说,检察官比任何其他人都有能力控制别人的生命、自由和名誉。斯言诚哉!在刑事案件转化为刑事错案过程中,检察官不可避免地在其中扮演着某种角色,甚至是关键角色。

既然检察官在刑事诉讼中权力巨大,那在刑事错案问责时撇开检察官就显然违背权责统一之法治原则。换言之,一旦对错案追责,那承办检察官基本不可能全身而退,他必定要承担或重或轻的责任,否则追责的过程注定会成为制造一起新的冤案、错案的过程。

但现实中检察官甚少被问责,这是为什么呢?其原因主要有二:一是检察官的权力尽管巨大,但它多属自由裁量权,追责比较困难;二是检察官本身是唯一的法定追责和指控主体,而要一个检察官去追究另一位同行检察官的责任,即便做到了,那也难免会流于形式,毕竟,兔子还不吃窝边草呢。

综上所述,错案产生的原因纷繁复杂,而对错案问责更是难上加难。裁判案件的法官看似是当然的冤假错案制造者,实则大谬不然。与法官相比,警察、检察官、被告人甚至专家证人更有可能是错案的"元凶"。但错案的发现往往是全案定谳几年甚至几十年之后的事情,面对时过境迁甚至物是人非的冤假错案,真要向有关人员追究问责，其成本之高、代价之大可想而知。

是故，与其对错案坚持问责到底，毋宁努力改革和完善司法制度本身，以最大限度地减少冤假错案。在这方面西方国家已经有很多宝贵的经验可资参考和借鉴，如最大限度地提升律师在刑事诉讼中的地位以充分保障被告人的辩护权，赋予被告人沉默权，非法证据不予采信，排除合理怀疑的优势证据标准，等等。只要我们大胆吸收这些成熟的刑事司法经验，那刑事错案就一定能得到有效的控制。

但也仅仅是有效控制而已，要彻底消灭冤假错案是不可能的。除非废除刑事司法制度，否则，一定比例的错案就不可避免。2003年即将离任的美国州长乔治·莱恩将伊利诺伊州所有的156名死刑罪犯减为无期徒刑。这么做的原因在于，莱恩州长认为，美国据以作出死刑判决的司法系统面临着错误的恶魔所带来的困扰：在定罪裁决过程中存在错误，在确定哪些有罪之人应当被判处死刑过程中亦存在着错误。既然在保障被告人人权方面堪称世界典范的美国刑事司法系统都被"错误的恶魔"萦绕，那承受刑事司法错案就不能不说是人类的宿命了。从这个意义上说，对错案负责的不是人类发明的刑事司法制度本身，那又是什么呢？

面对刑事错案，机制改革更重要

2013年4月，针对备受瞩目的"张高平、张辉错案"，浙江省政法委成立了联合调查组，并表示将严肃追究有关司法人员的法律责任。当年负责此案预审的杭州市公安局女预审员聂海芬，更是被推到了社会舆论的风口浪尖，受到了网络媒体的一致谴责和谩骂，仿佛张高平、张辉叔侄二人近十年的无端冤狱完全由聂海芬一手炮制而成。

依据相关法律对涉案人员追究责任固然必不可少，所谓惩前才能毖后。社会舆论对聂海芬严词声讨虽可以理解，毕竟她是此案的预审员，对此冤案的产生负有一定的责任。然而，面对近年来频频发生的各类冤假错案，我们更需要的是，理性地反思我国刑事司法的制度理念和运作机制。冤假错案的产生与其说是源于具体某个人的不负责任，毋宁说是根植于我国刑事司法制度本身的运作不规范。是故，放下心中对具体侦办人员的愤怒和仇恨，在对他们进行合理合法问责的同时，深刻反思并切实改良我国刑事司法的运作机制，才是吾国吾民最应该做的。须知，改变制度机制才能从源头上有效防范冤假错案的发生，否则，治标不治本，冤假错案出现频率过高的刑事司法现状难以得到根本扭转，类似张高平、张辉这样的制度悲剧还会继续上演。

总体而言，我国刑事司法制度明显偏重于打击犯罪，因而赋予了公安局和检察院几乎不受法院和辩护律师制约的司法权力。其结果是犯罪嫌疑人的司法人权得不到应有的重视，犯罪嫌疑人一般很难在第一时间获得刑辩律师的法律援助，因而在公安机关的刑侦过程中，刑讯逼供现象一直难以得到有效遏制。而有冤假错案的地方就有刑讯逼供，刑讯逼供乃古今中外绝大多数冤假错案发生的共同原因。近年来我国出现的众多冤假错案，更是无一不根源于刑讯逼供。

遏制和杜绝刑讯逼供的方式方法所在多有，要义就在于让刑侦过程公开。将公安机关的刑侦权力置于阳光之下，就必定能最大限度地减少刑侦人员的刑讯逼供，甚至有可能杜绝刑讯逼供，从而大大减少冤假错案发生的概率。

把刑侦权力暴露在阳光之下的最简单方法，就是严格实施我国刑事诉讼法第 33、36、37 条之规定，让辩护律师能在第一时间介入案件的刑侦过程，为犯罪嫌疑人提供充足的法律帮助，严格保障犯罪嫌疑人的司法人权。"犯罪嫌疑人自被侦查机关第一次讯问或者采取强制措施之日起，有权委托辩护人""辩论律师在侦查期间可以为犯罪嫌疑人提供法律帮助""辩护律师会见在押的犯罪嫌疑人、被告人，可以了解案件有关情况，提供法律咨询等"，此乃我国刑事诉讼法的明文规定。

在实践中，此等立法规定如能得到严格实行，刑讯逼供在我国就不至于带有长期的普遍性，全国各地也就不至于时不时地出现冤假错案。而揭露刑讯逼供和开展调查取证，更不至于会给我国的刑辩律师带来一定的执业风险。

那为什么在公安机关的刑侦过程中，此等法律规定就难以得到有效实施呢？此阶段的律师"会见难"问题，又为什么始终得不到切实解决呢？

这里面的关键，就在于刑事诉讼法的规定只不过是纸面上的死的制度，而严厉打击犯罪、"命案必破"则是具体指导我国刑事司法实践的活的机制。正是这种活的运作机制稀释乃至架空了纸面上的刑事诉讼法规定，从而导致犯罪嫌疑人的司法人权不但被大量克减，而且仅有的那点司法人权亦难以得到充分保障。

试想，如果在刑侦阶段张高平、张辉二人有律师参与陪同并提供帮助，那刑侦人员敢刑讯逼供吗？张高平、张辉会"认罪"吗？没有他们的认罪书，怎么会有此起冤案呢？本案缺乏客观性直接证据，间接证据亦极不完整，根本形成不了有效的证据链条，张高平和张辉的认罪书是定罪的主要根据。

刑讯逼供而来的认罪书属于非法证据，在法庭上本不应作为定罪量刑的有效证据，即刑事审判要坚持非法证据排除规则。该规则正是法院制约公安机关刑侦权力的重要手段，属于法院对刑侦权力的一种事后审查监督。我国刑事诉讼法第50条规定："严禁刑讯逼供和以威胁、引诱、欺骗以及其他非法方法收集证据，不得强迫任何人证实自己有罪。"但此等法律规定在刑事司法实践中很少能得到严格执行。检察院在审查起诉阶段未厉行非法证据排除规则，法院在审判阶段难以坚持非法证据排除规则，这也是冤假错案频仍的一项重要机制原因。

在刑事命案中，从公安机关到检察院再到法院，均难以严格执行非法证据排除规则，其背后的原因还在于严厉打击犯罪和"命案必破"的刑事司法理念。罔顾犯罪嫌疑人的司法人权、违反刑事诉讼法多条具体规定，乃此等刑事司法理念为恶不为不善之渊薮。如何在司法实践中逐步废改此等刑事司法理念，让刑事司法实践顺利进入我国宪法和刑事诉讼法所设定的法治轨道，才是反思张高平、张辉错案的根本之道。不改良容忍刑讯逼供和拒不执行非法证据排除规则的刑事司法运作机制，而仅仅对涉案的司法人员问个责、处个罚实乃治标不治本。

"命案必破—刑讯逼供—有罪推定—疑罪从有—严惩'凶手'—司法'正义'—立功受奖"，这是诸多刑事冤假错案发生的基本逻辑。命案破获、"凶手"得到了应有的惩罚之后，总有一大批公检法人员受到各种表彰、得到种种荣誉，冤假错案制造过程的最后一环无不如此。如不是若干年后真凶出现或被害人离奇"生还"等原因，无可怀疑地证明被破获的命案其实是一起惊天大冤案，那"命案必破"就永远定格在立功受奖的光辉顶点。

立功受奖是"命案必破"的必然逻辑结果，因为人为地预设某种制度离不开必要的激励机制，而激励机制本身亦进一步深化和巩固了司法人员对该制度的认可度和接受度。它们两者之间堪称是互为因果关系。改良我国的刑事司法机制，就必须在时机成熟时彻底废除针对任何命案破获，而对具体某个或某些司法人员予以表彰嘉奖。没有立功受奖的诱惑，司法人员就会少许多违法违规操作的冲动，能够更加冷静理性地从事案件的侦查、起诉和裁判工作，类似张高平、张辉这样的"命案必破"悲剧就必将大为减少。

刑事司法只不过是一项人对犯罪的认知工作。司法人员不是万能的神，而是有七情六欲并充满个性偏见与知识局限的人。所谓"命案必破"，它突破了人认识能力有限性的宿命，注定是一种不可欲的刑事司法神话。改良我国刑事司法机制，首要的就是彻底打破"命案必破"的司法神话，铲除立功受奖的名利诱惑，严禁刑讯逼供，厉行非法证据排除规则，坚持无罪推定和疑罪从无，将刑事司法活动严格限定在宪法和刑事诉讼法的框架之内。面对扑面而来的一桩桩冤假错案，反思我国的刑事司法制度理念和运作机制，远比对涉案的司法人员严查问责重要得多。

法院该为刑事错案担责吗

2010年5月,"杀害"同村人并在监狱服刑多年的河南省商丘市农民赵作海,因"被害人"赵振裳的神奇现身,而被河南省高级人民法院宣告无罪。同年6月,河南省高级人民法院院长张立勇率队来到柘城县赵作海的新家,向赵作海鞠躬致歉,说:"事情做错了,让你在监狱白白坐了那么多年,这次专门代表法院向你道歉。"

赵作海错案,罪责真的能算到法院头上吗?法院院长等人跋山涉水、登门道歉,这究竟是勇于担责还是主动代人受过?当年看到张立勇院长向赵作海鞠躬致歉的新闻报道时,此等疑问就涌上心头,如鲠在喉、不吐不快。

没想到的是,三年过去了,关于法院是否该对刑事错案负责问题,法院方面的认知依然停留在原来的肤浅层次上,其标志是2013年5月最高人民法院常务副院长沈德咏提出的"法院功过说"。

在《我们应当如何防范冤假错案》一文中,沈德咏认为:"现在我们看到的一些案件,包括河南赵作海杀人案、浙江张氏叔侄强奸案,审判法院在当时是立了功的,至少可以说是功大于过的,否则早已人头落地了……同时我们也应当清醒地认识到,法院虽在防止错杀上是有功的,但客观而言在错判上又是有过的。"

身为研习司法的学者,面对张立勇院长的上门道歉和沈德咏法官的功过立论,我深感惊诧,实难苟同。笔者以为,无论从哪个角度看,法院都不是冤假错案的制造者;法官的司法审判纯粹是中立立场上的法律适用过程,不管判决结果如何都无所谓立功,亦无所谓有过;至于法院院长上门道歉,实乃背离司法原则的政治作秀,此等法官政治化倾向值得警惕。

法官的司法裁判有两个最为明显的特性:被动性和中立性。关于司法的被动性,法国思想家托克维尔曾在《论美国的民主》中有过经典的阐述:"从性质来说,司法权自身不是主动的。要想使它行动,就得推动它。向它告发一个犯罪案件,它就惩罚犯罪的人;请它纠正一个非法行为,它就加以纠正;让它审查一项法案,它就予以解释。但是,它不能自己去追捕罪犯、调查非法行为和纠察事实。如果它主动出面以法律的检查者自居,那它就有越权之嫌。"

司法的被动性要求,法官在任何时候都务必坚持"不告不理"原则。在所有诉讼中,诉讼内容和标的均由当事人确定,法官无权变更或撤销当事人的诉讼请求。案件审理过程中,法官只能按照当事人提出的诉讼事实和主张进行审理,不得主动审理当事人未曾提出的任何诉讼请求。

具体到刑事诉讼中,法官只能就检察官针对被告人提起的刑事指控进行审理和裁判。检察官提出何种指控,有哪些人证物证,证据从何而来(注意我国尚未承认非法证据排除规则)等问题,法官不必关注,亦无权审查,法官仅仅关心证据与指控罪名之间的关联程度。对指控及其证据予以辩驳和审查的,是与检察官处于对立立场的被告人及其律师。与法官相比,辩护律师的职业能力和辩护水准更能决定被告人的法庭命运。

一旦检察官把当事人的认罪书放在法官面前,且当事人及其律师未对此予以坚决否认，那法官除了判被告人有罪外，别无选择。而近年来曝光的刑事冤假错案，被告人的认罪书正是法官当年判决被告人有罪的最主要的证据。至于被告人的认罪书从何而来，不言而喻。而监督公安机关办案的法定机构是检察院，不是法院。刑讯逼供，堪称是我国冤假错案频发的直接根源。而既未参与刑讯逼供，又无权监督和制约公安机关刑讯逼供的法官，最后却要对承审案件中的"冤、假、错"负责，这不是张冠李戴、恣意问责，那又是什么呢？

司法的被动性要求法官不宜过多介入案件双方的指控与辩护。同时，司法的被动性决定了法官不可能参与刑讯逼供。而现行刑事司法体制下，法官亦无权对非法证据说"不"。所谓法院功过之说实乃无视司法被动特性的世俗妄语，而法院院长向错案当事人道歉实乃满载政治意味的替人受过。

不宁唯是，司法的中立性亦足以说明法官不可能是冤假错案的制造者，要法院为冤假错案负责颇为荒唐。

司法的中立性，是指法官在案件裁判过程中不预设价值立场，既不支持或偏袒一方，亦不反对或歧视另一方。总之，直面双方当事人，法官始终是超然、淡定和从容的。他只能依据在法庭上所证实的案情事实和既定法律裁判案件。在量刑轻重方面，法官诚然有较大的自由裁量空间，但在刑事罪名是否成立问题上，法官的自由裁量权其实有限得很，它主要决定于控方所掌握的证据，以及辩方对证据的反证能力和质疑水平。

刑事冤假错案主要体现在无罪者被判有罪，与法官在释法量刑上的拿捏精准程度关系不大。而给无罪者制造"有罪"证据的是刑侦机关和检察院，法官从未卷入此等非法证据的制造过程。也就是说，最该对冤假错案负责的是公安机关和检察院，而不可能是法院。

要法院对冤假错案担责，属于典型的张冠李戴、似是而非。

在诉讼中，法官的角色就是在双方当事人之间严格依法主持公道。法官最后如何判决案件，首先决定于诉讼双方当事人提供了哪些有效证据，其次决定于法律是如何规定的。法官的业务素质和职业伦理诚然对判决结果有影响，但很难说是决定性因素。毕竟，当下我国的刑事诉讼都不是与价值选择紧密勾连的宪法诉讼。是故，要法官对刑事错案的判决结果负责，一方面是对判决结果诞生过程的无知，另一方面是对法官在司法裁判中的角色地位认识存在误解和偏差的无识。

尚处于法治进程中的我国，普通民众对司法过程认识有限，将刑事错案的责任追究到法院头上完全可以理解，但法院自己亦跟着如此吆喝就太离谱了。理应引导社会民众正确认识司法的法院，结果反而常常跟着普罗大众在误解法院和法官的道路上迅跑，令人百思不得其解，此诚非法院之福、法官之幸。

在冤假错案不断冲刷司法社会信任基础的当下我国，我们各级法院应该沉着冷静，客观而又积极地把冤假错案发生的原因向社会公开，从而逐步挽回人民对司法的信任，重树司法权威，而不是人云亦云地说什么道歉、谈什么功过。

防止法官腐败的基础工作

在我国，法官违法乱纪等腐败现象一直具有相当的普遍性，受社会各界之诟病可谓久矣。比较而言，在欧美日等法治成熟国家，法官腐败现象明显偏少，一般都是几年甚至十几年才一遇的极个别现象，且多数发生在基层低级法院或州低级法院，高级法院或联邦法院法官违纪——违背司法职业伦理——现象甚为罕见，至于滥用司法权至违法犯罪程度则自"二战"以来尚未有先例。

在法官违纪违法问题上，中西差别缘何如此之大呢？毫无疑问，答案就在于中西完全不同的法官控制之道。那么，欧美日等法官违法腐败现象甚是鲜见之国家，又是如何控制法官的呢？

试以美国为例予以简论。其实，无论是联邦法院层面还是州法院层面，美国都没有设立旨在监督法官司法裁判的法官控制制度。在美国，评判联邦法官候选人职业能力和道德品性的一个重要组织机构，是由法官和律师组成的民间组织——美国律师协会（American Bar Association，ABA）。至今尚无被该协会评定为"不合格"的人被提名为联邦法官，更遑论有成功任命之先例，该协会的影响力由此可见一斑。美国律师协会制定的"模范司法行为准则"尽管不具有法律拘束力，但无论是法定联邦法官行为规则还是州法官法定行为规范，对此模范准则均多有借鉴和参考，有些立法机构在制定法官行为守则时甚至直接照搬该模范准则。

在美国，所有涉及法官惩戒的法律法规都以保障司法独立为前提，绝不容许任何个人和机构有妨碍、干扰或染指法官司法裁判权的可能。这意味着法官只对宪法法律和道德良知负责，而无须对任何组织或个人负责。所以，美国并没有我们最为熟悉的司法监督制度和司法监督机关。

那缺乏监督的独立法官尤其是联邦法官为何罕有违纪违法等腐败问题呢？

我想，根本原因是"功夫在庭外"。美国联邦法官的任命过程非常复杂，在总统提名新的联邦法官尤其是联邦最高法院大法官之前，联邦调查局（FBI）和美国律师协会都会对可能的候选人进行调查和评估，提名人选正式公布后，内含反对党的参议院司法委员会对调查和评估结论予以审查，并组织召开听证会，对被提名者和相关证人进行质询，最后由其投票决定被提名者能否正式成为联邦法官。这个公开的质询和质疑过程，足以保证被任命者在职业能力、思想观念和个性举止等方面，均完全适合并胜任法官这一特殊执法职业之需要。

而法官任职终身且法官之间报酬同等（首席大法官因附带承担一些行政事务而略高一点）等制度，又能确保法官在其司法生涯中既免受"胡萝卜"的利诱，又不必恐惧"大棒"的打压或威胁。与此同时，美国对抗制诉讼模式又使得法官与一方当事人及其代理人之间的一切言行举止，都处在对方当事人及其代理人的自觉且严密的监督之下，由此决定了美国的法官既无必要且无机会去利用手上的裁判权做交易。于是，我们常常感同身受的司法腐败现象在美国甚少发生，在美国所有公职人员中，法官始终是社会各界信任度最高的一个群体。

尽管在具体的制度设计和制度运作方面,其他国家和地区与美国有一定的差别,但"功夫在庭外模式"堪称是所有法治成熟国家成功预防法官腐败的普适模式。此等模式的基本理念其实很简单,那就是选拔足够优秀的法律人才做法官,让法官这种优秀人才享受足够优越的薪资待遇,并独立行使职权,充分享受宪法和法律之下的职业权威。

他山之石,可以攻玉。在法官腐败治理问题上,我们完全可以分享美国等国家的成功经验,借鉴他们的"功夫在庭外模式",而不必走强化司法监督的老路。几十年来的司法监督实践证明,传统的司法监督模式不但导致监督机构叠床架屋,公帑浪费严重,而且监督功效长期不彰,法官腐败势头始终难以得到有效遏制。重振法官权威、实现司法公正的社会呼声早已响彻云霄,告别传统、改弦更张,尝试"功夫在庭外模式"已然为时势所必需。

就像传统的司法监督模式一样,我国人大在"功夫在庭外模式"中同样可以大显身手,而且务必施展拳脚,亮出"功夫"。

众所周知,根据我国宪法和法官法等法律,人大是任命法官的唯一主体。易言之,只有人大才有资格选举和任命法官,任何人在成为法官之前都必须经过人大审批这一关。同时,法律还规定有且只有人大才能罢免法官,此外任何个人或组织机构都无权对在任的法官予以除名或免除其职务。

然而,不能不指出的是,长期以来我国人大在法官的选举和任命方面基本流于形式,并未严格依照宪法和法官法等法律的要求,谨慎推选优秀的法律人才担当法官,而我国法官腐败呈现普遍化态势与法官整体素质不高关系甚重。在法官选拔方面,我国各级人大的内务司法委员会如果能像美国参议院司法委员会那样,对候选人严肃地进行实质性审查，那我们当然也能像美国那样选拔出足够优秀的法律人才做法官。那样的话，法官腐败就不至于像如今这样遍地开花了。毕竟，高素质的法官玩弄法律实施腐败的主观动因会相对低很多，而其控制腐败冲动的意志力也要更强大。

是故，我国人大应该逐步减少并最终停止司法的个案监督，将时间和精力全部转移到法官的选举和任命上，从律师等法律职业群体中择优选任法官，上级法院法官更多地从下级法院法官中选拔，并通过立法不断完善法官"市场"准入机制。选拔真正优秀的人才担任法官，就基本控制了法官腐败的内因，扼住了法官腐败的咽喉。与没完没了的司法监督相比，"功夫在庭外"的法官选拔机制更能有效地杜绝法官违法乱纪，同时还能大大提高司法权威。因为法官的素质一旦有保证，那司法权威和司法的社会信任基础就基本有保障。法官是司法的灵魂。只有优秀的法官才能让司法承载法律的价值理念，闪耀公正的法治光辉。

除了法官选任机制外，"功夫在庭外模式"还要求法官薪资丰厚和审判独立。应该说，在这两个方面我国尚有很长的路要走。众所周知，我国法官尤其是中西部地区法院的法官流失相当严重，个中主要原因就是法官薪酬太低。与当地同级公务员相比，法官收入明显偏低早已不是秘密。法院留不住人才，此乃司法之大忌。同时，法官腐败在一定程度上亦与法官工资较低有关。所以，用中央财政保障地方法院法官享有高于或至少不低于当地同级公务员的待遇，实乃制约法官腐败、留住法院人才的底线要求。否则，任何的司法反腐举措都注定要以失败告终。

审判独立是我国宪法明文规定的，但事实上干涉法院审判独立的外部因素一直所在多有，而法院内影响法官独立审判的内部因素亦为数不少。总之，审判在我国远未实现应有的独立。而有相当一部分的法官腐败正是根源于其审判权未能独立。我国司法腐败有个明显特点，那就是上至法院院长，下至普通法官集体腐败的法院窝案比较多；而法院窝案的形成主要归因于，法院行政化管理倾向和案件签发制度所导致的法官审判不独立。理应只服从法律的法官常常不得不服从法院领导和主要由院领导组成的审判委员会。法官难以独立审判，一方面会使法官不自由，容易丧失自我；另一方面会催生法官的不负责任情绪，毕竟，没有真正的独立性就无所谓真正的责任感。

"法官除了法律就没有别的上司""独立的法官既不属于我，也不属于政府"，这是1842年马克思在为新闻出版自由辩护时所说的原话。作为一个信仰马克思主义的社会主义国家，我们理应对马克思的法官独立理论照单全收、奉行不渝，赋予各级法官充足的独立审判权力。人类几百年来的司法实践早已证明，最能维护司法权威、制约法官腐败的，莫过于法官的审判独立。对此经验的任何违背都是不明智的。让法官独立审判还是继续不明智，会是一个问题吗？

如何治理"眼花法官"

一起三死两伤的交通肇事案,在被告人未作分文赔偿的情况下,法官却以"被告人积极赔偿受害人家属部分经济损失90余万元"为由,作出减轻处罚的荒诞判决。而判案法官水涛对此的解释竟然是他"眼花"看错了法院的"赔偿证明"所致。这位河南陕县法院法官也因此获得"眼花法官"称号,并"名"扬天下。

此起"葫芦僧判断葫芦案"事件足以说明,我国基层法官素质堪忧,反思与检讨此等堪忧现状已是时不我待。

"眼花法官"水涛对此起交通肇事案所作的刑事判决书漏洞百出,其主要根源在于此案的民事判决同样存在着瑕疵与破绽。

本案之民事赔偿部分由三门峡市湖滨区法院翟二民法官审理。在证明赔偿的文书中,翟法官写道:"据被告人称:能够及时赔付被告家属赔偿款近90万元。"这句语无伦次、意义错乱的"被告人赔偿被告家属",正是该赔偿证明文书最核心的一条。水涛法官就是在读这一条时"眼花"了,把"能够及时赔偿"看成是"积极赔偿",最终导致错误判决结果。

民事法官作出如此逻辑混乱之司法证明文书已属荒唐,更让人大跌眼镜的是,面对此等疑义丛生之文书,刑事法官连最基本的核实工作都不做一下，就想当然地以为被告人已经对受害人家属作了赔偿，并想当然地以此为依据对被告人予以减轻刑事处罚。刑事法官、民事法官，没有最不负责任，只有更不负责任。

裁判实体内容上如此，裁判形式要件上亦如是。如本案民事赔偿文书是用电脑排版打印的，但在这份打印文书中间竟然夹杂着一些手写体文字，如"据被告人称"中的"据""称"二字就是惹人注目的手写体。又如该案刑事判决作出后，法官竟然忘了把判决书送达给当事人，后者最后只好通过律师向法院索要判决书复印件。而根据我国刑事诉讼法第196条之规定，判决书应在判决宣告后立即或5日内送达当事人。

一桩案情并不复杂的交通肇事案件，两位法官的判决竟然从形式到内容无不瑕疵重重，委实有点匪夷所思。基层法官的素质不敢恭维至如此田地，我们还能"坐以待毙"吗？不需要深刻反思何去何从吗？窃以为，关于改善之道有如下两点值得好好参考、躬行实践。

提升法官"市场"准入门槛，完善法官"市场"准入机制。我国法官队伍尤其是基层法院法官鱼龙混杂、良莠不齐由来已久。导致基层法官素质普遍堪忧的根本原因在于我国法官"市场"准入门槛较低、法官"市场"准入机制不够完善。随着近三十年来法学教育的繁荣发展，法律人才不再匮乏，甚至呈现出饱和过剩趋势。在这种人才供大于求的大好形势面前，法官市场准入方面应该快速提高门槛，并完善法官选拔机制，厉行择优录取。

我国宪法、法院组织法和法官法规定，法官由同级人大常委会任免。但实践中的法官任免往往没有同级人大常委会的参与，几乎是在同级人大常委会毫不知情的情况下任免的。如此公开地违法任免,一方面固然是人大常委会自身的明显失职不作为,另一方面也说明我国法官的任免过程粗糙,法官"市场"准入机制极不完善。我国法官队伍整体素质不佳的根源,就在于"任免"这个源头性工作缺乏应有的严谨和必要的监督。

我国地方县市人大应该吸取河南"眼花法官"的教训,成立专门的法官任免委员会,落实宪法和法官法等有关法官任免的法律规定,全程参与法官的任免过程,选拔法学专业知识丰富、道德素养绝佳和责任心饱满的优秀人才充实基层法官队伍。其中不可或缺的是法官任免过程公开。人大法官任免委员会应举行任免听证会,充分听取反对者和质疑派对拟任免人员的异议意见,最后在候选人员中择优任免。

从源头上重视选拔高素质法官只是基础性条件,要保证法官在今后的司法裁判过程中真正彰显高素质,不至于出现"眼花"式裁判,还需要判决公开这种有效的监督制度。

司法判决是作为执法者的法官为国家和社会生产的唯一产品。在性质上,司法判决属于公共产品。"审判是一项公共事件,法庭上披露的所有信息都属于公共财产",美国大法官道格拉斯曾如是说。司法判决既然是公共产品,那就没有理由保密不公开。尽管判决公开在西方已有上百年甚至几百年历史,但在我国,司法判决公开可以说才刚刚起步,而基层法院在这方面还做得很不够。

判决公开使得大众传媒和社会公众可以随时检阅和审查法官的判决,它是法官裁判过程违法草率、文书制作粗枝大叶的天敌。司法判决一旦无条件上网、全面公开,法官必然会在裁判时严格自我审查,用专业精神和职业伦理来从严要求其司法裁判。

英国著名法学家边沁曾深刻指出:"公开是正义的灵魂。公开是努力工作的最优质的精神状态,是不诚实的最保险的全方位防备手段。公开确保法官在审判时处于审判状态。"斯言诚哉!没有判决公开,法官自身的素质再高,也可能随时身在法庭心在庭外。司法裁判过程和判决结果的全面公开,能迫使法官自觉地时刻处于负责任的审判状态,不至于出现"眼花"情形,更不至于作出充满荒诞色彩的"眼花"式判决。

律师不应跟法官"死磕"

2013年4月，刑辩律师王某被江苏某法院拘留的消息，经网络微博的传播而迅速演变为一起公共事件。事件的发生与王律师跟法官"死磕"关系甚密。它再次将备受争议的律师"死磕"问题摆在了所有法律人面前。

毫无疑问，刑辩律师在法庭上以"闹庭"方式跟承审法官"死磕"，绝不是司法喜剧，它注定是我国法治进程中的一幕司法闹剧，对法官的尊严和司法的权威而言，它更是一出悲剧。经过"死磕"，辩护律师即便最终赢得了诉讼，实现了其心中的司法正义，那代价亦相当不菲。因为"死磕"的过程终究是个律师与法官缺乏互信的不良过程。在此过程中，律师对法官和法庭均未予以应有之尊重，从而使法官颜面扫地以尽、司法权威丧失殆尽。

很多刑辩律师说，当下我国刑事辩护的执业环境如此糟糕，不"闹庭"、不"死磕"，那怎么办呢？

诚然，在我国不但刑事法律法规本身不够健全、完善，而且既有的刑事法律法规在实践中常常难以得到严格实施，甚至有部分刑事法律法规对政府公权力毫无拘束力，形同虚设。于是，与法治成熟国家相比，我国刑事被告人的司法人权不但含量不足，而且既有之含量在司法实践中还常常被大打折扣。与此同时,刑事辩护律师的辩护权利受到来自公安机关和检察院的较多限制。尽管刑事诉讼法及相关法律不断在修订和完善,但"会见难、阅卷难、取证难"的刑辩"三大难"问题始终未能得到有效的化解。

不宁唯是,我国刑法还专门针对刑辩律师规定了所谓的"妨害司法罪"。"在刑事诉讼中,辩护人、诉讼代理人毁灭、伪造证据,帮助当事人毁灭、伪造证据,威胁、引诱证人违背事实改变证言或者作伪证的,处三年以下有期徒刑或者拘役;情节严重的,处三年以上七年以下有期徒刑。"这就是著名的刑法第306条。此等条款无疑是对刑辩律师缺乏基本信任的恶法,欧美等法治成熟国家的刑法罕有类似之规定。

不能不说,刑法第306条对刑辩律师充满着傲慢与偏见;如有必要,它随时可以对刑辩律师出入人罪,在重庆办案的李庄律师就是以"眨巴眼睛"的方式触犯此条而被定罪,从而酿成震惊中外的李庄案。此等刑法规定对刑辩律师执业安全的危害之大,由此可见一斑。

上述情况表明,造成我国刑事辩护陷入困境的主要原因不在法官身上,甚至可以说现实中这种与法治精神多龃龉不合的刑辩环境跟法官没什么关系。同时,指控被告人的是检察官或被害人,而不是法官。从人性和常理上说,法官亦希望被告人能得到更多更好的辩护。因为被告人的司法人权保障得越充分,那司法就一定会越公正,出现冤假错案的概率就越低,法官的权威地位和社会声望则随之水涨船高,法官何乐而不为呢?

既然原因不在法官这里,那刑辩律师在法庭上"闹庭"、跟法官"死磕",又是何必呢?难道"闹庭"和"死磕"有助于刑辩执业环境之改善?有利于司法个案之公正?答案当然是否定的。相反,

"闹庭"和"死磕"只会催生越来越多的律师与法官之间的对立和冲突,加剧刑事司法审判原本的紧张气氛,在人为地消耗和浪费刑事司法资源的同时,还严重损害了律师本人和法官等法律人在社会民众中的形象,它是司法权威之殇,是法治秩序建构的负能量。

"我们必须彻底审视国家的刑事司法制度","死磕派"律师杨金柱的这句话大概道出了所有刑辩律师的心声。诚然,当下我国刑辩律师执业环境堪称恶劣,其根源就在于刑事司法制度片面强调其打击犯罪功能,对被告人包括辩护权在内的司法人权则缺乏应有之重视。然而,法官绝不是这种重打击犯罪、轻司法人权之刑事司法制度的制造者;相反,他们同样是此等坏制度的受害者。因为履行司法权的法官对此等制度无权说"不",他们只能忠实地执行它,而无权改善它或废弃它;否则,身为执法者的法官就同时成了立法者,司法权和立法权就合二为一了。

既然审视和改革刑事司法制度的地方不在法庭,那在何时何地呢?当然是在立法和修法之地,在立法和修法之时。在我国,立法权属于全国人大及其常委会。每次立法或修法时,全国人大或其常委会都要有一个公开的调研与论证过程,此等过程短则一两年,长则几年甚至十几年、几十年。在此等立法或修法的前置程序中,任何个人或团体都可以以各种形式表达自己的意见或建议。这是我们人民受宪法第41条和立法法第5条明文保障的基本人权,是立法充分反映和承载民意之需要。

至今,我国刑事诉讼法经过了两次修正、律师法经过了三次修订、刑法更是被修订八次之多。但在这些与刑辩律师执业关系最为紧密的法律的每一次修订时,无论作为公民的律师个人还是作为社会团体的律师协会,都没有予以应有的关注和热诚参与,其总体表现乏善可陈,此诚遗憾之至。须知,这个修法过程恰恰是律师尤其是"死磕派"律师可以大显身手、光明正大地"死磕"的时候。但他们竟然浪费此等为刑辩权利而斗争的大好时机,白白把改善刑辩执业环境的良机错失掉。

在法治成熟国家,每一次立法或修法时其律师团体如美国律师协会(ABA)、日本全国律师联合会都会积极主动地提出自己的立法或修法版本,供立法者参考和借鉴。在涉及刑事辩护法律的立、改、废过程中,律师堪称是对此等立法或修法影响最大的社会群体。但在我国同类法律的制定与修改过程中,我国律师尤其是"死磕派"律师都在做些什么呢?他们向全国人大或其常委会提交过自己的立法或修法版本了吗?在立法或修法阶段,该出手时不出手,但在执法、用法时,不该出手时却出手了。为刑辩权利而斗争的"死磕派"律师犯了斗争方向和策略之大忌,他们南辕北辙了。

所谓亡羊补牢,犹未晚矣。无论是我国刑法还是刑事诉讼法,它们都将面临着进一步的修订和完善。"死磕派"律师如能从现在开始,为尽快修订和完善此等法律而"死磕",那必将得到包括法律人在内的社会公众的鼎力支持。无论对被告人的司法人权还是对法治宪政建设,这种"死磕"都是功德无量之善举。而此等"死磕"一旦坚持下去,我国刑事辩护环境的改善总有一天会水到渠成。

美国法学家德沃金曾言,法院是法律帝国的首都,法官是法律帝国的王侯。是的,对于法治而言,法官权威不是奢侈品,而是必需品。包括律师在内的任何人都应该无条件地维护法官的尊严和权威。

决定刑辩尺度的不是法庭和法官,而是人民大会堂和立法者。律师应该为有关刑事辩护立法之修订完善而跟人大代表们"死磕",而不应在法庭上跟法官"死磕"。"闹庭",无论如何不是一个好律师的应然修为。但到人民大会堂跟立法者"死磕",对于好律师坏律师都完全合适。

第四辑

教育公平　匹夫有责

高校招生地方保护主义当休矣

2009年4月13日《国家人权行动计划（2009—2010年）》（以下称《人权计划》）甫一发表即引起了海内外的广泛关注，被公认是我国人权发展史上又一个里程碑，其意义之大足以和5年前"国家尊重和保障人权"载入宪法相提并论。该《人权计划》第一部分"经济、社会和文化权利保障"第五节内容为"受教育权利"，它从8个方面构想了保障受教育权的国家行动计划，其目标之一是"保障公民平等受教育权利"。值此全国部属重点高校招生计划纷纷公布之际，就国家人权行动计划与高校招生计划略置评议，可谓正合时宜。

"高考移民"，在我国由来已久，而且屡禁不止、愈演愈烈。那些为高考而移民的人在某种程度上是为争取自己的平等受教育权而冒险，是故，对于高考移民，遏制乃至根除之道不在于"禁令"与"惩罚"，而在于为各地考生争取日益平等的受高等教育权。当同等分数同等录取成为部属重点高校在全国的招生原则时，试问还有谁会为高考而北上南下地折腾迁移呢？而同等分数同等录取，不正是考生受教育权平等的最基本的要求吗？在受教育权存在着显著的地区不平等，乃至存在明显地域歧视的当下我国，要制止人们"为平等而密谋"何以可能,又谈何容易?毕竟,他们移民为的是"一锤定音"的高考,为的是平等的受教育权,为的是更高教育基础上的更好人生。

在现行高等教育体制下,要消除受教育权歧视、实现受教育权平等从而控制高考移民,最现实有效的方式莫过于打破部属重点院校招生地方保护主义,将更多的招生名额留给那些人口基数大、考生数量多的省份,以及其他需要照顾的边远少数民族地区。部属院校招生地方保护主义在我国普遍盛行,社会各界对此诟病已久。据统计,北京大学在当地北京市招的学生占其招生总数的13%,而其他全国各地学生加起来只占北大招生总数的87%,平均不到3%;复旦大学在本地上海市的招生数占总招生数的40%,武汉大学在湖北省的招生数为50%,浙江大学在浙江省的招生数为70%。这些直观的数据表明,部属院校高考招生存在着严重的地方保护主义。对其他地域考生而言,这种与各省区人口基数比例极不协调的招生计划在性质上是一种地域歧视,它严重侵犯了外省区考生的平等受教育权。

平等受教育权,是一项基本人权,它是公民有机会平等地参与经济、文化和政治生活的前提和基础,没有平等的受教育权就不可能有平等的经济权利、文化权利和政治权利。正因为如此,世界上绝大多数国家的宪法都有受教育权平等方面的明文规定,我国宪法第46条把受教育权既规定为权利又规定为义务,其目的正在于强化此项权利的不受侵犯性和不容剥夺性。与我国宪法规定相适应,我国教育法第9条亦强调:"公民不分民族、种族、性别、职业、财产状况、宗教信仰等,依法享有平等的受教育机会。"不宁唯是,平等受教育权作为基本人权早已在国际间达成共识。联合国大会1948年通过的《世界人权宣言》第26条即规定"高等教育应根据成绩而对一切人平等开放";1966年签署的《经济、社会及文化权利国际公约》第13条同样地规定"高等教育应根据成绩,以一切适当方法,对一切人平等开放,特别要逐渐做到免费"。

那些办学经费主要依赖国家投入的部属院校在招生计划上的地方保护主义,严重背离了受教育权平等的原则和精神,明显违犯了我国宪法和教育法上的公民受教育权平等条款,侵害了多数考生——受教育者的基本人权。值此国家人权行动计划开始实施之际,我们应该首先向高校招生地方保护主义开炮,拿高校招生地域歧视开刀,纠正部属院校现行的有悖法理常情的招生计划,通过制订合法合理、公平正义的新的招生计划,从而实现全国所有考生的梦想——受教育权平等。

坚持以人为本,落实"国家尊重和保障人权"的宪法原则,切实把保障人民的生存权、发展权放在保障人权的首要位置,就不应该对渗透着地方保护主义的高校招生计划继续保持沉默,而应毅然决然地对中西部地区和广大农村考生歧视已久的陈旧的招生体制采取行动。没有高校招生计划的改革,就没有平等的受教育权,没有平等的受教育权就不可能有平等的生存权和发展权——教育对每个人的生存与发展关系甚重乃不言而喻。

因此,高校招生计划与国家人权行动计划可谓一体两面、唇齿相依。我们期待着参与《人权计划》制订工作的教育部能像该计划导言所说的那样,切实行动起来,"司其职、负其责"地改革不合理的高校招生计划,使广大考生在受教育权上真正实现平等,让人权之花首先在受教育权上绚丽开放,让"行动计划"率先在受教育权上结出"平等"之果。

招生改革应从平等开始

2009年11月，媒体报道了北京大学即将试行中学校长实名推荐制招生改革的消息。对此，新浪网的调查显示，反对此种实名推荐制并认为它对多数人不公平的占69.8%；人民网的调查则显示，95%的网友担心它可能为招生腐败提供土壤。同时，"诚信：中学校长不可承受之重""农村学生会被甩得更远"等话题，迅速成为社会各界关注的热点。

我国高校招生改革堪称是举步维艰。招生改革该从何处着手、从哪里起步，已然是我们无法回避的是是非非的大问题。

窃以为，大学招生制度改革应从平等开始，教育公平应是招生改革的重要目标之一。这里的平等指的是所有生活在《中华人民共和国宪法》下的各地考生受教育权的平等。教育部直属院校在全国各地实施的现行招生名额分配方案，严重侵犯了非部属院校所在地考生受教育权的平等。广大农村考生、部属院校极少甚至没有的省区如山东、河南、江西、山西等地考生，与部属院校密集的北京、上海、南京、西安等地考生相比，其就读部属院校之机会实在是太小，而我国国内一流大学均被部属院校全部包揽。很少有地方性院校在办学条件、师资力量及社会声誉等方面，能与部属院校比肩而行、相提并论。所以，与改革高考制度这种系统工程相比，改革部属院校在全国各地的招生制度才真正是刻不容缓。唯有如此，才真正有利于选拔各个地域文化背景的优秀人才，才真正能加强部属院校生源多样化并扩大社会各阶层之间的流动性，从而减少现行高考制度对大部分考生造成的不公平、不合理状况，降低由高考制度所制造的社会紧张与压力。

之所以需要改革现行的高考制度，原因固然很多，但最大的动力或者说压力应该还是来自作为其制度组成部分的部属院校现行招生政策于理不合、与法相违。长期以来部属院校对本地考生实施照顾优惠的招生政策，造成占全国总考人数绝大多数的外地考生的平等受教育权不受保障，且这种不公平状况是如此的严重，以至于对外地考生构成了事实上的招生歧视。改革高考制度的目标之一，当然是改变现存的招生歧视现状，以逐步在全国范围内实现高等教育公平。

是故，高考制度改革应以平等——保障全国各地考生受教育权平等——作为改革高考制度的一项首要目标。在法治宪政国家，对每个人的受教育权给予平等保护乃政府的基本职责。将"平等"视为"至上的美德"的美国法学家德沃金曾警告说："宣称对全体公民拥有统治权并要求他们忠诚的政府，如果它对于他们的命运没有表现出平等的关切，它也不可能是个合法的政府。平等的关切是政治社会至上的美德——没有这种美德的政府，只能是专制的政府。"以此类推，高考公平问题的实质，就是政府对我们每个考生的受教育权缺乏应有的平等的关切，以至于现实恰恰就是不同省区的考生在高考面前并不平等，外省区的考生与部属院校所在地的考生在分数面前更是毫无平等可言。

我国每年的高考人数之多堪称独步全球，与此对比鲜明的是，我国高等院校数量及每年的招生规模又显得严重不足，这导致考生之间为争取被大学，尤其是被最好的大学——部属院校录取之机会，所展开的竞争其程度之激烈可谓世所罕见。高考不论在外国人眼里还是我们国人心里都是一场战争。此等状况决定了在我国受高等教育权与其称为一项社会权性质的受教育权，毋宁将其定性为基本人权性质的平等权来得更加确切。受教育权成为一项人人享有的社会权的前提条件，是机会平等这种平等权能首先在他们身上得到体现和保障，否则，受教育权对他们而言就像水中月、镜中花一样毫无意义。在现实的高考制度之下，如果这种机会平等遭到剥夺，那法律上的受教育权其实就是一纸具文。

法国思想家托克维尔曾如此深情地赞美平等，他说："平等也许并不怎么崇高，但它却是非常正义的，它的正义性使它变得伟大和美丽。"的确，平等并不高深奥妙，更非神秘莫测，它只不过是人类在经历了充满血腥、残暴乃至荒唐的不平等之后，所认识到的一种基本人性、一项根本制度和最低价值要求。没有平等，就没有公平正义；没有平等，就没有基本人权。所以，法国人皮埃尔·勒鲁将平等看作一项法权并且是"一项唯一的法权"，并坚信"平等是一种神圣的法律，一种先于所有法律的法律，一种派生出各种法律的法律"。

时至今日，平等的信条业已深入人心，为平等而密谋、为平等而斗争仅仅只在个别国度的个别领域，才具有它一定的现实性与必要性。不幸的是，在我国受教育权正沦落为这样一个领域，该项权利要实现平等依然面临着诸多观念及体制上的挑战，可谓路漫漫其修远兮。尽管如此，我们亦应像19世纪的勒鲁那样对平等充满无限信仰，为实现受教育权的平等而不停地上下求索。

受教育权平等的实现，无疑将会给部属院校带来更多的异质文化、多元价值和新锐思想。以北大为例,当北大的每栋宿舍并不都是北京籍的学生,当北大的每间教室都有来自全国各地的学生,当漫步于未名湖畔时常常有身着民族特色服饰的学生从你身边飘然而过,当来自贫瘠山村的学生与长在富裕城市的学生一起并肩讨论成为燕园的一道风景……这时,我们说受教育权平等其实就在北大实现了,而此时的北大又有谁能说不是最充满多样色彩、多元文化,真正彰显"兼容并包"精神的育才殿堂呢?

来自农村学校的学生更需要被推荐

北大"中学校长实名推荐"名单在一片热议声中新鲜出炉,但该名单的公布犹如火上加薪,不但远未平息社会各界对实名推荐制的议论和诟病,反而激起了更多网友对此创举的非议与质疑。武大前校长刘道玉先生更是直言该推荐制"最大问题是隐藏着不公平"。

的确,从教育公平的角度来看,北大没有任何理由将推荐中学限定在清一色的声名远播的国重、省重等城镇知名中学。最需要实名推荐的根本不在这些地方,而是那些高等教育资源稀缺严重的地区和无任何大学的广大农村。

北大实名推荐制的最大赢家是北京和江苏,北京获得12—16名推荐名额,位列各地之首,而江苏共有10所中学上榜,是推荐中学最多的省份。但北京和江苏其实是我国高校教育资源最为集中的地区,前者以23所"211工程"高校而位居全国之首,而后者囊括11所"211工程"高校雄居全国第二。但此两地的考生人数在全国排名远远落后于这个冠亚军地位。2009年江苏有考生54万人、北京13万人,分别位居全国第9位和第25位。同时,北大每年划分给北京和江苏的招生计划相对于其他省区来说都要多得多。总之,北京和江苏学生考取大学及被北大录取的机会已经远远高于其他省区,实名推荐制还将其最大的两块蛋糕分给此两地,委实罔顾公平、匪夷所思。

实名推荐制应该向考生人数多、高等教育资源相当紧张的省份如河南、山东等省区倾斜,以使这些省区的优秀学生也有机会上北大。2009年河南、山东分别以96万人和70万人的报考人数高居全国第一、二位,而此两地的"211工程"院校极少,河南仅1所,山东也只有3所,高等教育资源严重短缺,再加上部属院校生源本地化状况日益严重,使得这些省区考生的大学录取机会及考取北大概率大大低于北京、江苏等地。

但北大实名推荐制对这些省区考生机会不平等视而不见、充耳不闻。河南仅有两所中学被北大许可实名推荐,无一所中学实名推荐的山东更是完全被排除在推荐制之外。如此的实名推荐对河南、山东学生而言,平等公正之天理何在?

北大实名推荐制更大的不公正还不在此处,而在于无一所农村中学忝列实名推荐资质名单,广大农村考生整体上统统被拒绝于实名推荐制的大门之外。实名推荐制让千千万万农村中学一律靠边站,农村学生哪怕再优秀也无缘被校长推荐上北大,只见城镇不见农村的实名推荐制根本没把农村考生当回事。

在现行的高考招生体制下,农村学生是一群看得见的弱势群体。30年来,我国农村大学生的比例下降了一半。1999年北大农村学生比例为16.3%,比1991年减少了2.5个百分点。随着这种完全排斥农村中学与农村学生的实名推荐制的推行,北大来自农村的学生只会在这个已然是绝对少数的基础上继续锐减。长此以往,北大不久就将成为城镇学生的北大。农村学生智商再高、潜能再好,也只能望未名湖兴叹,兴叹他怎么就那么不幸地出生于农村!

北大是国立大学,无论是高考招生还是推荐招生,它都无权对农村考生另眼相看，极尽歧视之能事。但这份推荐名单充分说明北大实名制招生是倾心为城镇学生锦上添花、拒绝为农村学生雪中送炭，它严重背离了平等招生、公平招生的公正理念，构成了对农村中学和农村学生的明显歧视。

城镇大学生比例持续上升，并不是因为城镇学生先天都是高智商的贵族血统，而是因为农村学生一开始就没有平等的受教育条件和受教育机会。这种条件和机会的不平等才是比例失调、农村落后的根源所在。因此，给予农村学生机会平等才是改变这种比例失调状况、提高农村文化素质之关键。遗憾的是，在北大的实名推荐制面前，我们看不到任何农村学生机会增长的希望，赫然发现的倒是农村学生的平等机会愈加遭遇肆无忌惮的剥夺。

我国是一个农村人口仍占56%的农业大国。农村在教育、经济等方面的大幅落后，已然影响到整个国家的和谐发展及全面进步。而要改变这种城乡发展不平衡现状，首先就得改变农村教育不平等状况。农村没有国重、省重中学，这不是农村中学和农村考生的错，但北大因此不给农村中学推荐名额则是北大的错。因为我国的宪法、教育法和高等教育法从来就不分什么农村中学、城镇中学，更不分什么农村学生和城镇学生，两者在受教育权面前都是平等的。北大完全把农村中学排斥在推荐名单之外，其违法、违宪昭然若揭。

"过去我们上大学的时候，班里农村的孩子几乎占到80%，甚至还要高，现在不同了，农村学生的比重下降了。这是我常想的一件事情。"这是国务院总理温家宝在署名文章中的一句话。在这份堪称城镇重点中学俱乐部的北大推荐中学名单面前，我们的总理会不会对他常想的那件事略有所知、疑窦冰释？

真自主招生又行得通吗

读罢熊丙奇《高校按各地人口比例招生为何行不通》(《东方早报》2009年9月25日)一文,"真自主招生又行得通吗?"这样的疑问自然而然地涌上心头。在"高校招生与宪法平等"研讨会上,我最为明确地提出在现行招生体制难以根本改变的情况下,不宜扩大自主招生范围,因此,有必要在此对熊先生的评论给予某些回应,以进一步就教于他。

在文中,熊先生主要向我们指出现在的高校自主招生其实是假自主招生,因为它并没有赋予考生更充分地选择大学的自由和权利。熊先生的陈述在某种程度上与"皇帝的新装"中的小孩指出皇帝不但没有新装而且根本就没穿衣,并无本质上的差别,比较有意义的在于把这个事实说出来,而不是发现这一事实。皇帝到底穿没穿新装,围观的人个个心中有数,而我们现今的自主招生究竟在多大程度上保障了高校和考生的自主性,国人亦心知肚明。难道有充足的证据表明社会上的大多数人根本就不知道当前的自主招生,是高校招生中"权钱交易、官学交易"的重灾区?正是考虑到重灾这铁一般的事实,所以,为了减少自主招生对招生公平的负面影响,我们强烈呼吁暂时不宜盲目扩大自主招生范围,以最大可能地捍卫无任何交易资本的广大农村考生的受教育权平等。

既然人人皆知我们的自主招生是假的,那实行真的自主招生不就毕其功于一役了吗?熊先生的逻辑正是如此。但逻辑的事物并不等于事物的逻辑。我们都知道真的学分制是怎么回事,但试问我国高校普遍推行达十余年的学分制,究竟有多少是货真价实的学分制?学分制尚且如此,自主招生当然同样难以幸免。"全国学业能力水平测试+自主招生"方案固然是好,但在我国现实的教育体制及社会经济文化背景下它是否行得通呢?我看悬得很。

我们的社会远不如欧美国家那样已是成熟的市民社会,像美国、英国那种负责大学入学水平测试的独立且非营利性机构——美国为 ETS(Educational Testing Service)、英国为 UCCA(The Universities Central Councilon Admissions)——在我国是找不到的。而在现行的教育体制之下叫政府组织这样的全国性学业水平测试终究亦不可行。如果可行,那不早就实行了?!多年来,教育改革家一直在呼吁举行全国性学业水平测试呢。此乃其一。其二,各个高校在自主招生过程中"通过地区因素、家庭因素、民族因素等指标,对不同地区、家庭、民族的申请者给予多元化评价",因涉及耗费高校巨大的人力、物力和财力而同样没有多少可行性。我国高校办学主要依赖于有限的政府财政拨款,其财力多半捉襟见肘,在财政实力上,与国外的高校常常不可同日而语。在高校的财政状况一时不可能得到根本改善的情况下,自主招生过程中实行多元化评价只能是一种愿景。多元化评价当然值得我们去大力提倡,但当前我们万不可将实现教育公平的希望寄予于它。

"如果换成清华大学把北京招生数从近 300 人减少为 30 多人,可以想见推进的难度。"试想,如果哈佛大学把在马萨诸塞州(哈佛所在地)的招生人数这么一大幅度减少会有多大难度?不出意外的话，哈佛这么做基本上不会遇到任何挑战与障碍，因为它能真正地做到自主招生。清华不能这么做是因为在现行的教育体制下，它根本不可能做到招生自主。清华不能，北大当然也不能，全国所有高校没有一所能例外地有可能。没有自主的高校，又何来名副其实的自主招生？没有自主的自主招生，搞多元化评价只会给社会的既得利益群体锦上添花，哪会给现行高考制度下的弱势群体雪中送炭？！

熊先生说在真正的自主招生过程中"唯一受损的，则是计划设置者手中的权力"，这句话太对了。但问题是，谁会愿意放弃自己手中的权力？谁又会眼睁睁地看着自己手中的权力受损而无动于衷？招生计划设置者如果愿意、如果无动于衷，我国的教育体制又何以会发展到如今的僵化与腐败并行之田地？既然不愿意，既然不可能无动于衷，那谈什么真正的自主招生不是与虎谋皮吗？

教改，欲速则不达

作为"高校招生与宪法平等"课题实质参与人，我对包括高考招生在内的整个高等教育改革是热切期待的。但身为不握有高教改革主动权的学者，在热切的同时应保持该有的理性和冷静。正像罗马城不是一天就能建成的一样，冲击到方方面面利益的高教改革亦不可能一蹴而就，我国的教改更可能是欲速则不达。

但更多关注高教改革人士的"俟河之清，人寿几何"的急迫情怀，往往使他们在教改问题上充满着太多的"酒性"，而非理性。他们甚至公开质疑一步一步慢慢来的教改，实际上是对教改缺乏诚意，是一种伪道的教改。熊丙奇先生发表在《东方早报》上的评论文章《我们真想进行教改吗？》，堪称象征着酒性激进派对理性渐进派的公开不信任。

教改之关键在于高校办学自主权如何下放并落到实处，这是无可争议之共识。整个教改的过程其实就是高校办学自主权不断扩大的过程，最终实现完全的办学自主是最为理想的教改目标。此亦为我们对教改的基本认知。

但问题是无论专家学者还是民间人士，都远离如何启动及实施教改的权力场，对此权力之运作过程他们基本上无缘置喙、无可奈何。正是鉴于这种现实情况，我们理性的策略是向左右教改方向、掌握教改命运的权力者，提出渐进的改良计划与步骤，而不是提出一夜之间实现全部放权的一揽子革命式方案。因为前者是现实可能的，而后者是根本不可能的。

已为事实充分证明的利少弊多的本科教学评估，教育部尚坚持要评估下去、不能取消，唯能改变的是评估方式。这就充分说明，在高教领域实行真正的改革其实是步履维艰，更遑论对教育管理权力的革命性教改。因此，当务之急不在于为高教放权摇旗、为办学自主呐喊，而在于坚持不懈地为改进、改革和改良高教中的种种问题及不公平、不平等之处鼓与呼，通过渐进式的改革谋求权力的逐渐移转归位和制度的日益新陈代谢，最终走向自主办学和教学自治。

以高考招生为例，我们都知道现行的招生制度弊病太多、漏洞不少，它以严重侵犯广大农村考生平等受教育权的方式给权钱交易让路、为官学交易开道。我们还同样知道，从长远来看，要真正改变现行不公平的招生制度，就必须像熊先生所说的那样"放权"并实现高校招生自主。但现实是，立即的放权是立即的不可能，且退一万步来说放权是可能的，那立即的自主招生又能在多大程度上实现立即的招生公平公正呢？试想，有多少高校在制度设计及运作方面对完全的自主招生做好了各方面足够的准备？一向受管教的孩子突然获得独立自主，会适应吗？能适应吗？

所以，在高考招生问题上，与其主张革命式的自主招生，毋宁先为实现招生的区域公平呼号。今年多数知名部属院校本地招生比例下降、外地招生计划增加，在某种程度上就是几年来社会各界长期为招生区域公平呼号之结果。这种进步是很可贵的，尽管它尚且微小，距离完全的招生公平路途还很远。但我们坚信，只要我们不停止呼号、不背离这种改革的道路，就有希望，公平、平等就总是在不断地向我们靠近。但如果我们走向山的那一边，鼓吹一劳永逸的立即的自主招生，那如今的高考招生会有今天的进步吗？招生公平问题之根本解决不依然是遥遥无期吗？

熊丙奇先生说"要求教育管理部门放权的道路是漫长的"，这种看法是理性而又现实的。既然只能是漫长的，那我们何不从长计议，为点滴的改革而奔走、为点滴的进步而欣喜、为点滴的突破而喝彩呢？

自主招生、办学自主，对于我们的高校而言它是舶来品，基本上缺乏大学精神的我国高校对这种西洋镜的欣赏与运用很需要一个为时不短的适应过程。而并不急促的渐进改革正好为它们留下了必备的适应时间和适应空间。否则，激进的改革即便获得成功，对我们的高校来说，对莘莘学子而言亦难说是一种福音。毕竟，任何的接轨不但要有良好的外部客观条件，而且更需要有接受接轨、适应接轨的内部成熟心理和主观认知。

推动教育公平匹夫有责

2010年1月,北大张千帆教授的访谈——《京沪大学招生对人口大省考生不公平》在《中国青年报》发表后,受到了社会各界和网民们的广泛关注,主流网络媒体亦争相转载。这么多年来,教育公平问题在我国始终是个"常青"话题。逝者如斯的岁月不但没有尘封它,而且激发了越来越多的各界人士关心、关注和关怀这一问题,"教育公平,匹夫有责"的共识即便不能说已经形成,那至少也可以说是正在形成的路上。

诚如张教授在访谈中所言,我国的高考招生制度改革并非是教育圈子内部所能处理得了的小问题。招生改革是个系统工程,它需要公民参与,它不能没有通盘视野。公民参与将打破社会既得利益团体对招生改革可能造成的改革垄断,而通盘视野必将使更多的农村考生获得相对较多的接受高等教育的机会,从而通过教育公平修正和补偿我国城乡二元社会结构对农村造成的不公正及侵害。

法律人关注并投身参与高考招生改革,重点在于强调任何招生改革举措都不应突破教育公平这个底线。守护教育公平这条底线是法律人关注的目标和参与的梦想,犹如公平本身就是法律的目标和梦想一样。

在张千帆教授的组织下，来自北京大学、美国华盛顿大学、厦门大学、山东大学、郑州大学、南京大学、中国政法大学、中央民族大学和杭州师范大学等多所大学的法律人走在一起，组成了"促进高等教育公平课题组"。这个研究团队先后到国内十余所部属院校实地调研。调研报告形成后在北大召开"高校招生与宪法平等"学术研讨会，并以研讨会上达成的共识为基础撰写了两万余字的《大学招生考试制度改革建议书》，以及作为该建议书附件的《大学招生考试制度改革调研报告》。如今这份建议书及其附件已经提交给有关政府部门了。

《大学招生考试制度改革调研报告》指出，我国现行高考招生制度存在"违背宪法原则、剥夺平等机会"等5个方面的问题，《大学招生考试制度改革建议书》因而提出了"确立招生公平目标，废除分省指标体制"等6条具体改革建议。参与调研和写作的法律人谁也不能保证，主导招生改革的政府部门在制定《国家中长期教育改革和发展规划纲要》时，一定会认真对待这份建议书和调研报告。但重要的是，为了教育公平，法律人关注和参与了这场改革，为公平改革坚定地承担起了自己应该承担的任务与职责。

在《论人类不平等的起源和基础》一文中，卢梭曾雄辩地证明了与"自然的不平等"相比，"人为的不平等"才是真正的社会和人类不平等的根源所在。而在种种人为的不平等中，教育的不平等可谓为害最甚。因为"教育不仅能在受过教育的人和没有受过教育的人之间造成差别，而且还随着所受教育程度的不同而增大存在于前者之间的差别"。是故，努力减少并逐步消除既有的教育不平等状况，对于改善我国人与人之间事实上的不平等，诚然是绝对的不可或缺，对于营造和谐社会更是必不可少、时不我待。

教育公平之所以在我国能成为一个常新的社会热点，主要是因为我们的教育改革常常非但没有"革"去原有的不平等痼疾，而且还"改"进了许多不平等的新元素。君不见，2009年年底北大抛出的"中学校长实名推荐制"不就是一个对农村中学构成不平等乃至明显歧视的改革吗？从其公布的实名推荐资质中学来看，这种招生改革是一场十足的城镇重点中学的盛宴，完全被排除在实名推荐制之外的农村中学连其残羹冷炙都"尝"不到。对城镇考生锦上添花的实名推荐制对农村考生是雪上加霜，农村考生的受教育权平等遭到了赤裸裸的侵犯。这种实名推荐制改革明显突破了教育公平的底线，毫无公平、正义可言。也难怪，它一出炉即引来犹如潮水的批评和质疑。

北大实名推荐制改革冷血地证明，在高校招生改革面前要守住教育公平底线并不容易，甚至相当艰难。职是之故，需要有更多的法律人投身于这场守护教育公平底线的运动中，最好是每个法律人都能自觉地成为教育公平底线的守护者。

顾炎武曾言："是故知保天下，然后知保其国。保国者，其君其臣肉食者谋之；保天下者，匹夫之贱与有责焉耳。"教育，固然带有国家义务的色彩，但它更带有个人权利的性质，教育的有无与好坏事关天下所有人。如何使每个人都能平等地享有高等教育机会这种公共教育资源，如何让教育公平之花开遍我国城乡的各个角落，"匹夫之贱"的法律人对此应该时刻想到"与有责焉耳"。

促进教育公平的试金石

2012年11月,黑龙江招生考试委员会发布了"黑龙江开放异地高考,省外考生今年可就地报考"的2013年高考报名通知。关于异地高考报名条件,该通知规定:"非我省户籍的进城务工人员子女,须具有我省高中学籍且高中阶段在我省连续就读3年以上,父母在我省有合法职业和合法稳定住所(含租赁)。"

三个月前,国务院办公厅向各省(自治区、直辖市)转发了教育部等四部委制定的《关于做好进城务工人员随迁子女接受义务教育后在当地参加升学考试工作意见》(以下简称教育部《意见》)。黑龙江招生办的此等规定,不但是全国第一个具体执行教育部《意见》的异地高考报名细则规定,而且它未采纳教育部《意见》中建议的进城务工人员参加社会保险年限等条件规定。此等降低异地高考报名门槛、加大异地高考开放尺度之举,受到了社会各界的高度肯定。

然而,在喝彩的同时,我们不能不保持足够的理智与冷静,不能被黑龙江招生办此则报名通知的开放尺度"冲昏了头脑"。因为它仅仅是个开放异地高考报名的通知,对于比报名本身更重要的高考录取方面的问题,该通知未给予任何说明或规定,完全付之阙如。

省外考生可就地报名参加高考,不过是异地高考的第一步。异地高考要真正做到对进城务工人员随迁子女没有歧视，完全平等公正，那后面的路还很长。其中，对于非本地户籍的随迁子女考生实行什么样的高考录取政策，堪称是重中之重。一旦对非本地户籍的考生执行不合理甚至带有歧视的高考录取政策，那异地高考报名的开放尺度就不是越大越好，而只可能是越小越好。

对于进城务工人员随迁子女在当地高考后采取何种录取方法，兹事体大，不可不慎。而在这个问题上，我们甚至不能轻易地指责黑龙江招生办留下空白悬念的不作为举动。因为强调"以人为本、保障进城务工人员随迁子女受教育权利、促进教育公平"的教育部《意见》，对于随迁子女高考录取问题同样未提出它的"意见"，而仅仅强调要保障随迁子女净流入数量较大的省份当地高考录取比例，不因随迁子女参加当地高考而受到影响。换言之，关于进城务工人员随迁子女就地高考后的录取问题，至今找不到任何相关的政策规定，更遑论具体的具有法律效力的规范性文件。

在异地高考如何录取缺乏明文政策法规规定的情况下，第一个响应教育部《意见》、在全国率先宣布开放异地高考报名的黑龙江招生办，理应将异地高考这只"螃蟹"吃到底并消化好。质言之，它不能只简单地宣布开放异地高考报名。与此同时，它应该制订并发布有关异地高考录取方面的细则性规定，以便非本地户籍的随迁子女来得及权衡利弊，并决定是否就地报名参加高考。

仅仅只宣布开放异地高考报名，而将高考后的录取原则及细则问题束之高阁、避而不谈，这显然有点草率和轻率，将异地高考问题过于简单化。而如果高考之后临时抱佛脚，应急拍脑袋制订一些对参加异地高考考生不利，甚至明显构成歧视的录取政策，那开放异地高考报名就难免有"圈套""陷阱"之嫌疑，且异地高考报名开放尺度越大，此等嫌疑就越重，受害者人数自然亦越多。

关于异地高考如何录取，最合乎我国宪法和法律的方式当然是就地高考、就地录取。在录取方面严格实行平等原则，非本地户籍的随迁子女考生与具有本地户籍的考生享有完全同等的大学录取机会。如果进城务工人员随迁子女就地参加高考后，不能像本地户籍考生一样享有同等的大学录取机会，那地域歧视、户籍歧视并未因开放异地高考而消除，开放异地高考报名仅仅是给原来的地域歧视、户籍歧视披了一件看似进步华丽的外衣罢了。

教育公平的核心是招生录取上的公平。如果在高考录取方面，对进城务工人员随迁子女实行某种形式的差别对待，那我国高考中的地域歧视问题并没有得到真正意义上的纠偏与铲除。总之，开放异地高考报名，只是消除高考地域歧视的第一步，更关键的一步要看就地高考之后，能否不考虑户籍问题而一视同仁、平等公正地实施高考录取。

已然迈出第一步的黑龙江招生办，如果能够百尺竿头、再进一步，以大尺度地开放异地高考报名之勇气、正气，从速制定出公平合理的针对异地高考考生的录取政策，使那些随父母背井离乡、动荡奔波的随迁子女就地高考所得的来之不易的分数，不因其户籍问题而大打折扣，从而使分数面前人人平等的教育公平之花在他们身上得到绽放，那将不但是随迁子女之幸，亦为吾国吾民之福。

黑龙江招生办终究会制定什么样的异地高考录取政策呢？教育公平之花会在东北黑土地上率先开放吗？我们拭目以待吧！

让人痛心的教育不公案

不论是"2009年十大影响性诉讼"还是"2009年十大宪法事例",有关受教育权的诉讼和事例均榜上有名,而且在十大宪法事例中受教育权事例还占了两个,即排名第三的"高考状元拒录事件"和排名第九的"政审门"。在十大影响性诉讼中罗彩霞的受教育权诉讼也得票不少,排名第八。

它们入选两个年度"十大",既充分说明社会公众对受教育权保障的高度关注,教育公平问题依然在触动着全社会的敏感神经;又事实证明受教育权的保障问题在过去的一年里依旧是漏洞百出,作为一项基本人权的受教育权尚不为人人实然享有。

本应人人平等享有的受教育权,何以在现实的招生过程中被大打折扣或被剥夺殆尽呢?个中的问题固然有些复杂,但现行的高校招生制度法治化程度不高,无疑是其中的关键性因素。此三则引起全社会高度关注的受教育权事例在提示我们:强化高校招生的法治化已是刻不容缓,公众对法治招生的期待已是望眼欲穿。

以上入选两个年度十大的三个事例,其实都是并不复杂的招生缺乏法治的法律问题。现一一分析如下。

高考状元拒录事件。重庆文科高考状元何川洋先是被原本预录取的北京大学弃录，继而被重庆市招生委员会取消高考录取资格。这竟然都是3年前民族身份造假惹的祸！而民族身份造假完全系何川洋父母所为，造假之时他年仅14岁，对造假行为毫不知情。北京大学弃录和重庆招生委员会取消录取资格，在法律上是一种行政处罚行为。"无责任则无行政处罚"，是行政处罚的基本原则。对造假行为一无所知的何川洋，竟然要承担严重至被剥夺受教育权的法律责任，这在法律上是很荒谬的，是对"法治国家"的极大嘲讽。

不宁唯是，根据我国行政处罚法第29条规定，行政处罚的时效为2年。也就是说3年后再来"秋后算账"本身也是有法不依之举。可以说，"裸分"状元何川洋最终与大学无缘，完全是有关部门的此等双重违法所致。如果有成熟的法治在控制着高考招生，那何川洋的受教育权不但不被剥夺，而且他还可以合法正当、光明正大地进北京大学求学。

"政审门"。河北廊坊的扈佳佳决定报考军校，结果仅仅由于所在乡派出所民警拒绝在政审表上盖章，而最终与军校失之交臂。而民警拒绝盖章的理由竟然是扈佳佳的父母2007年因宅基地纠纷与邻居斗殴，被治安拘留15天。我国未成年人保护法第57条和预防未成人犯罪法第39、48条尚规定解除羁押、服刑期满的未成年人在复学、升学、就业等方面，与其他未成年人享有同等权利，任何单位和个人不得歧视。素无任何不良表现的扈佳佳却遭遇此等歧视。难道父母曾被治安拘留的他在政治表现上还不如曾被羁押、服刑的其他同龄人？专门规范教育行为的教育法和高等教育法对招生政审未作明文规定，而对政审有规定的教育部《招生工作规定》和公安部《2006年公安院校招生政审工作暂行规定》又都没有规定父母曾被拘留子女政审不合格。同时，根据人民警察法第6条规定，出具政审意见并不属于警察的职责范围。由此看来，扈佳佳梦碎政审，完全是政审本身没有法律化，一直处于模糊的政治化、行政化状态的结果。所有这些都是法治的阳光没能照射到招生政审这个角落之故。政审亟须法律化，这是政审门留给我们的最大教训。

罗彩霞冒名顶替诉讼案。这完全是湖南版的"齐玉苓案"。齐玉苓案尚未淡出人们的记忆，这又来了罗彩霞案。这说明弱势家庭子女的受教育机会遭遇权势家庭子女的冒名顶替，在我国至今尚有某种程度的普遍性。冒名顶替过程，是考生家长、主管招生的行政部门和作为招生单位的高校"共谋"的过程。它本质上是个权钱交易过程，是黑心剥夺他人通过孜孜求学而获得的受高等教育机会的过程，是权力被滥用、权利被侵蚀的过程。

逐步减少乃至最终杜绝这种剥夺考生受教育权的权力"共谋"现象，只能靠高考招生法治化、阳光化。一方面要健全有关高校招生的法律法规，另一方面要在招生过程中严格遵循所有的法定招生程序，不给权钱交易提供任何可乘之机，唯有如此双管齐下，高校招生过程才可能不会"制造"下一个齐玉苓、罗彩霞。

何川洋、扈佳佳和罗彩霞十年寒窗，却一朝梦碎招生，其原本受宪法保障的受教育权皆因人为原因而被剥夺，这是他们个人的悲剧，也是家庭、社会和国家的教育不幸。经历了这种悲剧和不幸之后，希望我国能吸取经验教训，不再让此等不幸和悲剧重现。期待今后的招生更加法治化，唯有法治化的高校招生，才能保障每个人切实地享有受教育权，才能让无分贵贱的教育公平不会成为人间传说。

学历"查三代"与教育公平

大学毕业季临近,毕业生正忙着四处奔波求职。一些贵为知名学府的硕士、博士,纷纷出其不意地遭遇"第一学历问题"。有部分硕士、博士就因为第一学历不属于"985工程"或"211工程"院校,而在招聘中"被出局"或最后被心仪单位拒之门外。与硕士、博士毕业于哪个院校相比,用人单位更关心求职者大学阶段在何种层次的院校就读,此等现象被媒体形象地比喻为学历"查三代"。

说起来,学历"查三代"并不是近两年出现的新鲜事。自1993年设立"211工程",尤其是自1998年启动"985工程"以来,学历"查三代"就在高校的大学教师招聘中时常出现。只不过,前些年学历"查三代"还不像当下这样,普遍存在于各个行业领域的招聘中。

关于学历"查三代",民众议论最多的是它涉嫌歧视,即歧视第一学历非"985"或"211"院校的求职者,其实质是对求职者教育出身的歧视,属于新的历史时期我国特有的出身歧视。环诸全球,以政府财政支持力度区别对待方式,人为地将同为公立的大学划分为三六九等,此诚无可置疑为我国首创,且至今无别国效仿跟进。

是故，第一学历歧视，不但史书不载，而且在他国亦闻所未闻，属于典型的具有中国特色的出身歧视。

鉴于学历"查三代"这种出身歧视，大有在我国就业和职业市场上泛滥开来之势，教育部曾专门下发《教育部办公厅关于加强高校毕业生就业信息服务工作的通知》，规定"严禁发布含有限定985高校、211高校等字样的招聘信息，严禁发布违反国家规定的有关性别、户籍、学历等歧视性条款的需求信息"。但这种通知只能在形式上约束各个用人单位，其实际执行效力如何不容乐观。毕竟，它缺乏专门的监督部门来保障它事实上的拘束力。更主要的是，对于公司、企业及政府公务员招聘中的第一学历歧视，此等通知只能干瞪眼，完全奈何不了。

在平等观念早已深入人心的21世纪，纠缠第一学历的出身歧视为什么还越来越盛行呢？世上没有无缘无故的歧视，但凡歧视都有原因，甚至都有它存在的"合理性"。用人单位查询求职者的第一学历院校，并把它作为是否录取的一项重要参考因素，其中一个重要原因是第一学历是何种院校本身能传递诸多教育信号，可以在某种程度上帮助雇主降低雇佣成本和用人风险。

就竞争激烈程度而言，国内硕士、博士的入学考试明显不如高考。换言之，第一学历是何种院校能在一定程度上代表应聘者的竞争力到底如何。此其一。其二，从教学设备等硬件到师资力量等软件，普通院校确实与"211""985"院校有一定的差异。总体上，"985""211"院校本科生在文化素养、职业技能等方面高于普通院校本科生，此诚是难以否认的事实。正是基于这两点，用人单位在同等条件下更青睐第一学历为"985"或"211"院校的应聘者。

但如果从宪法平等和政治哲学的视角来考量，那结果就不一样了。易言之，尽管以上两点无可置疑，但用人单位依然不能基于此两点，而查询求职者的"三代"学历，并对之实行教育出身上的区别对待。

其原因同样有二。其一，上述两点都是总体比较得出的概率论，具体到每一个求职者，其情形存在一定的差别，甚至可能与之截然相反。也就是说，并不是每一个本科就读于"985"或"211"院校的学生都很有竞争力。同理，在能力及素质方面，也并不是所有普通院校大学生都低于"985"或"211"院校大学生。具体到每个应聘者，用人单位不从相关的职业能力要求方面谨慎评估，而把基本不相关的第一学历院校作为录用与否的一项重要标准，此乃明明白白的出身歧视。所以，对求职者学历"查三代"违反宪法平等原则至为显然，不容否定。

其二，无论从宪法上还是从政治哲学上看，以上两点都是有"原罪"的，即它都是建立在教育不公平的基础之上。众所周知，我国的高等教育资源分布极不均衡，"985""211"院校主要集中在一些大中城市，广大农村没有一所大学。近年来，"985""211"院校中的农村生源比例一直呈下降趋势。与此同时，"985""211"院校中，所在地生源比例始终大大超过平均值，如同是考入北大这样的"985"院校，一个北京户籍考生所需要的竞争力，跟一个河南籍考生所需要的竞争力完全不可同日而语。所以，第一学历是何种院校或许与求职者的竞争力有关，但无疑与求职者高考时是农村人还是城镇人、是京沪两地人还是中西部地区的人关系更大。求职者原始户籍所在地，就跟其父母是谁一样，属于偶然的自然分配，与公平正义无关。但在我国现行的高等教育体制下，这种偶然性因素却直接攸关着每一个人的前途命运。这时候，我们再也不应对人为的制度弊病熟视无睹，而继续抱怨"天赋出生地"怎么如此糟糕。

美国政治哲学家约翰·罗尔斯曾深刻指出,正义与不正义在于制度处理某些自然事实的方式,而不在于自然事实本身。我们应该用罗尔斯所揭示的此等正义原理来解决一直困扰我国的教育公平问题。如果我们真能像罗尔斯所说的那样,同意"与他人分享命运",那备受诟病的教育公平问题必将得到解决,诸如学历"查三代"的出身关注则成为我们通向教育公平、社会正义的阶梯。

反歧视，中国需要实际行动

中国政法大学宪政研究所主办的"青年教师平等与非歧视培训"研讨会结束了。经历两天的培训洗礼，笔者深感在我国反歧视远未成功，吾人仍须努力。

我国无疑是个歧视大国，教育、就业、医疗等各个领域都存在着种种直接或间接歧视的现象。我国法律法规涉嫌歧视所在多有，而在各级政府行政机关制定发布的规章、条例及红头文件中涉嫌歧视之条款或规定，其数量之多堪称千千万万，其种类之广可谓五花八门。与此相比，现实生活中不胜枚举地违反我国法律法规之规定而涉嫌歧视乃至明显歧视的组织规则及事例，就同样甚至更加值得关注了。

如教育领域，我国义务教育法第53条明文禁止把学校划分为重点和非重点，但放眼望去不计其数的"××县（市）重点小学""××县（市）重点中学"牌匾，不是赫然悬挂于一些中小学的门口吗？对那些非重点中小学及其学生和教职员工而言，这种划分难免会造成一种结果上的歧视。因为没有"重点"这块牌匾，他们在办学经费等诸多方面与那些重点学校难以同日而语、相提并论，受到了极不合法、合理的歧视待遇。可以说，要实现我国中小学教育公平，就必须依法将那些所谓重点的牌匾通通摘下，逐步废除种种人为地歧视那些非重点中小学的制度或政策。

当然，在教育领域，歧视不仅仅存在于中小学，大学亦如是。我国高校不但有"211"之分，而且有"985"之别。众所周知，是否进入"211""985"序列，对一所高校而言，影响之大犹如是生存还是毁灭。同样是由政府财政资助运转的大学，那些由于历史或现实原因而未被纳入"211""985"序列的高校，在财政、政策等方面与"211""985"高校相比简直一个天上一个地下。这是为什么？这又是凭什么？这种"211""985"序列划分有法律依据吗？无论是我国的教育法还是高等教育法都没有授权政府如此划分公立高校。不宁唯是，在财政、政策等方面不同序列高校受到不同差别对待，还明显违反我国宪法上有关平等之规定，构成了宪法和法律上的歧视。至于在高校招生领域，类似这种差别对待、构成歧视的案例就更多了，北京大学自主招生中的"中学校长实名推荐制"就是一显例。该推荐制实行三年来，没有一所农村中学被幸运地列入推荐名单，这不是对农村中学的歧视又是什么呢？与城镇学生比，被排挤在推荐之外的广大农村考生，明显被封堵了一条通往北京大学这所知名学府的求学之路。

又如在就业领域。2002年蒋韬诉中国人民银行成都分行录用行员规定身高条件案，凸显了就业领域中的身高歧视非常普遍。2006年杨世建诉中华人民共和国人事部拒绝35岁以上公民报考公务员案，则说明年龄歧视在我国已然到了不得不"反"的程度。2007年黄元健诉国家大剧院户籍歧视案，不过是在我国俯拾即是的户籍歧视的一个典型罢了。在我国由政府财政出资、冠以"国家"之名的机构，不是为全国人民而仅仅只为一部分人乃至个别地区的特定群体提供就业机会的歧视案例，可谓所在多有、司空见惯。

当然，在就业领域，在我国最为普遍的或许还是残疾和健康歧视。平等原则要求所有人，无论是残疾还是有健康问题，在生活和工作的方方面面均享有平等的权利、机会和待遇。平等待遇意味着任何人都可以自由地发展其个人能力并作出选择，而不会因某种残疾或身体健康状况而受到成见、臆想或偏见的束缚。但在我国无论是肢体损伤、感官损害等残疾人，还是艾滋病病毒感染者、乙肝病毒携带者等所谓身体健康有问题者，在求职就业时都难免会遭遇到种种显性或隐性歧视，难以甚至完全不可能获得平等待遇。在这方面，最该检讨的应该是在当下我国被称为"国考"的公务员录用考试。对于残疾人或身体健康有问题的人士来说，大多数行业的公务员录用考试都是大门紧闭，毫无平等招录之机会可言。政府公务员录用上如此大面积的公然歧视，在法治成熟国家是非常罕见的。不宁唯是，这种来自国家政府的歧视还会产生不可估量的多米诺骨牌效应，带动或者鼓励其他私营等行业领域在招录职员时实施残疾和健康歧视。准此，逐步消除公务员招录时的残疾和健康歧视，实乃我国反就业歧视的重中之重。

再如在医疗领域。我国的医院和医生绝大多数集中在城镇尤其是大中城市。生活在农村、占我国人口一半以上的农民在治病救助和医疗保险等方面，与城镇人口相比，差别之大几如天壤云泥。如此不公平的城乡二元医疗体制，实质是对农村和农民的医疗歧视——一种社会结构性/制度性歧视。对于一个国家而言，最难"反"的歧视莫过于社会结构性或制度性歧视了。但为了不断改善我国农村和农民的医疗状况，使我国农民亦能获得较好的医疗条件和救治水准，吾人不能不将这种至为艰难的反歧视过程进行到底。毕竟，就社会总体财富来说，哪怕是在非常偏远的农村，建立具有先进仪器设备的医院、输入具有正规医学训练及临床经验的医生都是完全可能的,现在的问题仅仅在于财富如何向农村和农民分配。社会财富分配问题固然复杂,但在反歧视的旗帜之下,将一定的财富转移支付给农村从而改善农村的医疗和保险条件这应该是可能的。因为直面农村和农民在医疗方面的歧视待遇,"恻隐之心,人皆有之",不是吗?

面对幽灵一般无处不在的各种各样的歧视,吾人的一个基本认知应该是:免受歧视已然是一项基本人权。自1948年《世界人权宣言》第2条规定任何人都平等地享有该宣言所规定的所有权利和自由,不得因种族、肤色、性别、语言、宗教、政治或其他见解、国籍或社会出身、财产、出生或其他身份而受歧视开始,免受歧视就在世界范围内正式成为一项基本人权。与之相适应,反歧视则成为各国和联合国的一项基本义务。《经济、社会及文化权利国际公约》《消除一切形式种族歧视国际公约》《消除对妇女一切形式歧视公约》《残疾人权利国际公约》《儿童权利公约》等联合国制定的反歧视核心人权条约,我国都签字并批准。如今的问题仅仅在于我国如何将这些纸上的反歧视、谋平等承诺转化为一种可见诸行动的来自国家政府的"躬行实践"。

而这些被批准的国际反歧视条约要在我国得到真正实施、发挥法律效力,则还需要我国制定同类同质的国内法与之衔接和配套。遗憾的是,我国在这方面的国内立法相当滞后,无论是专门的反歧视单行法还是统一的反歧视基本法,均有待于作为立法机关的全国人大及其常委会去制定。西方国家在反歧视立法方面,一般是先制定专门的单行反歧视法,如1975年英国制定了《性别歧视法》;然后再制定统一的反歧视基本法,如2006年英国公布了《平等法》。当然,在此之前,它们像我国当下一样,反歧视的法律条款被分散于宪法和民法、劳动法等部门法中。立法机关加大反歧视的单行法和基本法的制定工作，此乃我国目前在反歧视立法方面的当务之急。

启动反歧视立法，仅仅是一个方面。另一方面，我们还需要从速建立从国家到地方的反歧视专门机构。西方国家以及我国香港地区都有平等待遇（机会）委员会这种专门的反歧视执行机构。它们由政府资助运转，但不隶属于政府，因而具有高度独立性。它们的主要职责是接受有关歧视的投诉，并对歧视展开调查与调解。为有效解决争端，它们一般拥有必要的执法权限。为了在行动上而不仅仅是在纸上立法上反歧视，我国从中央到地方亦应建立类似这种反歧视的执法机构，毕竟，没有执法，再多的立法亦枉然。

哪里有歧视，哪里就没有平等可言。没有平等，又哪来人与人的和谐相处？是故，为实现免受歧视的基本人权及构建和谐社会，吾人必须树起反歧视的平等旗帜，把免受歧视的人权观念与权利意识传播到社会的各个领域和所有角落。为实现没有歧视、人人平等的和谐社会，每个人都应该以道德勇气展示自己的聪明才智、付出自己的心力行动。有道是："只要人人都献出一点爱，世界将变成美好的人间。"

第五辑

大学治理　自治先行

大学不应等级化

2013年4月，教育部发出《教育部办公厅关于加强高校毕业生就业信息服务工作的通知》，要求各地高校积极采取措施，加大就业信息服务力度，严禁任何形式的就业歧视。通知特别强调，凡是教育行政部门和高校举办的就业招聘活动，严禁发布含有限定"985""211"高校字样的招聘信息。

近年来，用人单位在招聘条件中规定求职的应届毕业生应为"211"或"985"高校之风颇为盛行。而大学教师招聘时，要求应聘者第一学历必须是"211高校"的亦屡见不鲜。也就是说，无缘进入"211工程"、更遑论"985工程"的普通高校，其毕业生面临着"非名校出身"的学历歧视。说起来，这种学历出身歧视在我国职业市场上，具有相当的普遍性和长期性。

那么，教育部的一纸反歧视通知能解决普通高校毕业生所遭遇的学历歧视吗？众所周知，这种通知没有法律上的拘束力，且缺乏专门的执行与监督部门，其实际效力如何不言而喻。不宁唯是，非"985""211"高校的一般院校其毕业生普遍面临的学历歧视，其根源可追溯到教育部这里。如不是教育部人为地将高校划分"985""211"高校和普通高校，那是否还有此等专门针对普通高校的学历歧视就值得怀疑，至少此等歧视不可能像现在这样有名有实、操作简便。

教育部在高校中推行"211工程"和"985工程"，事实上将我国高校分为三六九等，其结果是进一步加剧了我国大学原本已有的等级化倾向。对于那些未被纳入"211工程""985工程"的高校而言，它们在经费投入、师资力量等方面与进入此两大工程的高校不可同日而语。它们不可能享有同等待遇，时刻面临着上至教育部下至当地政府的不合理的差别对待。普通高校毕业生在就业市场上所遇到的学历歧视，只不过是这种差别对待在就业时的延续而已。教育部和地方政府对普通高校不同等投入即歧视是因，普通高校毕业生的学历遭歧视是果。

认识到此等因果关系就不难得知，要消除普通高校毕业生就业过程中的学历歧视，首先就得废除针对普通高校的来自教育部和地方政府的种种不合理的差别对待。否则，普通高校毕业生的学历歧视问题治得了一时，治不了一世。再多的反歧视通知至多也只能是治标，无助于治本。

同时，我们更应该看到，导致我国大学等级化现象日益严重的"211工程"和"985工程"，在实施过程中一直存在资源浪费严重、配置效率低下、管理模式落后、科研成果低端等不良现象。无论是"211工程"还是"985工程"，都面临着投入—产出比率明显偏低，学科发展和学术创新无法满足外界的期望等问题。在探索高等院校新的管理体制和运行机制方面，此两大工程更是几无建树，令人失望。

此等不如预期之结果其根源在于，这两项高等教育领域里的国家战略工程本身就有违高等教育自身的发展规律，把教育质量、科研水平、高校管理等问题简单地看作经费投入问题。殊不知，不合理的海量资金投入不但无益于高校教学科研质量的提升,反而会带来一些意想不到的后果。它将加剧高校资源的浪费与内耗,反而成为高校教学科研发展进步之障碍。

以"211工程"为例。国家《"211工程"建设管理实施办法》规定,"211工程"建设实行的是项目负责人制。各学科项目负责人要依据国家发改委的项目可行性研究报告批复,对项目进行全程领导及负责。但我国高校长期存在的行政化管理模式,使得行政权力渗透到高校的各个角落,"211工程"项目负责人所决定的事务除非得到行政权力的支持,否则难以真正落实和严格履行。

与此同时,"211工程"建设的所有学科项目本身就是在行政权力主导下设置的高等教育项目,从立项、检查到验收无不依赖于各级高教管理部门的组织实施。于是,项目负责人的学术权力和学术权威,向高教管理部门及所在高校的行政权力和行政权威让步、妥协乃至完全屈服,实乃势所必然,其结果当然是进一步加剧了高校已然存在的行政化倾向。

学术权威与行政权威严重失衡,前者非但不足以对抗后者,而且还得在很大程度上服从后者,普通高校如此,"211""985"高校同样如此,甚至有过之而无不及。其原因在于"211""985"高校项目多、经费足,校内资源丰富,而校内资源如何分配主要由校行政领导们决定。于是,与大学之间的等级化倾向相适应的是,大学内部亦存在较为明显的等级化现象。科长、处长、校长之间等级森严事小,关键是教授、博士都得服从科长、处长、校长等行政领导的安排。学术权威在校内几乎成了一种无权力的存在,行政领导权威才是真正的至上之权威。

尽管高等教育和高校科研都是昂贵的事业,但古今中外严重制约高等教育发展和高校科研进步的,多半都不是源于资金有限、经费紧张。在经费和物资极度匮乏的抗战时期，地处边陲的西南联大恰恰书写了我国高等教育史上的辉煌篇章，其在科研方面的成就，当今身为"985"高校的北大、清华和南开恐怕都不能不望之兴叹、自愧不如。历史与现实的比较互勘可知，影响当下我国高等教育质量尤其是高校科研水准的决定性因素，不是经费，不是人才，而是体制。

校内外双重等级化体制完全扼住了我国高校的咽喉，使之难以自由地呼吸。高校的等级化倾向使得教授既难以遵从内心的学术道德法规，又失去了仰望星空的学术心境。结果自然可想而知，宽松活跃的学术氛围没了，为学术而学术的科研法规被抛弃了，换来的是报不完的课题、填不完的表格、重形式轻内容的量化考核等。事实证明，这些都跟真正的高等教育质量和科研水平毫无关系。对于我国高校的发展而言，它们绝不是正能量，而是典型的负能量。而课题、表格、量化考核不正是"211 工程"和"985 工程"的重要载体吗？离开了这些，这两个工程还能剩下些什么呢？

是故，在时机成熟时理应果断终止这种强化高校等级化倾向的建设工程。这不仅仅是因为此等建设工程对其他普通高校形成了明显不合理的差别对待，更因为它们在很大程度上不是推进了而恰恰是阻碍了我国高等教育的发展。毕竟，对于我国高校的学术独立和学术自治而言，这种建设工程的到来绝不是什么福音，甚至可以说是一种祸患。而学术独立和学术自治正是高等教育发展的根本命脉。要捍卫我国高等教育的命脉，就必须从速纠正我国高校所面临的内外两重等级化倾向，让学术在行政面前有权威，让教授在处长面前有尊严。

绩效工资改革不应喧宾夺主

2013年3月15日,重庆工商大学教师以在校门口唱国歌、"散步"等方式维权的信息和图片,经网络快速传播而成为社会热门话题。站出来维权的该校教师们认为,学校正在进行的绩效工资改革严重偏向行政管理人员,对他们这些一线教师缺乏应有的尊重和关怀,改革方案违背了起码的公平公正原则。

老实说,自2010年我国高校启动绩效工资制改革以来,有关绩效工资改革不公的新闻就时常见诸报端,见怪不怪。如不是有教师放弃师道尊严,以高唱国歌和"散步"之斯文扫地方式集体维权,此次重庆工商大学的绩效工资改革能否成为社会一时之焦点还颇值得怀疑。

绩效工资改革对教师利益的触动为何如此之大,以至于他们要站出来集体维权呢?我国高校行政化弊端严重一直备受国人诟病,可在绩效工资改革中为何行政人员的利益不但未受冲击,反而一再得到加强和巩固呢?绩效工资改革的目的到底何在?难道是进一步降低教师待遇,而继续提升行政人员地位吗?

毫无疑问,各地高校正在进行的绩效工资改革,在一定程度上违背了绩效工资制的初衷。它在打击教师尤其是一线中青年教师教学科研积极性的同时，还进一步强化而不是削弱了高校的行政化倾向，对我国高等教育的发展所造成的危害迟早会让人感觉到。

绩效工资制，简言之，就是依据个人工作绩效来发放工资的一种薪酬制度。它以员工的工作业绩、工作技能和工作态度等为基础，关注的重点是工作的产出量及实际工作效果等。工作高产出即工作绩效好，就能拿到高薪酬，否则，就反之，从而对员工产生应有的激励机制，这是绩效工资制的基本目标之一。

在美国等西方国家，其高校绩效工资制改革还与教师供给、教师流失等方面的问题联系起来。换言之，通过绩效工资制改革来改善高校教师待遇，以吸引更多的优秀人才进入教师队伍，从而解决师资短缺和流失问题，亦为绩效工资改革的重要目标。而此等目标背后还有一个更长远、更宏伟的目标，那就是倚重绩效工资改革提升教育质量和科研水平，以此来增强国家的综合国力。由此可知，高校绩效工资改革不仅仅是为了给教师涨点薪水，它还与国家民族的前途命运息息相关。

尽管很少有人将我国高校绩效工资改革上升到国家前途和民族命运的高度，但应该没有人否认它们两者之间存在着某种关联。既然如此，那我们这个后发国家就更应该认真对待绩效工资改革，更没有理由让绩效工资改革成为阻碍国家高等教育发展和民族科技文化水平提升的绊脚石了。

窃以为，认真对待绩效工资改革，就务必意识到绩效工资改革最主要的是提高教师薪酬待遇，使之与教师的工作绩效相对称，像现在那样去增加行政人员薪水的改革，实乃绩效工资改革目标上的喧宾夺主。同时，要认识到与行政人员相比，教师才是高校的主人，有什么样的教师就有什么样的大学。因而，绩效工资改革应该有教师的广泛参与和主导，而不应完全由行政人员闭门造车，否则就是绩效工资改革程序上的喧宾夺主。

相当不幸的是,在我国高校的绩效工资改革过程中,目标和程序两个层面的喧宾夺主已然普遍性存在。于是乎,改革的结果往往是行政人员弹冠相庆,教学科研人员则怨声载道,更有甚者,如重庆工商大学教师集体到校门口边唱国歌边"散步",以示抗议。

在工资收入方面,当教授的还不如当处长的,干副教授的比不上干副处长的,做讲师的尚不比做科长的,类似重庆工商大学这样的绩效工资改革,真可谓绩效工资制度之变异。它简直是打着改革的旗号对教授进行身份性羞辱,这样的改革只会导致高校在行政化道路上越走越远、愈陷愈深,与高校去行政化的社会呼吁完全背道而驰。

高校行政人员成为绩效工资改革的最大赢家,此诚荒谬之至。绩效工资改革至如此田地,必将大大恶化高校教师的生存状况,使他们沦为不折不扣的"学术民工"。既然是民工,那就难以全身心地投身于教学和科研工作。毕竟,像其他民工一样,他们或者为生存而须做其他兼职,或者时刻准备着跳槽到收入更高的其他行业。此其一。

其二,这样的改革必定会引诱更多的优秀高校教师走上高校行政岗位,而大量教师转向行政岗实际上是高校人才的一种内部性流失。一旦转向行政岗,那从事教学科研的时间和精力一定会随之大大减少。与离开高校从事别的职业的流失相比,这种内部性流失只有量的不同,没有质的差别。这样的绩效工资改革如果不立即给予改革,可以想见,类似"招聘人事处处长,来应聘的 25 人都是教授、博导"的新闻将司空见惯,不再是新闻。届时,高校人才内部性流失,将是导致高校师资短缺与流失的重要原因。

改革现行的绩效工资改革,关键在于纠正上述目标与程序上的喧宾夺主，使绩效工资改革名副其实地成为激发教师工作积极性，提高学校科研产出效率的改革。而这样的改革目标须臾离不开教师的广泛参与和自始至终的主导。毕竟，在教学质量、科研水准等教师工作绩效的认识和评价方面，最有发言权的不是行政人员，而恰恰是作为同行与内行的教师。像重庆工商大学那样完全以学校领导为主进行"自上而下"的改革，其结果当然只能是背叛教师、出卖教育。

重庆工商大学的绩效工资改革再次证明，行政部门已然成为高校的"利维坦"。在这个强大的利维坦面前，作为个体的教师沦落为被权力规训的对象。"我们就是大学""我们才是主人"这样的身份认同，对于高校教师而言已经是十足的奢侈品。而教师普遍丧失如此之身份认同的大学，还能是一所恪守教书育人、学术至上的好大学吗？

谁宾谁主，兹事体大，含糊不得。我们应该值此绩效工资改革之际，将高校内部已然颠倒了几十年的宾主关系彻底纠正过来，恢复高校教师与行政人员之间正常的宾主关系。否则，我们失去的，不仅仅是高校教师的尊严，我们的教育质量，我们的科技文化水平，以及我国高校在全球高校面前的竞争力都将随之失去。须知，这不是危言耸听，这将是高校被喧宾夺主的必然下场。

绩效的双重含义

北大法学院拟实行绩效工资制,不但在其教师之间引发了一片非议,而且还在网络媒体上掀起了一阵波澜。非议也好,波澜也罢,都是可以理解的,毕竟那里是北大法学院,毕竟有什么样的工资制就有什么样的工作状态和生活水准。叫人对北大法学院不关注是不可能的,而要人对工资制改革不关心也做不到。

其实,绩效工资制也不是什么"从头到脚每个毛孔都滴着血和肮脏的东西",它不但没有原罪,而且在法治成熟的西方国家已经实行一个多世纪之久,同时采用绩效工资制的行业领域是越来越多而不是越来越少。

问题的关键在于如何理解"绩效"二字,或者说怎样去评价一个人的绩效。"计件工资制"是绩效工资的基本形式之一。但绝不应把绩效工资的计算方式简化为"计件"这种小学生都能搞定的阿拉伯数字相加。绩效工资从本义上说,是要根据实际的、最终的劳动成果来确定工资,是"以成果论英雄"的,而不是以简单量化的"计件"论英雄。

由于成果数量的多少是评价成果的一个当然指标,所以,在绩效工资计算过程中不能不去"计件",但这仅仅是绩效工资制的一个方面，而且是最初级的方面。北大教授不高兴当"计件民工"，或者是教授们自己把绩效简单地等同于"计件"，或者是正拟实行的绩效工资制就是我们通常所理解的"计件工资制"。无论哪一种理解都是对绩效工资制的误解，它忽视了绩效工资的另一个评价指标。对于大学教授而言，这也是更为重要的一个评价指标即每件产品的质量，也就是每篇论文或每本著作的质量。

在实行绩效计件工资制的制衣厂，一件童装和一件成人大衣所获得的薪酬不可能是一样的，要不然成人大衣就没有人去生产，全世界只有童装可买，成年人都得赤身裸体了。在实行绩效工资制的法学院也同样如此。一篇发表在《人民司法》上的3页（《人民司法》上的文章平均长度也就三四页）的文章和一篇刊发在《比较法研究》上的12页（《比较法研究》上的论文平均长度超过10页）的论文，所获得的报酬也不应是相等的。因为凝聚在这两篇文章中的劳动和智慧是不好相提并论的。3页的文章一两天就可完成，而12页的论文至少得写两个星期吧。但如果把绩效工资完全等同于计件工资，那这两篇文章的"绩效"就完全相等，在数量上都是一篇，在CSSCI（中文人文社会科学来源期刊）上《人民司法》和《比较法研究》是一样的，都是"二级"期刊。由此看来，实行绩效工资制的关键并不在"计件"上，而在于凝结于每件（篇）论文或著作上的劳动和智慧如何计算。显然，对此最好的计算方式是评判论文或著作的质量如何。

而关于论文或著作的质量如何评价在西方已经有很成熟的评价体系，我们完全可采取拿来主义的立场，借鉴、参照它们的评价体制。那就是实行"同行评议"。对于学术论文或著作，外行人只会看看字数或厚度多少，其真正有多少学术含量或者说学术贡献，是看不出来的，只有同行才能看出其中的"门道"（质量）。

学术含量低的论文或著作就像破了洞的童装或成人大衣一样，在计算绩效时要大打折扣。同样，对于那些学术含量高甚至具有原创性贡献的论文或著作在计算绩效时应该要加分鼓励，而不应像现在普遍所实行的那样，仅仅从发表它的学术刊物或出版它的出版社是何种级别，这种与论文或著作质量本身没有必然关系的因素上来考量。把经济学家科斯送上诺贝尔奖领奖台的著名论文《社会成本问题》，当年就是发表在《法律与经济学杂志》这种在美国非常边缘化的刊物上。如果从刊物的知名度或所谓刊物级别来衡量论文的质量和贡献，哪有《社会成本问题》的今天！

　　是故，实行绩效工资制改革关键的关键，在于改变现行的学术评价体制，由所谓的"核心期刊制"向"同行评议制"转变。同行评议操作起来其实很容易，一篇论文甚至一本书，同行一两个小时大概就能看出个质量好坏及贡献多少。

　　绩效工资制在包括北大法学院在内的高校实行，看来是势不可当。在如此强劲的时势面前，理性的做法不是一味地批评或否定它，而是要看清"绩效"的双重含义，在正确理解的基础上正确地实施它。学术评价理应坚持同行评议为主，这在我国已经呼吁了多年。期待借北大法学院绩效工资制改革争议这股东风，学术同行评议制度也能迎来它的春天，在我国大学里破土而出，茁壮成长。

正视科研考核的价值

2013年1月,因家乡房子被强拆而投诉无门的湖南郴州男子曹再发扬言要到中山大学制造血案。记者劝其自首后问他为什么是中山大学,他说:"因为中山大学是中国有名的学校。这些人读书出来都是管理人员和当官的。中山大学的教授看到这种情况,也会出来维持公平正义。"

路见不平,大学教授会出来主持公道,这是平民百姓对大学教授等知识分子一贯的淳朴想象。在教授职业化越来越明显、知识分子之间的分工愈来愈细化的现代社会,这种想象变为现实的可能性只会日渐降低并趋向于无。在这个科研考核等各类考核纷至沓来的岁末寒假前夕,大学教授更是为对付考核忙得分身乏术,根本无暇关注自己一亩三分地之外的强拆等种种社会非正义事件。期望大学教授来维持公平正义,真的是靠山山倒、靠水水流。

不宁唯是,很多大学教授觉得科研考核本身就是一种把他们当劳工苦力的非正义制度,跟曹再发一样,他们也希望有人站出来替自己主持"公道",废除科研考核制度。不客气地说,对科研考核的此等认知与曹再发对大学教授的想象一样,都是一种脱离时代发展潮流的落后旧观念。生活在21世纪的人思维还停留在社会分工不明确、仁义道德震天响的孔孟时代，真是拖社会进步后腿的悲剧。

"路见不平，拔刀相助"，那是警察的职责，与大学教授无关。但教授不从事科学研究、不发表学术论文、不撰写研究专著，与警察路见不平不前往维护公平正义一样，都是一种渎职、失职和不作为，都应依照法律法规承担一定的责任，受到某种惩处。科研考核制度的一项基本功能，就是防范大学教授在科研方面失职或不作为。劳工不出门劳动要受到扣薪等惩罚，凭什么大学教授不进行科研依旧可以优哉游哉、逍遥自在？

在市场化的现代社会，教授与劳工之间没有高低贵贱之分，仅仅是社会分工和职能职责不同而已。无论如何，教授高贵、学术神圣的时代早已过去了，再不给教授和学术祛魅那我们一定OUT了。

要祛魅当然就得跟"述而不作"的孔夫子传统彻底拜拜，回到实验室或书房踏踏实实地做研究，成为一个学有专长、术有专攻的名副其实的大学教授。而科研考核制度就是一种督促大学教授常驻实验室或书房进行科研产出的无形力量，以及评价其学有多长、术有多攻的外在标准。无论对大学教授本人还是对国家及投资机构来说，这种无形力量和外在标准都是不可或缺的。缺乏或不严格执行科研考核制度的大学，只会是个学无专长、术无专攻的伪教授的乐园，这对在校大学生、研究生及国家和社会都是极不负责任的。是故，科研考核制度不是可以有，而是必须有。

科研产出即知识生产，它是大学教授的基本职能之一（培养好学生是其另一项职能），其产出质量的好坏在以后的学术市场上当然会得到最终的检验，但大学及国家社会当下对它的认可与肯定对大学教授而言同样关键。没有当下的认可和肯定就缺乏基本的科研激励，没有科研激励就难以有后续的科研产出。科研考核就是大学、国家和社会对教授予以科研激励的基本方式之一。放眼全球，但凡在学界享有盛誉的知名学府都有科研考核制度，且严格执行，其根本原因就是为了科研激励。

对科研考核制度不以为然的一种常见理由是，绝大多数的科研产出都是原创性匮乏的低端平庸成果，这种科研其实是一种无谓的重复劳动，它实质上是一种人力物力的极大浪费。相当一部分的科研产出不具有原创性，无论学术价值还是社会价值均微乎其微，不足为外人道，此诚然是中外大学科研产出的基本现状。不管你是否承认，现状确实就在那里摆着。但此等科研现状其实就是科研产出的基本规律，以此为由否定科研考核，实际上是在否定科研本身。

"一将功成万骨枯"说的是军事将帅的诞生规律。殊不知，学术原创的诞生规律与此极为神似。在学术创造上，任何原创性的学术成果都是建立在足够甚至是海量的不含有原创性的科研成果基础之上。一个大学教授哪怕具有天才般的头脑，如果他常年不检索和阅读那些缺乏原创性的学术文献，那他绝不可能有朝一日拿出具有原创性的研究成果来。不带有原创性的低端或重复性研究成果，是所有富有创新性研究成果产生的土壤和温床。离开了这个土壤与温床环境，高端的开创性科研产出就成了无源之水、无本之木。有谁能想象，爱因斯坦可以在没有任何理论物理研究文献的荒岛上提出相对论理论呢？因为大多数的科研产出不具有原创性而主张废除科研考核，这不是主张废除科研本身，那又是什么呢？

当然，科研考核的各项指标和操作方式，诚然需要不断的改革和完善。当下我国各个高校都将是否获得各种级别的课题项目作为科研考核的基本内容之一。实践证明，课题项目考核弊大于利，应予废除。课题项目多数指向的是应用性研究，基础性研究要获得立项资助往往难度很大。而应用性研究离不开基础性研究，最终决定一个国家整体科研水平高低的是基础性研究而非应用性研究。此其一。

其二，获得政府或社会资金立项资助这个事实本身就承载和体现了科研的社会价值，对这些研究项目大学又通过计分考核等方式来给予支持鼓励，这意味着课题项目取得了校内和校外的双重认可。而课题项目的所有研究成果如论文、专著或专利又理所当然地进入科研考核范围，这等于一个课题项目最终经过了两次考核和三重认可。对于那些从事基础性研究而不容拿到课题项目，或不申报课题项目不花政府和社会一分钱、单纯地凭着自己的兴趣与好奇心去从事科研的教授来说，这明显不公平。因此，科研考核应该排除课题项目。

此外，高校的科研考核方式亦需要改革。现行的年度考核方式与科研产出的基本规律相背离。科研产出需要文献的积累和思考的积淀，而科研成果的发表周期往往短也需要半年，长则一两年，因而一年之内没有任何科研成果恰恰符合科研产出的基本规律。一般而言，文科教授两年考核一次较为适当，理工科教授三年考核一次比较合理。

对于大学教授来说，科研不应是奢侈品，它应该是必需品。通过科研进行知识生产乃社会分工对大学教授的基本要求，亦为大学教授的社会角色使然。科研成果就是大学教授的产品，就像面包是面包师的产品一样。不做面包的面包师当然不是好面包师，同理，不进行科研的教授亦不是好教授。对于大学教授的科研考核不是要不要的问题，而是具体如何考核的问题。我们努力的方向应该是让科研考核制度符合科研产出的基本规律，使之成为促进科研发展的利器，而不是对它怨声载道，必欲除之而后快。

别让课题动了学术的奶酪

眼下,一年一度的课题申报工作正在各个高校全面铺开。"学术GDP"崇拜在我国高校蔚然成风,作为学术GDP"家族"顶梁柱的课题项目,受到了前所未有的重视。课题申报早已成为各大高校的年度重大任务,高校教师课题化生存已然成为一种无法回避的现实。

为了课题项目的志在必得,各个高校从上到下无不为之殚精竭虑。然而,课题项目对于学术研究真的那么重要吗?

不可否认,对于部分学术研究来说课题项目是不可或缺的。或依赖于大型仪器设备,或离不开大规模的社会调研,或需要众多专家的团队协作,此等学术研究诚然是一种昂贵的事业,没有充足的课题项目经费作经济基础,研究工作难以顺利开展或持续。

但同样不能否认的是,与这种昂贵的学术研究相比,相对廉价的研究在数量上更多。不宁唯是,那些"单兵作战"的廉价学术研究往往是更基础、更重要的研究,它们能影响甚至直接决定着昂贵的团队研究项目的成败。从爱因斯坦的相对论到美国罗尔斯的正义论,不都是没有课题项目支撑的"廉价"学术研究成果吗?

由此可知,不是所有的学术研究都需要课题项目,获得课题项目支持的学术研究并不比那些未得到课题项目支持的更重要。相反，倒是很多无须课题经费支持的基础研究比那些依赖项目支持的运用研究更重要、更根本。

高校过于重视课题项目，对那些拿到课题项目的教师"另眼相看"，这是对课题项目价值功能的明显误解。至于不分学术研究领域、不顾教师的研究兴趣，要求一律重视课题项目，将课题项目的级别及数量直接与教师的职称、收入挂钩的"课题至上论"，更是荒谬之至。

课题至上论必然会导致课题项目价值功能的部分变异。与此同时，它还会产生多重负面影响，如驱使那些本不需要课题经费支撑的教师亦热衷于此，从而耽误甚至荒废其学术研究。又由于应用型课题经费往往高于甚至几倍、几十倍于基础性研究项目经费，所以，课题至上论迟早会催生轻基础研究而重应用研究的研究风气。这种本末倒置的学术不正之风一旦盛行，国家整体的学术研究活力与水准必将随之下降。

总之，千万不可让课题项目动了学术研究的奶酪。课题项目与学术研究之间，应该是前者服务和服从于后者，而不是相反。否则，随着课题项目水涨船高的不是学术研究本身的繁盛和高端，而是学术河床的露底与干涸。然而，课题至上论所走的恰恰是学术研究最终沦落到服从及服务于课题项目的邪路。

既然如此，那告别课题至上论以拯救高校的学术研究，已然是时不我待。具体如何退出课题至上论的邪路，最为关键的是要铲除课题项目可能带来的腐败。而铲除此类腐败，要义就在于降低课题项目经费。

随着课题项目经费的逐年增长，"课题致富"已然成为高校的一道风景。例如，国家社会科学基金青年项目和一般项目资助额度是 15 万—18 万元，重点项目为 25 万—30 万元，重大项目更是高达 60 万—80 万元。而课题至上论又使得高校对获得社科基金项目的教师给予各种奖励，有的甚至在一次性奖励之外，还给予与社科基金同等数目的配套经费支持。

比如，你获得了一个 18 万元的社科基金一般项目，那你同时可得到学校 18 万元的配套经费，加上课题立项、结项奖励以及课题研究成果奖励，这样算下来，实际能给你带来三四十万元的经济收入。三四十万元，一个大学副教授三四年的全部工资收入也不过尔尔吧？

或许有人说，这笔钱要用于研究，又到不了私人口袋。诚然，收集资料、外出调研或公开出版，确实要花一部分课题经费。但一个人文社科项目一般不需要三四十万元来支撑，甚至根本用不了 18 万元，有个 8 万元予以支持就完全足矣。

所谓"重奖之下必有勇夫"，课题经费越高就越能引诱更多的人把更多的心思用在课题项目的申报及立项公关上，真正的学术研究因此而被耽误。此其一。其二，高校给予课题项目配套经费及各种奖励，必将冲击教师的工资福利待遇，这种以课题为中心的收入分配方式，一方面"逼良为娼"，使得那些搞基础研究原本无须申报课题项目的教师也走上课题项目的不归路；另一方面，它又为权力介入学术提供了人为良机。

在我国，学术研究评价距离相对公正的同行评议尚远。"权力"这只看不见的手，始终在课题项目中扮演着某种角色。种种学术腐败的滋生和蔓延，其重要根源就在于权力在一定程度上影响乃至左右了学术。

当课题项目可以让一部分教师"先富起来"，那为课题而抛弃尊严甘愿做权力的婢女，就符合人之常情了。毕竟，学者首先是脱离不了七情六欲的人，暴富的诱惑越大就越难以抵挡。课题项目经费过高，与实际的研究需要根本不相符，这既是我国课题项目制度无助于甚至是有害于学术研究的基本原因，亦为种种课题项目腐败并最终导致该制度在实践中发生变异的重要根源。

  国家和高校理应大大缩减课题项目的经费投入，从而拿出更多的资金用来改善高校教师的基本工资待遇，使之不至于沦为"学术民工"。当课题经费不足以引诱更多的人为之动容，当手上没有课题项目的教师也能自由而又有尊严地从事学术研究，那这个时候课题项目要想动学术的奶酪就难了。

别急着向南开致敬

2010年1月,有媒体报道,南开大学正式组建了学风建设委员会,其8位成员均是清一色的无行政职务、学术水平高、学风正派并具有较强社会影响力的教授。对此新闻,吴祚来先生发表了《向南开致敬、让"大学"回归本义》的评论文章,激动之情溢于言表。

窃以为,"让'大学'回归本义"是应该的,但现在就向南开致敬有点为时过早。毕竟,这个学风建设委员会才刚刚建立,在学风建设方面尚无任何作为。其成立的喜庆气氛还未消退,你我就急着去致敬,会让人不知道该敬什么,就像美国奥巴马总统获得诺贝尔和平奖世人皆不知凭什么一样。

其实,学风建设委员会在我国早已不新鲜。君不见,2006年5月23日,教育部就在北京隆重举行了"学风建设委员会"成立大会。据报道,那次会议的主题是:践行社会主义荣辱观,进一步加强学术道德和学风建设,倡导严谨治学、实事求是、民主务实、勇于创新的学风。当时的教育部党组书记、部长周济同志出席会议并作了讲话。

这个教育部学风建设委员会是根据2006年1月教育部社会科学

委员会第二次会议审议通过的《教育部社会科学委员会学风建设委员会章程》而建立的。该章程共 11 条，对学风建设委员会的组织、工作及经费等都有明文规定。

但结果如何呢？包括南开大学在内的我国高校的学风因此学风建设委员会的问世而有所改变吗？没有！不宁唯是，学风还愈来愈坏，不管是教育部直属大学还是地方院校，学术造假、论文剽窃、权学交易不但屡禁不止，而且一年比一年"凶狠"。与教育部学风建设委员会成立大会隆重热烈对比鲜明而又强烈的是，学风建设委员会在查处学术歪风、批评学术不端以及严惩学术腐败方面到底做了什么，就显得异常暗淡冷清了。或许，它事实上什么也没做——我们只能这样猜测吧！

又或许是鉴于这个学风建设委员会无所作为的现实，更鉴于学术腐败越来越猖狂的严峻形势，2009 年 12 月 29 日，教育部又下发了《教育部办公厅关于成立教育部学风建设协调小组的通知》，以加强对高校学风建设的领导，有效遏制学术不端行为。这个学风建设协调小组会重蹈学风建设委员会的故事吗？不好说，只能祈祷：但愿它不会。

南开大学成立学风建设委员会肯定是件好事，但重要的不是它的成立——毕竟成立只需开个会、挂个牌，太容易、太简单，而是它是否会真正运作起来以及能否良性地持续运作下去。委员会成立容易，但运作起来很难，而要顺利地持续运作下去则可谓难上加难。

何以如此？因为学风问题不是单纯事关学术风气的小问题，在我国当下的高校生态中，它涉及方方面面非常复杂的大问题。整顿和重建学风，必然会涉及学术评价、学术自由、高校行政甚至整个教育体制等多方面的问题。南开学风建设委员会里的 8 位教授独善其身容易，但要手上"无钱无剑"的他们去兼济天下则难。毕竟，他们只能在现行的学术评价、高校行政以及教育体制下去"建设"学风,而不可能脱离现实的高校治理环境而另起炉灶。

在现行体制下努力去作为,去做点事情当然值得鼓励,但我们一定要冷静地认识到其中的艰难和曲折,不可急于求成,更不可抱着"毕其功于一役"的激进心态和急躁情绪。对学风建设委员会不能希望太大,否则会失望越多;失望越多,可能会导致悲观绝望。到那时,我国的学风建设可能会落个"此恨绵绵无绝期"的惨淡下场。

所以,对南开学风建设委员会的成立,我们还是不要急于致敬的好。向它致敬只会引起社会各界对它更多更大的关注,这样会人为地给它的工作施加一些不必要的外部压力,不利于它顺利开展学风建设。我们祈祷南开学风建设委员会能耐得住寂寞,在没有舆论关注的轻松环境中为改善和提升现今堪称恶劣的学风做一些或许善小但切实有效的改良工作。"众人拾柴火焰高",当南开学风建设委员会做一点、教育部学风建设协调小组也做一点,如此一来,你一点、我一点地坚持做下去,学风之清肯定会有时日。

我国学风腐败至今日田地,绝非一日之腐,就像冰冻三尺非一日之寒一样。同理,铲除腐败、重建学风亦需要较长的时间和过程。学风建设就像国家建设一样,需要的是耐心、信心和理性。在学风建设的大路上,让我们一起始终保持理性、坚定信心、拥有耐心吧!

你若温和，便是晴天

——杭州师范大学法学院 2013 级新生开学典礼致辞

这几天我都没睡好，不知道站在这里该讲些什么。我搜索了一些开学典礼致辞，发现它们要么是真情告白的甜言蜜语，要么是许下诺言的豪言壮语，总之，把致辞整得跟谈恋爱一样。我不想落入这样的俗套。经反复琢磨，我决定在此跟诸位新生分享我的几点观察与思考，我把它们概括为"三不要"和"三要"。

这"三不要"是：

首先，没读马克思的书，请不要谈马克思主义。现在的大学生热衷于入党，这不是什么坏事。但图书馆里马克思恩格斯全集、选集基本没人借阅，都"长毛"了，这也是事实。一些大学生对马克思写过哪些书一无所知，亦毫无兴趣，却在入党申请书里高谈阔论马克思主义信仰和共产主义理想，这种一开始就造假、欺骗的行径是很要不得的。不管是男生还是女生，对于党员或入党积极分子追求者，我建议你用马克思的文章来检验他们是否诚实，免得上了他们的当！

其次，没有特殊原因，请不要过于在乎各种荣誉和奖学金。老实说，我并不欣赏那些年年拿奖学金的人。因为这种人本质上是个精致的利己主义者,他们一心一意地利用现行制度去谋取个人私利最大化,而没想到要改良现行制度,亦未想过给别人机会。这种人的字典里没有公平正义。几十年来,公平正义不像社会经济那样在我国获得巨大发展,甚至出现大面积倒退,其中的原因固然很多,但大多数社会精英都是精致的利己主义者,无疑是其中的重要原因。我不希望在座的诸位将来也成为精致的利己主义者。所以,从现在开始,请淡定从容地面对各种荣誉和奖学金,要有意识地把机会留给身边的其他人。

最后,除非考证本身能给你带来快乐,否则请不要做考证发烧友。为拿到五花八门的证书而荒废真正的学业,这在我国大学里已然相当普遍。其实,毕业之后你只能选择一个行业安身立命,大多数的资格证书最后都沦为废纸一张。它们的存在只能证明,你曾经很傻很天真。是故,我建议诸位对大学里的考证热冷眼旁观,不要像浮萍一样被考证之风吹得晕头转向,进而迷失方向,找不到属于自己的大学理想及人生目标。

下面讲讲"三要"。

首先,要有身份意识。尽管人人都有多重身份,但作为社会性成员每个人一般只有有限的一两种身份,比如你们的身份是大学生,我的身份是教师。牢记自己的身份,做人做事都要符合自己的身份,这是社会有序运转的基本要求。但如今身份错位在我国似乎越来越时髦,"教授摇唇鼓舌,四处赚钱,越来越像商人;商人现身讲坛,著书立说,越来越像教授",类似这种揭示身份错位的段子俯拾皆是。

我们这个社会要往好的方向发展,离不开身份意识的重建。希望诸位从现在开始树立牢固的身份意识,别让身份错位这种事情发生在自己身上。请注意,如果你花在读书上的时间少于吃喝玩乐、恋爱或打工的时间，那就意味着你缺乏基本的身份意识，忘了读书才是身为大学生的你的主业！

其次，要学会认错。"I was wrong""I'm sorry"，这种简单的英文大家都会说，但"我错了""对不起"这样的幼儿园级中文，我们中国人却羞于说出口。拒不认错，不懂得忏悔，这是我们中国文化的重大缺憾。但除非你什么事都不做，否则，犯错误就不可避免。承认错误是发展进步的基础和前提。希望诸位在大学四年里不断磨炼自己认错的勇气，并通过勇于纠错而获得更多和更大的进步。

最后，要树立对法律的信仰，这一点对法学院的学生来说尤其重要。三十多年来，我国发展最快的学科非法学莫属；但三十多年来，法治在我国的发育和成长并不像法学那样获得了跨越式发展。我想，其中的一项重要原因是，尽管经历了系统的法学教育洗礼，但法学家、检察官、法官和律师等法律人依然没有建立起对法律的虔诚信仰。法律人尚且如此，其他人如何看待法律就可想而知了。什么叫法治？法律成为最高和最终的裁判标准就叫法治。但如果大家都不信仰法律，那法律就成不了判断事务好坏与对错的标准，更遑论最高及最终的标准。

以当下备受关注的微博达人薛蛮子嫖娼案为例。这个案件法律和事实都非常清楚，但包括一些著名法学家在内的微博大V们在评论此起事件时，硬是把白纸黑字的《中华人民共和国治安管理处罚法》晾在一边，而大谈嫖娼是公权力不宜介入的私德问题，甚至还说什么马丁·路德·金也嫖过娼。嫖娼在多大程度上涉及社会公德，公权力该不该管，这是立法问题，不是执法问题。既然治安管理处罚法禁止嫖娼，那微博达人嫖娼就得跟普通人嫖娼一样被依法处罚，否则就不是法治，就没有执法平等和公平正义。但在法律不被信仰的我国，再简单案件也常常因当事人的身份不同而弄得异常复杂。

法律不被信仰的后果超乎我们的想象。

同学们，每年都有很多法律被废止，亦有不少新的法律法规被制定。你们所学的法条会慢慢过时失效，但法律的精神长存。什么是法律的精神呢？用西方的话语来说，就是"上帝的归上帝，凯撒的归凯撒"。用我们最通俗的话来阐述，就是自己的东西要捍卫，别人的东西不强求。一个真正领悟法律精神的人，既不是阻碍社会变革的顽固派，亦不会变为偏激冒进的革命派，他必定是支持改革与改良的温和派。我由衷地希望在座的诸位个个成长为理性的温和派。请记住，你若温和，便是晴天。

谢谢大家！

第六辑

立法宽容　社会信任

水果刀背后的法制容忍度

2013年2月，郑州市民吴伟春因在随身携带的钥匙链上挂了一把小水果刀，而被郑州市公安局二七第二分局行政拘留三天的新闻，在社会上引起了热议。这把让吴先生身陷"囹圄"的小水果刀，系他从正规超市购买的，说明书上说其功能是"适合各类瓜果、蔬菜、薯类削皮等"。随身携带这样一把司空见惯的小水果刀也能摊上行政拘留这种"大事"，不但令当事人吴先生百思不得其解，就是旁观者也难免不知所以、深感怪异。

郑州警方对此的解释是，根据公安部发布的《管制刀具认定标准》第1条第3项之规定，吴先生携带的这把弹簧水果刀属于管制刀具，而我国治安管理处罚法第32条规定，非法携带匕首等国家规定的管制器具的处5日以下拘留，因而对吴先生拘留3天之处罚合法无虞。

警方的这个解释看似有根有据、天衣无缝，实则大谬不然，其处罚明显失当，理应检讨。在此起事件中，至少有以下三个层面的法律问题值得警方深思，同时理应与之反躬自省的还有全国人大等立法者。

首先，那把小水果刀妨碍社会治安秩序了吗？那把水果刀被吴先生随身携带多日，不但此前未对社会治安秩序构成任何危害，就是被警方盘问并处罚的当天，那把水果刀也未对谁的权益构成任何既成的或潜在的侵害。既然在社会危害方面一片空白，那拘留3日之重罚不就显然不当了吗？

其次，或许有人说，治安处罚的目的之一是预防社会危害，那把水果刀现在没有产生危害，并不意味着以后不会如此。鉴于将来有可能形成某种侵害确实可以依法予以处罚，但正因为它仅仅是一种想当然的可能，所以，处罚时一定要从轻甚至免予处罚。处罚便宜原则所对应的正是此类情形。

所谓处罚便宜原则，是指在特别情形下，违反秩序之不法内涵是如此渺小，以及其危险是如此遥远，以至于加以追诉或处罚是不恰当的，或无论如何都是不必要的，故例外地不予追诉或处罚。这种便宜原则在其他执法过程中同样存在，比如刑事诉讼中检察官就常常适用起诉便宜原则，对那些有足够证据证明犯罪嫌疑并具备起诉条件的案件作不起诉处理。

如果非要对随身携带水果刀这种管制刀具的吴先生予以处罚，那至少也应该尊重处罚便宜原则，对其从轻处罚，如对他处以警告或没收其水果刀等。毕竟，他主观上对这把水果刀的管制刀具属性毫无意识（又有谁能想到呢？！），而客观上随身携带此刀并未产生任何社会危害性。

最后，此事件中最值得进一步追问的是，为什么所谓管制刀具可以在各种超市堂而皇之地无条件出售呢？为什么任何人都胆敢公开藐视公安部制定的"特种刀具购买证"制度，可以在超市等地恣意"非法"购买各种管制刀具呢？长期以来，警方为什么对这两种普遍存在的"非法"之举听之任之、视而不见呢？不是身为执法者的警方"违法"不作为在先，怎么会有各种管制刀具满街跑呢？吴伟春先生又怎么会因随身携带管制刀具而被拘留呢？

可以说，警方"违法"是因，吴伟春"违法"是果。对作为"因"的违法一直熟视无睹、充耳不闻，对偶尔被发现的作为"果"的违法却追责到底、严惩不贷，天下有这么执法的吗？这不是典型的选择性执法吗？法律平等首先是执法上的平等，既然警方可以带头不执行公安部制定的管制刀具等规定，为什么却要平民百姓守则如磐、奉行不渝呢？这不是公然违背法治的平等精神吗？

上述三个层面的法律问题可以概括为一个问题，即我国立法与执法的容忍度问题，其归根结底是我国政治社会的容忍度问题。意识形态尤其是敌我观念和专政思维的长期存在，使得我国社会总体上是个容忍度相当低的社会，立法和执法的高度封闭性和严苛性堪称其典型外在表征。无论是公安部发布的《管制刀具认定标准》，还是全国人大常委会制定的治安管理处罚法，其规定都是相当严厉的。前者甚至将我们日常所见的几种刀具统统纳入管制刀具范围，后者对违法行为的处罚只有一条即第36条未设定拘留处罚，其余皆有。

行政拘留处罚如此遍地开花，实乃不符人权保障之时代潮流。须知，包括我国台湾在内的世界多数国家和地区，都将限制人身自由的行政拘留裁决权划归给法院，而我国基层派出所的一个民警就可以作出不受司法审查且最长可达15天的行政拘留决定。我国距离充分保障人权的法治社会路途之远由此可见一斑。

其实，不仅仅只有《管制刀具认定标准》和《中华人民共和国治安管理处罚法》承载着严管制、低容忍的社会治理理念，诸如民政、人事、文化、教育、旅游、卫生、计划生育、城乡建设等领域的法律、法规和规章，无不笼罩在严格管制与低度容忍的思维定式之下。例如，我国《娱乐场所管理条例》（2006年国务院发布）第

16条要求娱乐场所"应当安装展现室内整体环境的透明门窗",第17条规定"营业期间,歌舞娱乐场所内亮度不得低于国家规定的标准"。此等规定表面上看是着眼于娱乐场所的规范化和标准化,实则是难以容忍娱乐本身的个性化和多元化。对娱乐物理空间的严格管制,必然导致对娱乐本身的低度容忍,最后使娱乐本身都被国家化和格式化,娱乐本性大为折损。

对刀具等具有一定危险性的物品进行严格管制,社会治安未必一定良好。果真如此的话,那人民拥有持枪权利的美国岂不是人人望而却步的犯罪者天堂?同理,对一些轻微违法行为动不动用拘留等严刑峻法伺候,未必能有效抑制违法犯罪的发生。不宁唯是,低容忍度的严刑峻法还往往对人民的人身自由和思想自由构成双重遏制,容易使社会丧失发展所必需的基本活力,从而走向了规制目标的反面,最终被规训的不只是人民,还包括国家本身。社会失去活力的国家,其潜在的国力能有几何自然可想而知。

维持社会秩序的最好武器,是权利而不是权力。高容忍度的立法和执法,既能充分保障人民的权利,又能造就相对稳定成熟的社会秩序。不管是立法还是执法,都应该容忍人民在自己的钥匙链上挂把小水果刀。对于人民屁股后面挂的那把小水果刀大可不必动用警力,因为它的存在在很大程度上象征着人民有权利、社会有秩序和国家有魄力。

行使姓名权岂只是民事活动

2014年11月,全国人民代表大会常务委员会通过了《关于〈中华人民共和国民法通则〉第九十九条第一款、〈中华人民共和国婚姻法〉第二十二条的解释》。此立法解释指出:"公民依法享有姓名权。公民行使姓名权属于民事活动,既应当依照民法通则第九十九条第一款和婚姻法第二十二条的规定,还应当遵守民法通则第七条的规定,即应该尊重社会公德,不得损害社会公共利益。"

然而,"公民行使姓名权属于民事活动"的立法解释定性,是否全面准确殊可一议。一个最基本的事实是,直接促使全国人大常委会作出此等立法解释的,是一起有关姓名登记的行政诉讼案件,而不是张三侵犯李四姓名权的民事纠纷。2009年1月,吕晓峰与张瑞峥的女儿出生,夫妻双方共同决定,给其女儿取名为"北雁云依",并前往济南市公安局历下区分局燕山派出所,为女儿办理户口登记。不料,燕山派出所告知,拟被登记人员的姓氏应当随父姓或者母姓,否则不符合出生登记条件。双方争执不下,于是,吕晓峰以燕山派出所拒绝以"北雁云依"为姓名,给其女儿办理户口登记的行政行为,侵犯其女儿姓名权为由,于2009年12月以被监护人"北雁云依"的名义,向济南市历下区人民法院提起行政诉讼。

因本案涉及法律适用问题，历下区法院于2010年3月裁定中止本案审理，通过层报方式将法律适用问题，提请立法机关作出解释或确认。此乃全国人大常委会上述立法解释之由来。

案件分明起因于，原告不服被告不予办理姓名登记的具体行政行为，这是一桩典型的行政侵权诉讼。既然涉嫌侵犯原告姓名权的，是行使行政权的公安机关，而非其他民事主体，那起码说明公民行使姓名权，不全属于民事活动。公民到派出所申请姓名登记，以使他们为自己所选取的姓名，获得法律及社会的认可，从而具有法律效力和社会公信力，此时公民当然是在行使其姓名权。但它绝不是民法通则和婚姻法等私法意义上的姓名权，而是一种与之相对的、宪法与行政法等公法领域中的姓名权。概言之，姓名权有两种：民事私法上的姓名权和行政公法上的姓名权。

与行政公法上的姓名权相比，民事私法上的姓名权受到了更多的关注，无论人大立法、司法实践还是理论研究，后者都显著超越前者。除较早的民法通则和婚姻法等民事立法之外，2010年开始实施的侵权责任法第2条亦明文规定：侵犯姓名权，应当依照该法承担侵权责任。作为执法裁判的权威且终局机构，最高人民法院对于此等规定还予以详细解释，其在"关于侵权责任法条文理解与适用"中指出："姓名权，是指自然人依法享有的决定、变更和使用自己姓名并排除他人干涉或非法使用的权利。它主要包括姓名决定权、使用权和变更权。侵犯姓名权的行为方式主要表现为，擅自使用他人姓名；假冒他人姓名，例如假冒他人姓名盗取上学机会；采取违法方式或违背善良风俗的方式使用他人的姓名，如对他人姓名故意做不当发音。"其中"假冒他人姓名，例如假冒他人姓名盗取上学机会"之解释，其思想来源可追溯到2001年备受瞩目的"齐玉苓案"。当事人失去原本应当获得的受教育机会，都被法院认定是其姓名权受侵犯的结果,司法实践中民法姓名权所受到的保护范围及力度之大,由此可见一斑。

至于民法姓名权的理论研究状况,与司法保护相比亦毫不逊色。不宁唯是,两者事实上是相互影响、彼此促进的,而非各自孤立地存在。如今,有关姓名权的民法学高头讲章,不断推陈出新。民法上的姓名权,不再局限于传统的人格自由发展之维护,更强调独占姓名的商业价值,乃是姓名权保护的重要内容。当下民法典编纂工程正处遵厌兆祥中,有学者如王利明主张人格权应独立成编,而姓名权乃是人格权的有机组成部分。凡此种种,足证民事私法层面上的姓名权理论研究,是何等的受宠与兴盛。

与此繁荣气象形成鲜明对比的是,行政公法层面上的姓名权,无论在国家立法、司法实践还是理论研究方面,均呈现"门前冷落鞍马稀"的暮气景象。首先,规范公法姓名权的全国人大立法,仅仅只有户口登记条例。这部制定于1958年的条例迄今有效且从未被修订过。而自1958年以来,我国先后颁布过1975年宪法、1978年宪法和1982年宪法,且现行宪法即1982年宪法为适应社会政治经济的发展变迁,在过去30多年就业已修订过5次,修正案条款达52条之多。尽管早在1982年"中华人民共和国公民的人格尊严不受侵犯"就载入宪法,而民事立法更是不断强化,对包括姓名权在内的人格权保护,但此等宪法和民事立法争先与时俱进之事实,丝毫未改变公法姓名权立法的停滞状态。半个多世纪以来,一直未见全国人大就公法上的姓名权立法,作出任何的"立、改、废"行为。诞生于计划经济时代的户口登记条例,不但诸多内容明显背离当今市场经济规律,而且立法本身过于粗糙,诸如姓氏与名字之选取权限等姓名登记之核心内容,一概付之阙如,根本履行不了"文革"后人格尊严不受侵犯之新宪法承诺。

结果是规范公安机关姓名登记的最主要的"法律",乃是各地公安机关自己发布的、连行政规章都算不上的内部红头文件。如上述"北雁云依"案,当地派出所作出不予办理姓名登记的直接"法律"依据,是山东省公安厅发布的《关于规范常住户口管理若干问题的意见(试行)》。该意见规定"新生婴儿申报出生登记,其姓氏应当随父姓或母姓",燕山派出所正是根据此等规定,而拒绝为"北雁云依"办理姓名登记。

值得指出的是,根据原旨主义法律解释方法,婚姻法第 22 条"子女可以随父姓,也可随母姓"之规定,其立法目的重在强调男女平等、夫妻平等,并无规范公民称姓取名之意,有关公民姓名登记之户籍管理问题与之无涉。故此条规定不应作为限定公法姓名权的法律依据。所有因派出所不予办理姓名登记的行政诉讼纠纷,都拿婚姻法第 22 条来说事,此诚误会不浅。

遗憾的是,规范公法姓名权的行政法律法规,始终残缺不全,公安机关制定的政策性文件因而替补上阵,构成姓名登记制度的主要规范依据。各地公安机关出台的"土政策",彼此之间有共性更有差异。共性是普遍对相对人称姓取名限制过当,导致相对人的称姓取名自由选择权,事实上被大打折扣;差异表现为,对于首次称姓取名及后来变更姓名的限制,不但各地文件规定存在尺度差别,而且执行过程中宽严不一现象亦司空见惯。可以说,立法机关的不作为和地方公安机关的乱作为,导致公法层面上的姓名权,几乎处于"无法"之境,行政相对人的姓名权,因此而被侵犯成灾。除"北雁云依"案败诉外,像海南左天霞申请改名为左乙池案,安徽孙义申请改名为孙旭案,上海王徐英基于其日本儿媳身份而申请改日本名字——柴冈英子案等,均以原告败诉告终。与民事私法上的姓名权相比,行政公法上的姓名权,其法治化程度委实不敢恭维。

滞后的不仅仅是立法和司法，有关公法姓名权的理论研究，现状同样叫人无话可说。研究民法姓名权的篇章俯拾皆是，但探讨公法姓名权的论文打着灯笼也难找。全国人大常委会在释法时，将公民行使姓名权，片面地认定为"民事活动"，与公法姓名权素来不受学界重视不无关系。在某种程度上甚至可以说，正因为公法姓名权在立法、司法及理论研究方面，尚处于初级阶段，故而，大多数人都只知道民法姓名权，而不知有公法姓名权。

其实，在欧陆国家姓名权的双重属性问题，很早就被人注意到，如德国民法学家迪特尔·梅迪库斯指出："自然人是否有权任意变更其姓名，是一个属于公法范畴的问题。"在德国公法理论上，公法领域中的姓名权，属于一种主观公法权利。主观公法权利理论的主要创立者，是耶利内克。这位19世纪德国著名公法学家认为，个人利益可分为主要为了个人目的的个人利益和主要为了共同目的的个人利益。主要为了共同利益而被承认的个人利益，就是公法权利的内容。主要为了共同利益而被赋予利益的个人，不是孤立的个人，而是国家的成员。因此，公法权利实质上就是个人因其在国家中的成员地位而应享有的权利。主观公法权利理论，乃是公民面对国家时所享有法律地位的重要学说。该理论的传播与弘扬，可以促使行政公务人员依法行政，有助于法官思考权利救济的程序与方法，更有利于公民个人权益之实现。

作为一种主观公法权利的姓名权，同样是个人针对国家所享有的法律地位与权利能力，它要求国家（公安机关为其代表）把称姓取名之选择，视为一种基本自由权并予以保护，不得在公民申请姓名登记时，进行恣意干涉，妨碍到该权利的实质获得。而公法权利乃是私法权利之基础，没有公法权利就没有私法权利。一旦公法姓名权不受保障，即姓名登记申请被拒，那所谓民法姓名权，就沦为了无源之水、无本之木。

关于姓名权的双重属性，以及它们两者之间的关系，国内学界基本处于无意识状态。承认公法姓名权理论研究之不足并奋起直追，乃是从立法及司法上正视公法姓名权存在的前提。

像民法姓名权的保护，是个系统工程一样，公法姓名权的保障亦纷繁复杂。它既关系到对称姓取名自由选择的认可（如果一个人不喜欢自己的姓名，那法律就不应该阻止他换一个自己喜欢的，只要社会公众能接受它就行），又涉及怎样界定此等权利的边界（须知，有些犯罪分子通过变更姓名，而"隐姓埋名"逍遥法外，逃避刑事责任），亦与如何看待传统姓氏文化，及社会公序良俗关系甚巨（显然，能否在传统的父母姓氏之外独创第三姓，以及选取哪些文字作为自己的姓氏与名字，不单单是个人权利问题——尽管姓名是自己的，但社会与别人用得更多）。对于诸如此类的问题，理应由全国人大通过立法予以规范。如果像现在这样，任由各地公安机关自行规定，那行政侵害现象注定难免。不特此也，公法姓名权的最终保障程度如何，还决定于能否对姓名登记之行政行为，实施合宪性审查。如果合宪性审查机制未能真正建立，那公法姓名权就完全裸露在行政权的主宰之下，其保障力度自然相对有限得多。当然，宪法审查机制问题，绝非人大立法那么简单，它关系到宪法秩序完善乃至重塑，兹事体大，非容轻议。

总括而言，不管是何人，姓名权首先意味着自己所选择的称姓与名字能够上户登记的权利。此等主观公法权利属性的公法姓名权，乃是私权属性的民法姓名权形成之必要条件，就像拥有房屋所有权的前提条件，是房屋能在房产管理局成功登记在自己的名下一样。关于民法姓名权，无论理论研究还是司法保护都日臻成熟；刻下，亟待重视的是，有关公法姓名权的理论研究。

没有来自学术界的推动，缺乏体系化的理论支撑，那就很难有将每个人的人格自由发展奉为圭臬的姓名登记之立法，亦不可能有依据宪法来严格保护公法姓名权的司法实践。毋庸讳言，公法姓名权的理论发展状况，不但攸关着父母能否为子女取一个寄托其某种心愿的好名字，而且影响到每个成年人可否换一个自己最喜欢的姓名。既然如此，吾辈公法学者岂敢不坐以待旦，迎头赶上？

中国化的民法典离不开家庭

备受关注的民法典各分则编,业已进入了全国人大常委会的审议阶段了。民法典各分编如何对待家庭,堪称是社会各界较为关注的论题之一。尤其是在鼓励生育已然成为社会普遍共识的当下,家庭的民法地位更是重中之重。毕竟,家庭本身是否受民法保护,对于生育意愿、育儿能力和子女成长都是影响至深的关键性因素。

从历史上看,由居住在同一屋檐下的至亲血缘所组成的共同体——家庭,乃是人类社会生命力最为顽强的原生性联合体。尽管在西方家庭也是历史文化传统的重要载体,但家庭在我们中国功能更强大、意义更深远。在华人社会,家庭不但是伦理文化生活的堡垒,而且还是个事业组织和生产经营的社群。

毋庸讳言,家庭已经成为我们中国人的基本生存方式,正所谓"我家,故我在"。尽管产业革命在我国发生已久,但对经济生产方式的调查显示,即便在国内生产总值已达世界第二之今日中国,家庭生产单位以及由三代家庭经营的经济实业,仍然在社会经济中居于举足轻重的地位。家庭化的生存方式在我们神州大地依然生生不息、枝繁叶茂,这点与西方经验完全不一样。

"天下之本在国,国之本在家。"家庭,对于我们中国人来说,就是生命之根、幸福之源，每个人都是始于家庭又终于家庭。家庭对于我们中国人的重要性，连远在欧洲的黑格尔都洞若观火。在《历史哲学》中，黑格尔指出，中国的国家特性便是客观的家庭孝敬，家庭的精神就是终古无变的宪法精神，家族的基础也是宪法的基础。

法律保护家庭，实质上是在保护我们的生活本身。1982年宪法制定者早已深刻洞悉到家庭的功能与意义，赋予家庭在宪法上的独立价值地位。宪法第49条明文规定家庭受国家保护，这意味着宪法对家庭的制度性保障。当下我国正在编纂民法典，家庭的宪法保护需要借助于民事立法来具体实现，民事立法者应像当初的制宪者那样认真对待家庭，赋予家庭一定的民事主体地位。

编纂民法典的各位人大代表，应该认识到民族性是民法的精灵，是民法具有持续生命力的根源所在。民法与其说是一些制度设计，还不如说是一种生活方式的塑造更为确切。什么是我们中华民族的民族性，答案或许因人而异，但以家庭为发源地的家庭化生活方式及其伦理文化，实为中华民族有别于其他民族的民族特性之一，对此应无异议。

家庭在我们中国人的生活中居于核心地位，一个重要原因在于，家庭天然属于社会福利体系的一个有机组成部分。编纂民法典时如果忽视家庭在我们民族生活中与生俱来的战略性地位，那不管最终制定出来的民法典是如何地超越法国民法典、优于德国民法典，都将是一部因"无我"而带有"次殖民地"性质的他者民法典。这种"别人的"民法典注定中看不中用。

杭州高铁站出口的一个广告牌上写着："世界再精彩，你也要回家。"是啊，民法典编纂者每天下班之后都毫无例外地返回到家里。如果他们在编纂民法典时，未能遵循宪法上的家庭之制度性保障要求，依然像以往的民事立法那样，不承认家庭的民事主体地位，不保护传统的家产制而一味强化个人财产制，那总有一天他们自己也会遭遇无家可归的凄惨下场。难道真的要等到那一天，身为法律精英的民法典编纂者，才能领悟到抛却家庭、唯新是求的民法典，原来不但无法庇护我们的生活，而且陷我们人民于无家之境？民法典编纂一旦不善待家庭，其后果之严重可想而知。到底何去何从，编纂者务必三思而行、慎之又慎。

拟议中的民法典应该在经验性论证基础上重构我国的家庭法。家庭法立法，关键在于适当界定家庭的核心功能，接纳并与时俱进地改革传统的家产制，承认并维护儿童、妇女和老人的特定权益。我国已然步入老龄化社会。老年人养老的支出主要来自家庭，其中房产在一定程度上是老年人最主要的财产和生活保障之源。因而，无论如何，房产应该是家产制的"重头戏"，除非家庭解散，否则，作为家庭主要生活居所的房产不得"个人财产化"，它作为家产具有永久性。与之相配套的是，民法典要赋予家庭民事主体地位，否则，家产制迟早要面临"皮之不存，毛将焉附"的难题。家庭，在某种意义上乃是最早的"法人"，民法可以将法人视为民事主体，那家庭作为民事主体在法理上没有任何障碍，不少民法学家对此有严密的论证，民法编纂者诚可参考。

与此同时，在编纂民法典时得注意对传统的家长制予以革新。在我国家庭传统中，家长在家庭事务方面往往一言九鼎，甚至上之权威使得其他家庭成员，即便对于攸关其个人切身利益之事亦无缘置喙。在如今的法治新时代，保护家庭的目的，在于促进每个家庭成员的人格自由发展。对于家长一元化权威的传统家长制，编纂民法典时须去芜存菁而继往开来。每个人都是自己是否幸福的唯一直接体验者，因而也是自己利益的最权威判断者。不管是子女还是老人,包括家长在内的其他家庭成员都应该尊重他们的自决权。

当然,家庭法的重构不能仅仅局限于传统的私法维度。家庭法与国家的福利政策、税收政策、教育政策和就业政策等存在着紧密的联系,具有一定的社会法和公法色彩。不过,我国还是一个人均GDP跟发达国家尚存相当差距的发展中国家,从义务教育到医疗保险,家庭在其中的角色和地位还会继续重于国家。编纂民法典时,务必冷静理性地对待家庭在国民教育和医疗中的地位。总之,民法典中的家庭法编,涉及家产、教育、医疗等诸多方面的复杂议题,堪称一项社会"系统工程",兹事体大,编纂者当寤寐思量。

民族性是民法典的精灵,是民法具有持续生命力的命脉所系。构成中国人重要生活意义的不是个体,而是家庭。家庭主义而非个人主义,当属中华民族的基本特性。编纂民法典不能一味地强调国际化、现代化,要珍视家庭的福利保障与文化传承功能,对于家产制在承担社会养老能力、确保家庭稳定及再生产中的支柱性作用,要给予肯定和维持。一句话,民法典如何对待家庭,决定了民法典具有什么样的民族性,它在很大程度上预示着民法典的成败得失。

窝藏罪立法：大义何必灭亲

2013年3月22日，备受瞩目的周克华女友——张贵英案终于尘埃落定。重庆市沙坪坝区法院以窝藏罪，掩饰、隐瞒犯罪所得罪判处张贵英有期徒刑5年，并处罚金1万元。张贵英当庭表示不上诉。

获刑5年，对于一个"90后"女孩来说，意味着人生最美好的青春将在失去自由的高墙内度过。关注此案之人，无不为正值花样年华的张贵英深感惋惜。在多地杀人越货的周克华早已被警方击毙，可为什么悲剧还在继续呢？

有人认为，这是法官不近人情、量刑过重所致，实则大谬不然。根据我国刑法第310条之规定，窝藏罪最高可判处有期徒刑10年，但法官只判处犯此罪的张贵英4年；而根据我国刑法第312条，犯掩饰、隐瞒犯罪所得罪可判处3年以下有期徒刑，情节严重的，最高可判处有期徒刑7年，但法官仅判处犯此罪的张贵英1年6个月。两罪并罚，法官最终判处张贵英5年有期徒刑，这个量刑结果合法正当，并不算重。既然不近人情的不是法官，那又是谁呢？

窃以为，是立法者。正是立法者的上述刑法规定造成了张贵英入狱5年的人生悲剧。没有刑法第310、312条的罔顾亲情人伦，作为周克华女友的张贵英怎么会遭遇如此之人生变故呢？毫无疑问，此等刑法规定在某种程度上是一种恶法，而不是有助于匡扶社会秩序与正义的良法。概言之，我国刑法第310条和第312条的"恶"，表现在两个方面。

首先，对罪犯亲属缺乏应有的减轻或免于处罚之例外规定。环顾全球，绝大多数国家的刑法都对犯此两种罪行的罪犯亲属予以从宽处罚，甚至是免于处罚。

如我国台湾地区"刑法"第167条规定："配偶、五亲等内之血亲或三亲等内之姻亲图利犯人或依法逮捕拘禁之脱逃人，而犯有第164条（按：有关窝藏罪之规定）或第165条（按：妨害刑事证据罪）之罪者，减轻或免除其刑。"

复如日本《刑法典》第105条规定犯人或者脱逃人的亲属，为了犯人或者脱逃人的利益而犯前两条罪行的，可以免除刑罚。而其前两条即第103条和第104条所规定的，正是"藏匿犯人罪"与"隐灭证据罪"。

再如德国《刑法典》第158条前三款列举了"阻挠刑罚"的几种情形，但接着其第6款规定"为使家属免于刑法处罚而为上述行为的，不处罚"。

其他如韩国、法国、意大利等国家的刑法典，对罪犯亲属均有类似之例外规定，就不在此一一列举了。英美等判例法国家，虽不像大陆法系国家这样在实体法上有类似规定，但其证据法和刑事诉讼法对罪犯亲属均有类似之免责条款。

各国刑法及相关法律对罪犯亲属网开一面，特别规定他们犯有窝藏罪等罪行时可以减轻或免于处罚，原因何在呢？当然是基于维护人间亲缘关系。良好的亲缘关系，无疑是社会最重要的黏合剂之一。对于这条维系社会人伦秩序正常运转的纽带，以保护社会秩序为使命的刑法理应呵护之，而绝不应破坏它。一旦刑法不认可和保障人民的种种亲缘关系，那再多的刑法恐怕亦不足以实现其维护社会秩序的功能。是故，对于罪犯亲属犯有窝藏罪等罪行，刑法不宜一律与非亲非故的他人等同视之；否则，它必然会破坏既存的亲缘关系，甚至会逼得夫妻反目、父子成仇，家庭亲情和人伦秩序将被毁坏殆尽。

其次，对此两种罪行的刑罚过于严厉。对于窝藏、包庇罪，我国刑法第310条规定"处三年以下有期徒刑、拘役或者管制；情节严重的，处三年以上十年以下有期徒刑"。对于掩饰、隐瞒犯罪所得罪，刑法第312条规定"处三年以下有期徒刑、拘役或者管制，并处或者单处罚金；情节严重的，处三年以上七年以下有期徒刑，并处罚金"。最高量刑分别可达10年和7年，此诚奇高无比，环球列国相当罕见。

其他国家和地区，对于类似犯罪的处罚都相对较轻。如对于藏匿犯人，我国台湾地区"刑法"第104条规定处2年以下有期徒刑、拘役或500元以下罚金；法国《刑法典》第434—1条、第434—6条规定对窝藏、包庇罪犯者处3年监禁；意大利《刑法典》第378条对于人身包庇之犯罪，处4年以下有期徒刑；德国《刑法典》第258条规定，犯有包庇罪处5年以下自由刑或罚金。跟这些国家一比较，我国刑法对窝藏罪等罪行的处罚显然过重。

值得指出的是，我国刑法第310条其前身是1979年刑法第162条第2款，即"窝藏或者作假证明包庇其他犯罪分子的，处二年以下有期徒刑、拘役或者管制；情节严重的，处二年以上七年以下有期徒刑"。1997年刑法修订后，才有现行第310条之规定。刑罚轻缓化乃当今世界各国刑事立法的基本趋势。正处于法治征程中的我国，理应紧跟这一时代步伐。可现实却是反其道而行之，委实有点匪夷所思。

总而言之，我国刑法第310、312条对罪犯亲属毫不留情、吝于作出例外之规定，实乃逆现代刑事立法之世界潮流而动的非理性、不人道立法，它同时亦为我国刑事立法过于严厉的典型例子。

追溯起来，外国刑法中普遍存在的有关亲属犯罪之特别规定，其实在我国有着更为悠久的历史。从公元前春秋战国到20世纪中华民国时期，"亲亲相隐"始终是我国刑法的一项基本原则。在窝藏罪等犯罪的立法方面，孔夫子"父为子隐，子为父隐，直在其中矣"的容隐思想，一直被我国刑事立法者奉为圭臬。仅仅到了1949年后，它才被废弃。如今半个多世纪过去了，该是我们恢复这一千年传统的时候了。

意大利犯罪学家贝卡里亚曾指出："立法者应当是温和的、宽大的和人道的。他们是一些明达的建筑师，使自己的大厦以自爱为基础平地而起，使普遍利益集中地体现个人利益。"人间亲缘关系无疑是最重要的个人利益之一，对于此等个人利益我国刑事立法者不但未想到要予以特别保护，而且要用严厉的刑罚予以破坏，我国立法者真的是不宽大和非人道。

对于协助司法部门打击犯罪这样的"大义"，我们当然要鼓励和支持，但不应为了此等大义而要求人民去"灭亲"，而用严厉的刑事立法来规训和处罚抗拒灭亲的罪犯亲属，此诚强人所难之至。这种立法简直是以惩罚犯罪、维护秩序的名义来羞辱和摧残人性。而人性不正是一切社会风纪的源泉吗？

汉宣帝刘询曾下诏书曰："父子之亲，夫妇之道，天性也。虽有患祸，犹蒙死而存之。诚爱结于心，仁厚之至也，岂能违之哉！"是啊，亲亲相隐的古训，岂能违之哉！无论如何，我们的立法者都不应为了大义而强制人民去灭亲。修订窝藏罪等罪行的刑事立法，已然如箭在弦、时不我待，否则，类似张贵英案这样的人生悲剧还会屡屡上演，没有尽头。

什么才是贪官的死穴

2013年3月,在十二届全国人大一次会议上,全国人大代表、广东律师朱列玉领衔提交了《关于修改〈刑法〉中贪污受贿犯罪不合理量刑规定的议案》。朱列玉认为,从1997年刑法修订以来,我国人均可支配收入已经发生了巨大变化,有必要对量刑的标准作出相应调整。为此,他建议刑法中关于个人贪污受贿十万元以上的,处十年以上有期徒刑,修改为个人贪污受贿十万元以上的,处一年以上有期徒刑。他同时提议,根据经济社会发展程度、人民生活水平和物价指数等因素,每五年对贪污受贿犯罪的量刑标准作一次相应的调整。

朱列玉代表的这个议案经媒体报道后,引来了相当一部分社会民众的愤懑。有人认为这分明是在为腐败分子开脱,当下中国贪官污吏遍地走,现在的问题不是朱律师所说的"刑罚过度供应",而是腐败过度供应。

对此议案,独立学者刘植荣更是义愤填膺,公开予以严词反驳。他用中外各种量刑数据来证明中国现行法律对贪官最宽容。他主张对贪官必须用重典,呼吁反腐法律也应与国际接轨,在有关非法占有公私财产罪的量刑上,对公务员的量刑应比普通百姓翻一番,对司法人员的量刑要在公务员的基础上再翻一番。

笔者陋见以为,人大代表朱列玉的刑罚过度供应说和贪污受贿罪量刑标准调整论,道出了我国刑事立法未与时俱进的滞后缺陷。尽管朱律师提出的量刑建议和调整时段尚有商榷余地,但其调整目标和修法方向符合现代刑事立法的宽容理念与发展趋势,值得肯定,我们理应给予支持。

至于反对的声音,它是源于反对者对贪污腐败产生根源及其治理路径的认知局限,不足为训。因为对贪污腐败的本能痛恨,使得他们对重典寄予厚望,以为严刑峻法才是惩治官员贪腐的灵丹妙药,实则大谬不然。

古今中外,借助严刑峻法而成功地治理官员腐败问题,这样的先例还未出现过。我国历朝历代皆不缺反腐之重典,但贪污腐化始终是各朝各代挥之不去的梦魇。典型者如明朝,其重典规定"枉法赃八十贯,论绞;赃至六十两以上者,枭首示众"。明朝开国皇帝朱元璋更是在各州县设有"剥皮亭",官员一旦被指控贪污,即被剥皮,悬皮于亭中,以示警戒。尽管明朝反贪重典之严厉程度令人不寒而栗,但明朝官员的贪污腐化,还是渐渐发展到了相当普遍化,甚至是公开化、合法化地步。最终让朱明帝国土崩瓦解的,与其说是农民起义和清军入关,毋宁说是明朝官员不可救药的贪污腐化。

刑事司法犹如医药,它只能事后有限地清除贪污腐败之毒瘤。就像人不可能依赖医药来长期维持自身的健康一样,国家官员的清廉公正亦不可能完全仰赖刑事法律来维护。在惩治贪污腐败方面,重典功效有限,不可托付"终身",其根本原因在于贪污腐败其实不是法律问题,它更多的是政治问题,是一个国家的政治权力架构问题。

回顾历史，我国哪朝哪代没有重典呢？但又有哪个朝代不是"东边重典西边腐，道是有法却无法"呢？重典与腐败"共舞"，此诚我国历朝历代看不厌的政治风景。之所以如此，不都是因为在国家政治权力架构问题上，我国历朝历代完全同质之故吗？换言之，一方面政治上缺乏基本的分权与制衡，另一方面人民又无严格的人身、财产及言论等基本自由权，此乃重典与腐败在我国历史上长期"和谐共生"的根本原因。

既然如此，那救治贪污腐败就绝不可重走两千年历史都走不通的重典之路。而应该在虚心吸取我国深刻历史教训的同时，积极向域外借鉴国家政治权力架构方面的成功经验，通过更加合理的国家政治权力安排来铲除贪污腐败产生的温床和土壤，从而在政治之根本上惩治贪污腐败。

那在惩治贪污腐化方面，重典为什么会屡屡失灵呢？答案依然要从重典栖身的政治上去找。在分权未确立与人权不保障的国家政治架构之下，包括重典在内的所有法律往往难以得到严格有效的实施，规避法律、选择性执法必然会成为社会风气，至于立法者和执法者双双知法犯法现象变得禁不胜禁，普遍存在。而立法者和执法者正是政府官员的主要构成部分，他们知法犯法的基本方式就是日甚一日的贪腐。重典虽好，但终究奈何不了立法者和执法者对它的规避与蔑视，正所谓"徒法不足以自行"。

对照当下我国，涉及治贪反腐的法律、法规、规章和红头文件，可谓叠床架屋、多如牛毛，且其中不乏处罚严厉之重典。但近三十余年来，贪污腐化无论面积还是深度总体上都呈现上升趋势，这亦活生生地证明了治贪不能指望重典。

要想法律在治贪反腐方面有所作为，关键并不在于法律有多严厉。相反，严刑峻法犹如下药过猛，不但无益而且有害，要义在于执法本身的严厉即依法惩罚的必然性。

早在 1764 年,意大利犯罪学家贝卡里亚就指出,对于犯罪最强有力的约束力量不是刑罚的严酷性,而是刑罚的必定性。如果让人们看到他们的犯罪可能受到宽恕,或者刑罚并不一定是犯罪的必然结果,那么就会煽惑起犯罪不受处罚的幻想。当下我国,与被处以刑罚的贪官污吏相比,逍遥法外的贪污受贿分子堪称数不胜数。执法不严、贪污腐化并不必然受到法律的制裁,此诚是我国法律在惩治腐败方面效果不彰之关键。

贝卡里亚还说,法律应当是铁面无私的,每一具体案件中的执法者也应当是铁面无私的。但是立法者应当是温和的、宽大的和人道的。他们是一些明达的建筑师,使自己的大厦以自爱为基础平地而起,使普遍利益集中地体现个人利益。斯言诚哉!

与重典相比,我们更应该追求充满宽容与人道的良法。著名思想家孟德斯鸠曾指出:"如果刑法的每一种刑罚都是依据犯罪的特殊性质去规定的话,便是自由的胜利。"人类想要刑法,不是要创设刑罚,而是要限制刑罚。重典式刑法既不利于对违法犯罪者的改造,又无助于有效遏制违法犯罪的发生。

无论是历史还是现实都雄辩地证明,试图用重典去治贪反腐,就像企图扯着自己的头发离开地球一样,是很不现实的。治理官员腐败,与其用重典,就不如像人大代表朱列玉提出的那样,用与社会经济发展相适应、承载宽容与人道精神的良善之法。

官员财产公开与私有财产保护

长期以来，官员财产公开因被认为是"终端反腐"之利器而成为社会各界的深切诉求。2012年12月，《新京报》一篇《广东2014年将完成官员财产公开试点》的新闻报道，又刺激了普罗大众惩治腐败的敏感神经，在社会上掀起了要求官员财产公开的舆论热潮。

其实，官员财产公开制度的法制化进程很早就开始了，且至今未曾间断过。1988年全国人大和国务院法制办等机构就联合发布了《国家行政工作人员报告财产和收入的规定草案》。2008年5月，新疆阿勒泰地区纪委、监察局等部门联合制定了《阿勒泰地区关于县（处）级领导干部财产申报的规定（试行）》。同年12月，依据此试行规定，阿勒泰地区廉政网对新提任的55名副县级领导干部全部进行了个人财产申报公示。但此后，阿勒泰地区并未继续执行此试行规定，导致领导干部财产申报制度不了了之。就全国而言，情况更是如此，雷声大雨点小，宣布试行官员财产公开的新闻不绝于耳，却难得有兑现承诺予以正式公开之举动。

造成我国官员财产公开难的原因固然纷繁复杂，但有一个重要原因或许是社会各界在诉求官员财产公开时未曾想到的，那就是我国的私有财产保护制度至今都颇不完备，在私有财产不受严格保护的制度环境下，要求官员财产公开的民间诉求当然难以得到满足。须知，私有财产保护力度与官员财产公开程度之间存在着某种正比例关系。回首人类社会发展历程，私有财产不可侵犯的历史远远悠久于官员财产公开的历史。"私权至上""财产权神圣"的观念早在1215年英国《大宪章》中就得到了充分的认可和保障，而世界上第一部有关官员财产公开制度的立法是1883年英国议会通过的《净化选举防止腐败法》。两者均最先出现于英国——人类法治的故乡，但后者晚于前者六百余年，此等历史事实不值得我们再三体味吗？

无论在法理上还是情理上，财产公开都应以财产受严格保障为基础和条件。欧美等官员财产公开做得比较早、比较好的国家，都是私有财产受严格保护的国度。它们对私有财产的保护是如此严格，以至于一旦受到不公正的立法侵犯时还可以到法院去通过宪法诉讼寻求救济，借助宪法审查制度来宣告此等侵犯财产权的立法违宪无效。在私有财产不受严格保护的社会，要求公开个人财产等于"人为地"将私有财产暴露于外，"故意"把它置于随时可能被侵占、剥夺之危险境地，此诚强人之所难，非君子之所为也。

由此可知，要化解我国官员财产公开之难题，首先得完善我国的私有财产保障制度。一旦私有财产不但在立法上而且在执法实践中都得到了严格的保护，那官员财产公开难题就如汤沃雪、迎刃而解。

尽管2004年修宪时，"公民的合法的私有财产不受侵犯""国家依照法律规定保护公民的私有财产权和继承权"载入了我国宪法，但不能不承认的是，在实际的国家执法实践中此等宪法规定并未得到应有的尊重和执行。众所周知，当下我国有相当一部分的社会矛盾是由违法征地和非法拆迁引起的，甚至"强拆"这种罔顾法律的野蛮现象在全国范围内都具有一定的普遍性。不管是违法征地还是非法拆迁，均属明显侵犯私有财产之知法犯法行径；至于强拆，那更是对私有财产的最露骨的剥夺。

征地拆迁过程在很大程度上是私有财产和社会财富的再分配过程。在这个过程中，农民等社会弱势群体的私有财产受到了程度不等的侵犯，而开发商和当地腐败官员的私有财产则因之而激增暴涨。试想，如果被征地的农民、被拆迁的家庭的私有财产得到严格保障，那当下具有普遍性的违法征地和非法拆迁不就会大大减少吗？如此一来，那相当一部分政府官员的腐败空间不就随之明显缩小了吗？一旦如此，那他们的财产不就因来源合法正当而敢于公开了吗？

不宁唯是，有道是"三十年河东，三十年河西"。政府官员在违法征地拆迁、侵犯他人财产权时，其内心的底气未必像表面上那样指挥若定、气定神闲。山外有山、天外有天，今天他可以侵犯别人的财产权，那明天他自己的私有财产就同样有可能遭到别人的侵犯。每念及此，官员就更恐惧财产公开了。只有当农民等社会弱势群体的私有财产都事实上能得到法律的严格保护时，那官员哪怕富可敌国也不惧怕公开其财产了。

早在17世纪英国政治哲学家洛克就指出，财产是一个人的延伸，人们联合成为国家和置于政府之下的重大的和主要的目的，是保护他们的财产。财产公开的前提条件，是财产不会在毫无预见的情况下被恣意地侵占或剥夺。在农民等弱势群体的私有财产难以实然受到国家和政府严格保护的情形下，要官员公开财产难免一厢情愿。因为在私有财产这种给人以基本自由的东西都可能随时被剥夺的社会里，政府官员这种身份就更不具有可以预见的稳定性和固定性了。在这样的社会中，每个人的财产公开，是官员财产公开的条件。

对私有财产的侵犯乃政治腐败的基本形式之一。一个能够有效保障每个人私有财产的国家，其官员腐败就一定能够得到有效的控制。然而，一个私有财产可能随时遭侵占或剥夺的社会，其官员的财产即便全面公开了，其腐败问题亦未必因此而得到有效解决。

德国哲学家、思想家康德曾言，确认财产权是划定一个保护我们免于压迫的私人领域的第一步。斯言诚哉。在我们这个私权神圣屡屡遭排斥、被批判的国度，我们还是老老实实走完这一步再说吧。欲速则不达。等保障私有财产权这第一步踏踏实实地走好了，那官员财产公开就应该水到渠成、为期不远了。

禁食鱼翅与政务公开

在 2011 年 3 月召开的十一届全国人大四次会议上，人大代表丁立国联合三十余位代表提出了"要求制定禁止公务和官方宴请消费鱼翅规定的建议"。一年多过去了，国务院机关事务管理局终于在 2012 年 6 月底正式发函（国管函〔2012〕21 号）给丁立国，表示有望在三年内发文规定公务接待不得食用鱼翅。

"三年内有望发文禁止公务接待食用鱼翅"的消息在网络上甫一公开，就引来了广大网民的广泛质疑。有人评论说，一边喊保护生态环境刻不容缓，一边是拖拖拉拉再吃三年，保护环境还玩个"缓期"，真让人情何以堪！还有网民指出，当政府出台财产申报制度等对官员不利的政策时，往往磨磨蹭蹭，千呼万唤始不出；但出台对民众不利的政策时，却总能雷厉风行，例如水电涨价、提高税费等。鱼翅，吃还是不吃，已然成了国人关注的大问题。

鱼翅，在我国饮食文化中属于"八珍"之一，"凡宴会佳肴，必设此物为珍享"。但鱼翅的珍贵不在于它的营养价值高，只因它的原料特别稀少而已。人大代表丁立国提出禁食鱼翅建议，主要目的在于保护濒危的鲨鱼物种和海洋生态平衡以及减少公务消费开支等。

我国是世界上知名的鱼翅消费大国。鱼翅原料是鲨鱼鱼鳍，市场上鲨鱼鱼鳍一斤一般都在千元上下，堪称相当昂贵的食材，普通民众即便消费也必定是偶一为之。政府公务接待和宴请中食用鱼翅是我国成为鱼翅消费大国的最主要原因。公务招待一旦全面砍掉鱼翅，那必将大大减少鲨鱼鱼鳍的中国市场需求，有利于保护鲨鱼物种和海洋生态，同时还有利于减少公务开支从而增加人民福祉。

社会公众对一纸禁止食用鱼翅的公文要花三年时间制定难以接受，恨不得这则禁吃公文立马签发，个中的背景原因可谓纷繁复杂。

在我国，政府预算一直没有真正公开，政府开支也基本上是一笔糊涂账。公车支出、公款吃喝和公款出国即"三公"消费数额惊人。北京大学法学院王锡锌教授在接受央视记者柴静采访时曾说，我国每年"三公"开支达9000亿元，约占年度财政开支的30%。对于不计成本、豪华奢侈的"三公"消费，普通民众尽管眼见为实，但又无可奈何管不了。于是乎，遇到诸如禁食鱼翅这种涉及公务开支的事情就难免群情激愤，是可忍孰不可忍。

鱼翅绝对是高档菜肴，公务接待食用鱼翅实质上是权力腐败。国务院政策法规司回复人大代表的提议耗时一年有余，而制定禁止性公文更要花费三年甚至更长时间，表面上这是政府办事效能明显低下，实则有以拖延战术纵容已然腐败的权力继续腐败之嫌。

在权力受到严格制约的法治成熟国家，鱼翅根本上不了公务招待的餐桌。因为公务招待既受财政预算之事前限制，又受公务开支公开及新闻媒体之事后监督。公务招待一般以简朴为原则，高档菜肴、上等酒水根本不在预算之内。即使接待官员大胆违规操作一番，也难免在事后的公务公开中东窗事发或因新闻媒体披露而吃不了兜着走。

制约权力才是解决公务招待禁食鱼翅之正道，回避权力制约而试图借一纸禁令来保护濒危鲨鱼物种和海洋生态平衡是过于理想化的设想，它未能透过现象看清事物的本质。在政府公权力不受严格制约的现实形势下，无论国务院的这道禁令何时颁布，对于丁立国等人大代表而言，其诉求都难以真正实现。同理，就算国务院明天签署这个禁食鱼翅之公文，广大网民所关注的公款消费铺张浪费现象依然难以得到全面有效的遏制。因为禁止了鱼翅，还有鲍鱼、燕窝、熊掌等高等菜肴，就像禁止喝茅台之后，还有拉菲、木桐名贵好酒可以喝一样。

公务招待禁食鱼翅之规定从速出台，对于鲨鱼物种和海洋生态保护至多不过是治标之方，绝不属治本之策，但对于制止公款消费挥霍奢靡而言则恐怕连治标都谈不上，更遑论治本。解决问题的根本之道在于政府预算公开和"三公"开支公开以及新闻媒体的自由，其背后则是政府公权力的分立与制衡问题。

总括而言，鱼翅，吃还是不吃，是个权力制约问题。参与政府公权力的博弈，把权力的运作彻底置于阳光之下，才能真正有效遏制"三公"消费，才能保护鲨鱼等珍贵物种和生态平衡。至于有关部门何时颁布这道禁食鱼翅之禁令，其意义聊胜于无，不必太在乎。斤斤计较于它何时出台，无疑是转移了视线、偏离了方向，无助于问题的彻底有效解决。

重建社会信任，政府要做榜样

2013年1月，中国社会科学院社会学研究所发布了社会心态蓝皮书——《中国社会心态研究报告2012—2013》。该蓝皮书指出，中国社会总体信任度已跌破60分底线。这份研究报告的发表再一次把重建社会信任的老问题摆到了我们面前。

那社会信任该如何重建呢？人与人之间的私人情感、社会道德观念和法律法规等强制性制度，乃社会信任产生和维持的三大机制。在当下我国，要重建社会信任只能仰赖法律法规等强制性制度，而难以再指望私人情感和社会道德观念。

三十余年来社会经济的飞速发展导致我国城镇化速度快得世所罕见，城镇人口已经达到6.9亿，超过总人口的50%。也就是说，在短短的三十余年内，我国已经由有千年传统的乡土"熟人社会"转型为城镇"陌生人社会"了。

在城镇化的陌生人社会中，基于与他人的情感纽带而建立起来的人际信任，其半径会进一步缩小，其功能亦随之大幅下降。于是，人类信任的主要形式由人际信任这种特殊信任向制度信任这种普遍信任模式转变。换言之，制度信任是陌生人社会即农耕文化之后的工业化和信息化社会的主要信任模式。

在国家城镇化高歌猛进、社会陌生人化势不可当的转型期，我们的社会信任模式亦必须有意识地随之转型，由传统的人际信任向现代制度信任转变，依赖制度信任来扶社会信任之大厦将倾。

所谓制度信任是指基于各种非人格的规范准则、法纪制度的约束而产生和维持的信任。说白了，维系制度信任的是各种法律和规章制度。遵守这些制度的人，必定可以得到预期的收益或回报；而违反它的人，将要被它"六亲不认"地处罚到底。正是以这些非人格化的制度为桥梁和媒介，未曾谋面的陌生人之间可以建立足够的互信。他们都信任制度是因，他们彼此之间相互信任是果。社会信任就由此等因果构建而成。

由此可知，制度信任的命脉并不在于制度本身，而在于它有无拘束力。仅仅有了制度并不意味着制度信任机制就能够在社会上落地生根。制度不但有好坏之分，更有死活之不同。那些在现实生活中拘束力不甚了了、形同虚设的制度，实际上是一具僵尸般的死制度。只有那些具有不容抗拒的拘束力、人人都自觉遵循的制度才是活的制度。唯有活的制度才能在社会上激活制度信任机制，而死的制度犹如没有钨丝的灯泡，它永远难以为社会点亮制度信任之光。

当下我国社会总体信任度长期陷入低迷状态，制度信任始终构建不起来的根本原因不是制度的缺失，而是制度本身的拘束力始终成效不彰，制度难以发挥制度应有的功能，制度信任自然难以形成气候。

三十余年的改革开放过程，也是我国各项规章制度重建和不断完善的过程，其中的法律制度建设更是成就斐然。2011年3月，全国人大常委会委员长吴邦国宣布我国社会主义法律体系已经建成。然而，已然体系化的法律制度并未如人民期望的那样把我国推向法治化轨道，社会主义法治国家依然任重道远。

有法律无法治，这是当下我国法制的基本生态。在这样的法律制度生态之下，包括法律法规在内的各项规章制度其拘束力脆弱不堪就顺理成章、毫不奇怪了。我国现行的种种规章制度，既不足以有效保障遵守它的人的正当权益，又不能使那些违反它的人受到应有之处罚。于是，一个悖论产生了：守法者，其承担的成本和风险往往比较高，而违法者承担的成本和风险却恰恰比较低，甚至不必承受任何成本与风险。

伴随此等悖论的是，违法者继续低成本、低风险甚至无成本、无风险地违犯各种法规制度，守法者则吃一堑长一智不再中规中矩地照章办事，甚至转而向违法者看齐，与他们一道无视各种规章制度的存在。由于与自己交往的多是陌生人，传统的人际信任失效，而他们又不相信和恪守现行规章制度，制度信任亦难以在他们之间生根发芽、开花结果，最后的结局只能是不信任像流感一样到处蔓延、传染不止，人人都生活在受怀疑、遭质疑和被冷漠的世界里。

生活在没有信任只有怀疑的世界当然是个悲剧。唯有重建社会信任才能跟这样的悲剧世界告别，重建社会信任其实就是重建制度信任，而重建制度信任舍法治一途就别无他途了。

如何缔造法治固然是个宏大的命题，但其要义实则简单无比，那就是各级政府以身作则，用其尊重法律和严守制度的方式，来带动整个社会日渐养成相信法律和崇敬制度的好习惯。此习惯养成之日无疑就是法治形成之时；而法治形成之时必将是社会信任重生之日。

近年来，官民、警民、官商之间的矛盾呈现的是持续加深态势，他们彼此之间的不信任可谓有增无减。他们之间的不信任既是社会总体信任度低下的缩影，更是社会总体信任度不高的根源之一。而这种根源的一个重要根源就是我们的各级政府在遵纪守法方面做得不够好，有的甚至在目无法纪方面表现得相当"出色""出彩"。如何从速扭转一些地方政府及其公职人员屡屡知法犯法和执法犯法的不良局面，此诚直接攸关我国法治秩序的建构和社会信任的重生。

美国大法官霍姆斯曾言："与政府的卑鄙非法行径相比，罪犯逃脱法律的制裁其罪孽要小得多。"同为大法官的布兰代斯亦曾深刻地指出："我们的政府是强势的、无处不在的老师。不管是为了善还是为了恶，它都教导全体人民以它为榜样。"无论如何，把政府比喻为法治的发动机和火车头并不为过，政府自身无疑是国家法治的最大推动者。而政府在全社会推进法治的最好方式，莫过于自己自觉地遵守法律，坚持成为人民信仰法律、恪守规章的范本与榜样。

社会总体信任水准低下意味着每个人都要为其行为付出更高的成本，并承担更高的风险，因而重建社会信任关系到所有人的切身利益。在重建方面，无法回到过去、走不了人际信任老路的我们，只能仰赖制度信任。而当下我国要在人与人之间建立制度信任就离不开制度的规范效力。制度一旦具有规范效力实则象征着法治状态的生成。一句话，重建社会信任只能指望法治，别无他途。而在推行法治方面，政府的作用从来都是首屈一指的。在全民对法治翘首期盼的当下我国，各级政府为其扮演好"首屈一指"之角色做好准备了吗？

监察处置得有时效限制

无论从政治上还是法律上看,"反腐"无疑都是当下新时代的高频词和关键词。为了加大反腐的力度,并积极推进反腐法治化,我们修改了宪法,在宪法"国家机构"一章中增加了"监察委员会",并制定了监察法。特地修改宪法以组建与政府平级的反腐败国家机构,此诚人类宪法史上的一大创举,是否绝后尚难定论,但空前乃是毋庸置疑之事实。

对于新科反腐机构——各级监察委员会,从中央到地方,从庙堂到民间,无不寄予厚望,期待它们能成为"强化不敢腐的震慑,扎牢不能腐的笼子,增强不想腐的自觉"的反腐利器,最终实现海晏河清、朗朗乾坤的新时代政风。正因为有此等厚望,所以,一旦有一定级别的官员被监察委员会立案调查的消息,往往就立即火遍朋友圈,成为一时之社会舆论热点。

前不久,一则"长春市中级人民法院原党组书记、院长宋利菲接受纪律审查和监察调查"的消息,一度在朋友圈霸屏。出于法律人的职业敏感,笔者就登录吉林省纪委监委网站,试图了解更多的信息。很可惜,希望落空了。火遍朋友圈的有关宋利菲被调查的消息,与吉林省纪委监委官网上所发布的通报内容并无出入,前者完全是后者的复制版。该通报的发布时间是2018年6月21日。而当我再次在官网上看到该通报最后一行字——"2012年8月,退休。"时,几许疑窦就在脑海里闪现并久久徘徊,那就是监察委员会对一个退休已久的老人开展监察调查,这么做究竟有多大意义呢?从常理与法理上看,这事难道不值得商榷一番吗?

先说说常理。吉林省纪委监委官网通报显示,宋利菲出生于1952年6月,被立案调查时业已退休五年十个月,本人也已经年届六十有六。常理告诉我们,宋利菲如果真的被查到有违纪违法行为,那也一定是发生在退休之前的长春市中级人民法院院长任上,甚至有可能发生在担任吉林省委政法委副书记期间(1997年4月至2007年11月)。如果是后者,那宋利菲的违纪违法乃是十多年前的"往事";如果是前者,那至少也已然过去了六七年之久。不管是前者还是后者,都为时不短。为什么违纪违法之时不去认真查处,而非要等到几年乃至十几年之后再来追究呢?那时诚然没有监察委员会,但有监察机关,更有专门调查各级领导干部违纪违法的纪委和反贪局。事过境迁之后再回头调查违纪违法者,那按此逻辑还应该调查一下当初纪委、反贪局及监察机关等反腐机构有关人员的失职渎职。如果他们能够恪尽职守、明察秋毫,那宋利菲就不会成为漏网之鱼,更不可能在任上退休并颐养天年多年。显然,如此推导下去,必将没完没了,结果是所有人都脱不了干系,本身不存在任何违纪违法的人也可能因领导无方或工作不力而被追究责任。果真如此,那所有的公职人员都将陷于恐惧之中,后果之严重,诚实不敢想象。此其一。

其二,监察委员会是代表国家并严格依据监察法来开展监察反腐败工作的,国家设置监察委员会的根本目的是预防腐败,严厉打击现行腐败分子只不过是实现此等目的之手段。职是之故,监察委员会的反腐与古代社会的"复仇"有着本质性的区别,所谓"君子报仇,十年不晚"的古训不应成为监察委员会的座右铭。

那如何能更加有效地预防腐败呢?首要的当然是第一时间对腐败分子依法惩治,对腐败行为查处得越早,对腐败分子惩罚得越及时,那预防效果就越佳。相反,在腐败行为早已成为被人遗忘的"过去时",而腐败分子亦已退休经年,此时再来对其进行查处,不但预防效果甚是了了,而且给人留下纯粹打击报复、为反腐而反腐的不良感观。在此,我们有必要重温18世纪意大利刑事古典学派创始人贝卡里亚的名言,他说:"惩罚犯罪的刑法越是迅速和及时,就越是公正和有益。犯罪和刑罚之间的时间隔得越短,在人们心中,犯罪与刑罚这两个概念的联系就越突出、越持续。只有使犯罪和刑罚衔接紧凑,才能指望相连的刑罚概念使那些粗俗的头脑从诱惑他们的、有利可图的犯罪图景中立即猛醒过来。推迟刑罚只会产生使这两个概念分离开来的结果。推迟刑罚尽管也给人以惩罚犯罪的印象,然而,它造成的印象不像是惩罚,倒像是表演。"

尽管贝卡里亚说的是犯罪与刑罚,但腐败与惩治之间的关系又何尝不是如此呢?对于一个都已退休五六年的老人开展违纪违法调查,与其说是惩治腐败,毋宁说是反腐败表演,其政治戏剧效果或许可观,但反腐败的预防效果绝对未必。故而,监察委员会与其对时过境迁的漏网腐败行为咬住不放,还不如集中人力物力狠抓现行腐败分子,从而使所有的现行腐败人员无一漏网,并统统得到应有的法定惩罚,这样才能更好地达到预防腐败的理想目标。监察委员会分散精力去紧盯过了时的腐败行为和过了气的腐败分子,此乃典型的舍近求远,属于无助于达成预防腐败目标的不智之举。

概言之,常理告诉我们,对任何腐败的调查处理,都应讲究时效,各级监察委员会应尽可能地在第一时间将腐败行为调查清楚,并依法从速惩治腐败分子。一旦时过境迁、物是人非之后再来追诉，那反腐效果定将大打折扣，预防腐败的终极目标更是无从实现。监察委员会的监察追诉要讲究时效，在常理上如此，在法理亦如是。

当然，作为一个法学概念的时效与常理语境中的时效有所差别，尽管两者的根本旨趣可谓心有灵犀，那就是均强调权力与权利的行使应当及时，迟疑拖延，势必影响到履行效果，甚至由此导致权力与权利的丧失。值得注意的是，法理语境中的时效是个较为复杂的法学术语，在民法、刑法及行政法上其内涵颇为不同，容一一分述之。

民法总则第188条规定"向人民法院请求保护民事权利的诉讼时效期间为三年。法律另有规定的，依照其规定"，此乃民法时效制度之立法依据。民法上的时效制度，简言之，就是权利人必须在权利被他人侵害的三年内向法院提出诉讼，三年之后法院就不再支持他原本所享有的权利，诸如名誉权、物权、债权等等皆如是。

不但民事权利如此，刑事处罚权力和行政处罚权力同样是一种被时间所规定的存在，超过了一定的时间界限，该权力同样作废，就像民事权利作废一样。

先来说说刑事处罚权力时效。刑法第87条规定："犯罪经过下列期限不再追诉：（一）法定最高刑为不满五年有期徒刑的，经过五年；（二）法定最高刑为五年以上不满十年有期徒刑的，经过十年；（三）法定最高刑为十年以上有期徒刑的，经过十五年；（四）法定最高刑为无期徒刑、死刑的，经过二十年。如果二十年以后认为必须追诉的，须报请最高人民检察院核准。"此等规定乃是刑法时效制度之法律依据。

在法制史上，刑法时效制度和刑法一样古老。关于此等制度的根据，在德国的普通法时代，采取的是改善推测说，即犯罪后长时间没有再犯罪，可预想犯罪人已经改善从良，没有处刑之必要。在 19 世纪法国，则采取证据湮灭说与准受刑说。前说认为，犯罪证据因时间流逝而湮灭，准确处理案件之目的难以达到；后说以为，犯罪人犯罪后虽然没有受到刑事追究，但长时期的逃避与恐惧所造成的痛苦，与执行刑罚并无多大差异，这等同于已经执行了刑罚。在日本，有的学者采取规范感情缓和说，即随着时间的经过，社会对犯罪的规范感情得以缓和，不一定要求给予现实的处罚。有的学者采取尊重事实状态说。该说认为，由于规范感情的缓和，社会秩序的恢复，行为人产生了与一般人相同的社会生活关系，对由此而形成的事实状态应该予以尊重，时效制度之本旨就在于此。

一旦他们突破刑法第 87 条所设定的时间边界，那意味着刑法所彰显的人类道德理性，在刑事司法实践中遭到了蔑视甚至被废弃。这种突破只会使我们重返"复仇"的野蛮时代。罔顾刑事执法权力的时间规定性，只会使我们的刑事处罚被排除在人类现代刑事司法文明的圈外，它最终表现为我国法治秩序在时间上的倒退。不遵守时效制度的刑事处罚权，注定要败给时间——刑事司法呈现的不是与时俱进的文明状态，而是日渐倒退至血腥复仇的野蛮状态。

此等论断同样地适用于行政处罚。在性质上，行政处罚权与刑事处罚权无分轩轾，都是代表国家对违法行为予以惩处，差别只在于所违反的具体法律以及违法本身的社会危害程度不同。我国的行政立法同样认可时效制度，行政处罚法第 29 条规定"违法行为在二年内未被发现的，不再给予行政处罚。法律另有规定的除外"。关于行政处罚追诉时效的根据，学者更多的是从刑法时效制度中获得启发。在人类立法史上，行政立法比刑事立法要晚得多，故而，行政法学无可避免地要从刑事法学中寻找经验与智慧。

2005 年我国台湾地区颁布的"行政罚法"，其第 27 条规定"行政罚之裁处权,因三年期间之经过而消灭"。至此,两岸在行政立法上一致接纳了行政处罚时效制度。被制定成法律的都是社会的主流价值观。我国行政处罚法第 29 条及刑法第 87 条之规定足以表明,针对行政违法及刑事违法的国家惩治权乃是一种受时间规制的有限权力观念,业已深入人心,成为社会各界的基本共识。而民法总则第 188 条之规定,则证明民事权利跟国家惩治权力一样,同为一种时间性的存在,不管是权力还是权利,都身处一种有限时段的宿命之中,不受任何时效限制而永葆青春的权力与权利,实乃海市蜃楼。在以法律的名义创设一种新型的权力或权利时,务必记得给此等权力或权利设置时效制度,此乃人类基本的立法经验。

然而,2018 年十三届全国人大一次会议通过的监察法并未规定时效制度,监察委员会的调查与处置权可能会成为一种超越有限时段的无时间规定性权力,此乃宋利菲在退休五年有余之后依然被立案的法律原因。既然刑法、民法和行政法都规定了时效制度,监察法为何就不规定呢?追溯起来,监察法例外地"遗忘"时效制度并不意外,因为不明文规定时效制度,乃是我国的反腐败立法传统。

监察法实质上是由制定于 1997 年、修改于 2010 年的行政监察法修订而来。作为一部专门的反腐败立法,行政监察法并未规定监察权行使有时效之限制。2005 年颁布的公务员法,关于公务员的"惩戒"与"法律责任",亦未规定时效制度。与此相应的是,党内的反腐败法规亦对时效制度未作规定。如 2003 年制定、2015 年修订的《中国共产党纪律处分条例》关于处分之时效未作任何规定。由此可知,不管是党内层面还是国家层面,有关反腐败的立法均有意无意地回避了监察权力的时效性问题。不宁唯是,这种回避还在继续,如 2018 年 4 月,由中共中央纪委和国家监察委员会联合制定的《公职人员政务处分暂行规定》，对于政务处分同样没有设置任何时效制度。

回避的不仅仅是立法实践，对于此等回避学界亦不约而同地予以回避：有关反腐败立法中的时效问题，至今未见有哪个学者发表探讨文章。毋庸置疑，此等双重回避现状，必将进一步固化监察权力规避时间规定性的非理性特征。这不是喜剧，而极有可能是悲剧。因为打破时间规定性的监察权力，其自身的道德理性必然会遭到克减，甚至完全丧失。当监察权力自身不再具备道德理性，呈现的是一种赤裸裸的原生态权力形象时，那它迟早要与文明为敌、与野蛮为伍。原本为了惩治腐败而创设的监察权力，将可能变得比腐败本身还可骇，它像是被打开了的潘多拉魔盒，恣意漠视权力的时间规定性，对所有违纪违法行为的调查处置都不受时效限制，问责由此变成了终身制、追诉进而演变为无期限。

监察权力一旦在实践中果真蜕变至如此田地，那后果诚可谓不能承受之重。首先，所有行使公权力的公职人员，都将陷于一种难以言说的恐惧之中，制造一种人人自危的反腐气氛，这应该不是创设监察权力之初衷。其次，不受时效限制的监察权力，必将对社会秩序的和平与稳定构成极大的威胁。事隔多年之后再对腐败行为予以追诉，势必使各种矛盾死灰复燃，破坏业已恢复的社会安宁，人为地制造不必要的权利义务关系的冲突与纠葛。再次，各级监察委员会的预算成本难免由于追诉无期限而不断追加，浪费公帑现象自然无法避免。监察权力的运行亦应像其他国家权力一样要认真对待成本，毕竟，它花的每一分钱都是人民用汗水换来的。复次，各级监察委员会的人力物力都是有限的，与其分散力量去追诉陈年的漏网腐败案件，毋宁集中精力调查现行的腐败案件。须知，在第一时间发现并证实所有的违纪违法行为，才能达到最好的预防腐败效果。

最后，监察权力注重时效，适度抛弃追诉无期限的传统反腐模式，也能减轻检察机关、审判机关和行政执法部门的案件负担，有利于在国家机关之间营造一种和谐的工作关系。总括而言，监察权力理应像刑事追诉权力和行政处罚权力一样，始终受时效制度之制约，而不应成为一种脱逸时间规定性的原生态权力。

李建国副委员长在《关于〈监察法〉草案的说明》中指出，制定监察法的重要目的之一，是"以法治思维和法治方式开展反腐败工作"，而监察法第 6 条亦提出了"健全法治、加强法治教育"等目标。既然是法治思维和法治方式，那监察法是否明文规定时效制度，都不影响监察委员会在开展反腐败调查过程中，参照刑法和行政处罚法有关时效制度之规定，自觉地对手中的监察权力给予一定的时效限制。毕竟，监察权力唯有受到时效制度的制约，才符合法治思维，才契合法治方式。而各级监察委员会唯有在监察追诉中讲究时效，才是真正以身作则地健全法治和加强法治教育。

当然，最优的方案还是等时机成熟时，修订党内及国家的反腐败立法，增补有关监察时效之规定，明文认可时效制度在反腐败执法中的适用。

第七辑

透视事件　法者见法

法官能裁判方韩之争吗

针对打假斗士方舟子公开质疑韩寒《书店》《求医》《三重门》等早期作品存在"代笔"一事，韩寒向上海普陀区人民法院正式递交了诉状，对因方舟子质疑代笔所造成的名誉损害要求赔偿经济损失10万元。与此同时，韩寒又通过其博客宣布"这样的口水战毫无意义，就此收笔"。

那法官能裁判并成功化解方舟子与韩寒之间的代笔之战吗？换言之，如果韩寒受质疑的早期作品确实不存在代笔问题，那法官能给韩寒一个说法吗？愚见以为，答案是否定的。法官不是万能的，代笔与否绝不是法官所能解决的，原因很简单，代笔与否的问题不是一个法律问题，而是道德诚信问题。

诽谤是法律问题，法官能解决。任何人都享有名誉权，其人格尊严受法律保护，我国民法通则第101条规定"禁止用侮辱、诽谤等方式损害公民、法人的名誉"。为了强化对名誉权的保护，我国刑法还设置了"诽谤罪"（第246条），对于故意捏造并散布虚构之事实，足以贬损他人人格，破坏他人名誉，情节严重的行为，法官完全可以以"诽谤罪"惩罚诽谤者，给被诽谤者一个说法，还被诽谤者一个清白。

然而，在本案中，即便方舟子的诽谤罪名成立——从方舟子的分析质疑文章来看，他并没有捏造、虚构任何事实，韩寒赢得了诉讼，但依然不能澄清署名为"韩寒"的那些作品是否真的存有代笔问题。法官的判决所能定谳的，仅仅是方舟子是否对韩寒构成了造谣与诽谤。法官可以判定方舟子在质疑代笔的文章中有无捏造或虚构事实，但他既不能消除方舟子文章中的合理质疑带给韩寒的负面影响，更不能禁止方舟子今后继续通过分析韩寒作品将合理质疑进行到底——方舟子已然宣布他会这么做。也就是说，韩寒即使打赢了官司，也只向世人证明了方舟子在"代笔门"中诽谤了他，仅此而已。至于方舟子已经并将继续的合理的代笔质疑，法律帮不了韩寒，法官救不了韩寒。因为那是方舟子受宪法和法律保护的基本权利，是现代文明社会对公众人物的必要之恶。

那法官都解决不了的代笔问题到底是个什么问题呢？打个粗俗的比方，代笔犹如通奸，而不是强奸，法律管不了，也没法管。众所周知，包括我国（限于大陆地区，台湾地区除外）在内的大多数国家都将通奸除罪化了。何以如此？因为对于双方自由自愿的行为，即便它不符合大众道德观念，法律也不宜过于介入与干扰，相反，还要保持适度的尊重。毕竟，尊重和保护人的自由与自愿行为，乃法律与法治的精神旨归所在。

代笔都是建立在双方合意的基础之上，它自古以来就是代笔者与被代笔者双方自由自愿的产物。现实世界中，可以毫不夸张地说，代笔犹如前面所喻的通奸，是无处不在的。如美国政治活动家希拉里·克林顿的自传《活着的历史》就系他人的代笔之作，这早已不是什么秘密。只要代笔者与被代笔者双方先小人后君子，把代笔之作的版税协商分配好，不因稿酬分配问题失和，那代笔就是法官永远无权置喙的非法律问题。即便双方因事先协商不周导致事后失和并诉诸法院，那法官要裁判的也不是代笔真假问题，而是代笔者与被代笔者双方对代笔协议或契约的履行问题。

韩寒对方舟子的代笔质疑提起诉讼，目的是要恢复他因方舟子质疑而受到损害的天才作家和公共知识分子的名誉与声誉。而要达到这一目的，就必须通过诉讼证明他的早期作品并不像方舟子所质疑的那样存在代笔之嫌疑。不幸的是，法官对此"非不为也，是不能也"。法官可以给方舟子治罪，但不能排除和禁止方舟子的合理怀疑；法官可以判韩寒胜诉，但面对韩寒受到损害的名誉，他只能望"韩"兴叹，爱莫能助了。

诚如许多围观者所言，韩寒要证明其不存在代笔问题的方法多种多样，最好的方式是自己继续写出文学水准不亚于甚至高于《求医》《三重门》的作品。此外，可以就其被质疑的作品跟方舟子当面质疑并视频直播，还可以跟大众读者面对面畅谈其作品的创作过程，等等，唯独不好上法院去求助于法官。代笔问题是个道德诚信问题，不是侵权问题，更不是犯罪问题。质疑代笔则是个法律不宜轻易介入的学术批评和文学鉴赏问题。对于代笔质疑，韩寒只能求诸己不能求诸人，除了通过其现在及今后的作品自证之外，别无他途。

"一个法院能使一个原告重新取得一方土地，但是它不能使他重新获得名誉。法院可以使一个被告归还一件稀有的动产，但是它不能迫使他恢复一个妻子的已经疏远的爱情。法院能强制一个被告履行一项转让土地的契约，但是它不能强制他去恢复一个私人秘密被严重侵犯的人的精神安宁。"美国著名法学家庞德的这段话其实是在告诫我们，司法的救济功能不是无限的，相反，它是很有限的。对于俯拾皆是的非法律的道德诚信问题，法律常常失语，法官往往无能。

所以，包括韩寒在内的所有人都不必对已然迈出第一步的名誉权诉讼抱有太多希望，希望越大失望就越大。不管被告方舟子的法庭命运如何，他所抛出的代笔疑问都不因法官的判决而有所改变。法官不是万能的主，他解决不了万众期待的代笔与否问题。这注定是一场没有结果的诉讼，一个了犹未了的官司。面对许多的道德诚信质疑，我们所能寻求的只能是心灵的救赎，而非法庭的裁判。

法律人别用拳头说话

2012年4月23日,武汉大学法学院副教授陈某在办公室对同事林某教授以拳突袭,导致后者血管痉挛送医就诊。事情起因于陈"没能评上教授职称","要对评委会的人一个个收拾,从林老师开始"。

如果说大学副教授用拳头为教授职称"讨个说法"算是新闻,那法学院副教授这么做就成了讽刺意味颇浓的法学教育和法治实践悲剧了。毕竟,法学以杜绝暴力为基础,以信仰法律为使命,法学教师都动不动以拳维权,那法律在现实社会中怎能不形同虚设呢?有人因此感叹"法学副教授的老拳打出了法学的悲哀",谁说不是呢?

诚然,我国高校的职称评审从内容到形式均可谓问题重重,亟待重新调整和严格规范,如外行评内行,评审程序违规违法严重,评审过程不阳光公开,来自校内外的行政权力干预相当普遍,等等。此外,还有诸多不足为外人道的潜规则。即便如此,当下我国职称评审还是有法可依、有章可循。对于评审结果不服的任何当事人完全可以依据《高等学校教师职务试行条例》《关于〈高等学校教师职务试行条例〉的实施意见》《高等学校教师职务评审组织章程》

《政府信息公开条例》《高校学校信息公开办法》等法规、规章，向校方或当地教育行政机构申请行政复议，甚至可以到法院提起行政诉讼。

陈某有过讲师、副教授等职称评审历练，对这些法规规章即便不十分熟悉至少也应该知道它们的存在。而身为法学博士且以诉讼法为其学术专长的陈某，如果在教授职称评审过程中确实遭遇暗箱操作等不公平对待，那运用法律武器为己讨个说法、求个公道不正好是学以致用、轻车熟路吗？遗憾的是，他抛开了申诉、司法等正常救济渠道，鲁莽地挥起拳头来替自己出气。殊不知，非理性的冲动不但不能还他一个"公正"，而且注定要让他付出代价、接受惩罚。

在这方面，复旦大学国际关系与公共事务学院副教授陈云博士已然做出了很好的榜样。2008年、2009年和2010年连续三年陈云参评教授职称均名落孙山。面对这种屡败的参评结果，她选择了向复旦校方申请"政府信息公开"，要看看自己屡评屡败的原因到底在哪里，并聘请了专业律师准备必要时走正式司法程序为自己讨个公道。与陈云这种选择法律的理性维权方式相比，法学博士陈某的私拳救济模式诚然是在亵渎法律、背叛法学。他的拳头在伤害林某教授的同时也深深地击中了师道尊严与法治精神。

更让人心生悲凉的是，同为法学博士和法学副教授的西北政法大学谌某在报纸上公开撰文，对陈某的挥拳之举表示"理解"，理由是陈"已47岁，再不评上就没有机会了"，陈是个"已把一生都搭在这个荒唐教育体制的人"。47岁不是临近退休的57岁，才47岁的人怎么就没有机会了呢？仅47岁的人又怎能说"一生"了呢？古今中外不知有多少人在这个年纪才刚刚拉开其人生辉煌篇章之序幕。美国人哈兰·山德士不就是40岁才开启人生的大门，65岁才创立肯德基快餐品牌的吗？就算47岁的副教授真的再也没有机会评上教授，那用拳头去伤害教授评审委员除了暴露自己的草莽痞气之外又于事何补呢？

从这位法学博士的理解中，我们不难感知法学教育的颓废之情和法治前景的暗淡之气。在这方面它与陈某的拳头带给我们的冲击旗鼓相当甚至略胜一筹。

在西方法治史上，法学教授等法律家阶层被公认是法治秩序的创造者。在法国思想家托克维尔眼里，美国的法学家像贵族一样生性喜欢按部就班，由衷热爱规范，爱秩序甚于爱其他一切事物。在美国，法学家用他们的贵族习性去对抗民主的本能，用他们的谨慎观点去对抗民主的好大喜功，用他们对规范的爱好去对抗民主对制度的轻视，用他们处事沉着的习惯去对抗民主的急躁。一句话，法学家是防止美国民主偏离正轨的最坚强堡垒。

但从法学副教授陈某的拳头中和法学博士谌某的理解中，我们看到的不是法治秩序的创造者和平衡民主利器的法学家，而是知法犯法的破坏者和消极乡愿的法律人。一个法学院都能上演暴力悲剧的国度，当然是法治精神沦丧的国度。而连法学博士都对这种暴力表示理解的民族，当然注定要定居法治的彼岸。

面对发生在法学院的此起暴力事件，最该反省的应该是所有的法律人。信仰法律，相信司法，坚守理性，爱好秩序，这些法律人的基本要求你们都做到了吗？唯有法律人都无愧于"法律人"称号时，我们民族才有法律素质养成的标杆，我们国家才能等到法治之花生根发芽、开花结果的那一天。

足球反腐不能仅靠司法

中国足球反腐系列案中的首批案件即将在丹东和铁岭两地宣判，被告人的法庭命运如何正在焦灼着无数国人的神经。这种焦灼所体现的不仅仅是对被告人前程的关注，它更多的是承载着国人对"假球、赌球和黑哨"已然泛滥的中国足球的忧心忡忡，寄托着国人对中国足球的明天的想象与期待。

但用法律武器来反腐能拯救中国足球吗？法官能解决中国足球的腐败问题吗？我看难，不是一般的难而是几乎不可能的难。就像法官解决不了韩寒的代笔问题一样，法官也解决不了中国足球的腐败问题，更不可能通过法槌使中国足球冲出亚洲、走向世界。法官仅仅能判断南勇、谢亚龙、张建强、杨一民等涉嫌足球腐败的人是否有罪和罪恶轻重，仅此而已。救治中国足球，需要的不是治标——判几个人入狱，而是治本——从根源上控制足球腐败。而治本恰恰是手上无钱无剑的法官最不擅长且不宜介入的领域，对于治本法官可谓"非不为也，是不能也"。

关于中国足球腐败早已有一个共识，即它是一个涉及社会、文化和足球的综合征。与世界其他国家相比，中国足球腐败有一个看得见的明显特征，即它是足球官僚的集体堕落。而集体堕落的深层原因在于管办一体、官商一体的中国足球体制。也就是说，造成中国足球今日"假赌黑"盛行的根本原因，是体制而非具体个人。对任何具体的个人的惩罚都仅仅是一种治标行为，而治本则需要改革现行的中国足球运行体制。

权力乃腐败之母，控制权力才能控制腐败。而权力腐败背后的权力分配问题不是法律问题，更不是法官可以置喙的司法问题。所以，司法反腐不可能是中国足球的希望所在，司法充其量只能在拯救足球运动中通过法律威慑助一臂之力，拯救的核心力量不在司法而在司法之外的政治运作。

中国足球元老金正民深有体会地指出，权力过分集中是导致足球腐败的一个重要原因。他说："我们应该引进外国足协的委员会管理方式，要分权。这将推动中国足球走上正轨。"刚刚开启的"管办分离"也许是个好的开始，通过改革才能最终把中国足球推上良性运转之轨道。此乃中国足球告别"假赌黑"的唯一选择。任何别的举措都只是救得了一时、救不了一世的临时止痛贴。如今，中国足球需要的不仅仅是止痛，而是根除、切割它身上的权力集中之瘤。

现代足球，不再是一种无利可图的游戏娱乐；相反，它是一种产业，是一种强大的经济体。对于这项产业，政府需要的是监督，而不是参与。如果政府参与，那实际上会导致政府在这个产业经济体中具有双重身份，扮演着运动员加裁判员的双重角色，其结果当然只会导致这项产业腐化堕落，最终使这种经济体萎缩衰败。是故，政府逐步退出足球产业的投资和经营，还足球以完整意义上的职业化，还自己一个纯粹的监督者角色，才是中国足球彻底走出当前腐败困境的沧桑正道。

有人说，足球是一面镜子，能清晰地反映出一个国家所面临的社会问题。此等论断无疑与我国现状相契暗合。面对层出不穷的社会问题，我们不能过于依赖司法，司法反腐拯救不了早已叶枯根烂的中国足球，政治反腐才能托起中国足球振兴的明天。

明星代言"毒胶囊"的罪与罚

2012年4月15日,中央电视台《胶囊里的秘密》节目甫一播出,"毒胶囊"问题就成为社会舆论关注的焦点,评判之声随之滚滚而来。孙红雷等众多曾为毒胶囊代言的娱乐明星,因此被连带曝光并遭社会舆论猛烈炮轰。那在法律上明星代言毒胶囊的罪与罚该怎么算呢?

窃以为,代言毒胶囊的明星这次可谓是躺着中枪了。在我国当今法治生态下他们罪责难定、追究不易。当然,在道德上他们有罪有责,理应像修正药业等毒胶囊药生产厂商一样向消费者和社会公众致歉。毕竟,他们为毒胶囊做代言广告,事实上扩大和扩散了毒胶囊对社会和公众的危害广度及深度。社会应该宽恕和原谅他们的此等罪责,但他们亦理应为此而真诚道歉、认真悔过并深刻反省。

之所以说代言毒胶囊的明星在法律上几无罪罚,是因为在这方面我国相关立法不是留有空白就是模糊不明,从而导致追究司法责任委实不清不白。

此方面最直接的立法是广告法。此法制定于1994年,至今未作修订的它在诸多方面未能与时俱进,有关明星代言广告罪责之规定付之阙如即为一显例。2009年的食品安全法规定"社会团体或者其他组织、个人在虚假广告中向消费者推荐食品，使消费者的合法权益受到损害的，与食品生产经营者承担连带责任"，但药品不是食品，此其一。其二，胶囊被检测重金属铬超标，其代言广告能否因此被认定为虚假广告不无疑问。民法通则第122条规定"因产品质量不合格造成他人财产、人身损害的，产品制造者、销售者应当依法承担民事责任"，这种连带责任主体可否扩大解释纳入代言广告明星，在法理上有争议，亦无将其纳入司法责任主体之先例可循。

总之，在现行法律体制之下，要追究代言毒胶囊的明星们的法律责任颇为棘手，有立法空白、先例难觅等诸多法理问题。当然，大可不必动用司法机器惩戒代言明星的更深层的原因尚不在此，而在于毒胶囊是如何问世的。

我国有专门用来监督药品生产管理、保证用药安全的法定技术标准——《中华人民共和国药典》，从中央到地方有权责分明的食品药品监督管理局。在立法无遗漏和执法有队伍的情况之下，为何长期以来工业明胶与药用胶囊生产厂商可以明目张胆地交易不误，有毒胶囊又缘何能在各地各级执法者眼皮底下普遍存在且畅销不衰？这才是毒胶囊事件中的真问题。我国药典法形同虚设、药品监督管理人员尸位素餐甚至权钱交易，毒胶囊事件向社会公众所证明的最重要的事实莫过于此，其中最根本的问题亦莫过于此。是故，毒胶囊问题治本之道不在他处，而在于药典法的有效和各地各级药品监督管理人员执"典"有力。

代言毒胶囊的明星诚然有过，但治理毒胶囊问题的关键与他们无关。一味指责毒胶囊代言明星，实乃舍本逐末。我们应该聚焦于各地各级药品监督管理机构及其责任人员，对他们问责到底、惩罚到底；否则，药品安全问题会让吾国与吾民永远伤痛不已。

须把权利当回事

读罢《南方周末》上的报道《一位母亲22天的"精神病"梦魇》,内心涌动着难以抑制的愤慨,正义的本能情感一直在心底呐喊:凭什么不把这位母亲的权利当回事?!

母亲李萍到上海市精神卫生中心为女儿之死"讨个说法",却在那里噩梦般地被当作精神病人强制封闭"治疗"了22天。她被隔离治疗的"病因"是"创伤后应激障碍"。创伤后应激障碍(PTSD)是经历强烈创伤后对创伤经历的"再体验"、"逃避/麻木"或"过度觉醒",明显影响个人生活、工作。在临床上,患有创伤后应激障碍有"自伤"的可能,但几无"伤人"的先例。精神卫生中心将李萍强行投入"隔离病房"治疗,实属别有用心,其背离医学诊治之逻辑至为显然。

《上海市精神卫生条例》是上海所有精神病医院都必须遵守的精神医疗行为准则。它是我国首部规范精神卫生问题的法规,旨在通过立法来保障精神病人的公民权利和人格尊严。该条例第29条规定,在住院治疗上应充分尊重患者的决定权,以自愿入院治疗为主,第32条第2款则写着"住院治疗的精神疾病患者享有通信和会客的权利"。但上海市精神卫生中心在既没有取得警方出具的收治文件,也没有征得李萍本人和其家属同意的情况下，恣意把李萍关进隔离病房并实施捆绑式"看护"，行径近乎野蛮。"三个人用绳子绑着"牵着走，为的是去给老母亲打个电话；和丈夫通话时，"每次只要一提到女儿的事情，院方立刻就把电话掐断，终止他们的通话"。在母亲李萍面前，《上海市精神卫生条例》完全沦为一纸具文，为彰显人道精神而存在的精神卫生中心，其人道何在呢？

"尊重和保障人权"已在此前载入了我国宪法，而"禁止非法拘禁和以其他方法非法剥夺或者限制公民的人身自由""公民的人格尊严不受侵犯"等公民权利规范在宪法上更可谓"古已有之"。上海市精神卫生中心不是司法机关，何来的主体资格去限制曾哀求给其一点点尊严的无病"患者"的人身自由？而侵犯其"患者"人格尊严的种种丑态，所证明的又何啻"仁以为己任，不亦重乎"？

医学不是侵权的通行证，相反，权利理应成为医院（包括精神病医院）侵权的墓志铭。医院的天职在于利用医学知识手段来疗治患者生理或心理疾病，以保护、恢复其人身健康和人格尊严权利，绝不应是像上海市精神卫生中心那样借"看护"之名行限制人身自由、侮辱人格尊严之实。

美国著名法学家德沃金在《认真对待权利》中曾指出："如果政府不认真地对待权利，那么它也不能够认真地对待法律。"同理，如果医院不认真地对待权利，那么它就不可能认真地对待患者。普通医院如此，精神病医院亦如是。面对这位母亲的冤屈，我们要质疑上海市精神卫生中心的行为，我们要为之发出最强烈的呼吁：须把权利当回事！

受害者真的很无辜吗

——关于集资诈骗犯罪"受害者"的六点疑问

众所周知,集资诈骗犯罪近年来在我国颇为频发。因为此类犯罪中的受害者多半不是一两个人,而常常是十几人、几十人甚至数百人,所以,集资诈骗犯罪又往往是深受社会舆论关注的大案要案。从法学界到社会民众,都主张对集资诈骗犯罪严惩不贷。与此民意相呼应,现行刑法对于这种涉众型经济犯罪的处罚,可谓毫不手软,过去有不少被告人因此罪而被判死刑。所幸2015年8月,全国人大修改刑法,废除了原来的刑法第199条,较有争议的集资诈骗罪死刑之规定,由此而成为历史。

然而,集资诈骗犯罪中的受害者,真的都是无辜的吗?而涉嫌集资诈骗犯罪的集资人,都罪有应得、十恶不赦吗?其实,在集资诈骗犯罪形成过程中,受害者的态度,即便对最终的犯罪结果未起着决定性作用,那也在很大程度上影响到实害后果的发生。德国犯罪学先驱冯·亨蒂曾指出:"受害者必须被看作决定性因素之一,犯罪行为人与受害者之间,通常建立着一种邪恶的共生关系。"的确,唯有将集资诈骗行为人的行为,置于与受害者互动的共生关系中,才能真正认识案件事实的真相。容详述之。

一、受害者是不特定的社会公众吗?

根据最高人民法院的司法解释,集资诈骗罪在客观上均表现为向社会公众非法募集资金。在刑法理论上,要成立集资诈骗罪,其受害者必须是属于不特定对象的社会公众,否则,不足以被认定为集资诈骗犯罪。然则,司法实践中,受害者往往并非不特定的社会公众——陌生人,大多数都是特定的本地熟人。实证研究表明,非法集资"多发于熟人之间,犯罪嫌疑人多为本地人员"。犯罪嫌疑人多为本地熟人,必然意味着犯罪嫌疑人与受害者相互熟悉,亦即受害者并非不特定的社会公众。

如在备受关注的浙江东阳吴英案中,向吴英提供资金的11位受害者,跟吴英保持着多年的密切往来关系。这些人不仅不属于社会公众,而且是职业高利贷经营者。又如在浙江温州张某已集资诈骗案中,受害者均系张某已亲友和有私交的客户,而非社会公众。再如在湖北咸宁王柳明集资诈骗案中,受害者中大部分都是王柳明的亲友及其公司内部员工。类似这种受害者非社会公众的案例不胜枚举。

大量集资诈骗犯罪案件表明,有相当比例的受害者与集资人之间,属于亲属、同事、同学、战友、朋友等熟人关系。我国属于典型的熟人社会,亲朋好友之间的资金借贷活动,古已有之,于今为盛。集资诈骗罪的立法规范,无疑不会违逆传统的民间借贷习俗而将之犯罪化。否则,禁止非法集资的立法规范将被人为地"升级"为禁止亲朋好友之间自由借贷的裁判规范。

二、受害者个个都属社会弱势群体吗?

对于集资诈骗犯罪,历届政府一贯坚持严厉打击之立场。除压倒一切的"维稳"式执法思维外，固守此等立场的另一个重要根据，是受害者属于社会弱势群体，更需要得到刑法和刑事司法的强有力保护。如2007年《国务院办公厅关于依法惩处非法集资有关问题的通知》（国办发明电〔2007〕34号）中就强调指出，非法集资严重损害群众利益，使受害者（多数是下岗工人、离退休人员）损失惨重，极易引发群体事件，甚至危害社会稳定。

事实果真如此吗？民间金融领域属于有钱人的专利，根本没有富余资金，还在为面包或房子而奋斗的社会弱势群体，几乎不可能成为被集资的对象，他们沦为集资诈骗罪受害者完全是小概率事件，不具有代表性。易言之，集资诈骗罪的受害者，绝大多数都是先富起来的人，他们中间"土豪"亦比比皆是。

如在吴英案中，借款给吴英的只有区区11人，而他们先后借给吴英的集资款却多达7.7亿元。这些受害者如果也属社会弱势群体，那还有谁不是社会弱势群体呢？又如在内蒙古王英、李某甲集资诈骗案中，受害者有王某甲等10人，而他们借给被告人的资金共计882.6765万元，人均超过88万元。在经济尚欠发达的内蒙古，能拿出88万元集资款的人，无论如何不能算是社会弱势群体吧。现实生活中，的确存在一些中老年人，拿出半生的辛苦积蓄参与非法集资，最后沦为受害者。对此类人员我们"哀其不幸"，但依然不宜把他们视为社会弱势群体。毕竟，有几万元、十几万元甚至几十万元积蓄之人，或许算不上是经济上的强者，但无疑也不属于特别需要刑法（而非其他法律）给予保护的社会弱者。

三、受害者能自我保护吗？

德国刑法学家许内曼在探讨受害者角色时，曾指出："刑法必要性和该当性原则，要求预防社会危害，当受害者有意疏忽自己的利益，从而导致社会危害发生时，适用刑罚则不恰当。在欺诈情形中，当受害者认识到犯罪行为人的主张，可能不真实甚至是错误时，尽管仅仅是怀疑，他的利益便不应受到刑法的保护。"简言之，受害者的自我保护，应该优先于刑法保护。唯有当受害者自我保护变得不可能，且借助民事、行政等法律法规，不足以保护受害者时，才能祭出刑法这个撒手锏。

一个基本的常识是，集资诈骗犯罪要得逞离不开受害者的互动与作为，而且其互动和作为是出于受害者的自主决定和自愿自为，否则，犯罪嫌疑人在刑法上所犯的就不是集资诈骗罪，而可能是抢夺罪、侵占罪、敲诈勒索罪等其他犯罪。当集资人虚构资金用途等诈骗行为，并未使受害者陷入认识错误，受害者出资的主要原因，在于贪图出资行为所带来的高额投资回报时，那么受害者的出资理应被视为通常意义上的金融投机行为。对于这种由集资人发起的金融投机行为，受害者完全能够自主决定是否参与。受害者决定出资时，对其资金安全问题，有充足的自我保护能力。对于受害者足以自我保护的经济犯罪，刑法是否应该事后对之予以保护和救济，无疑值得商榷。

首先，它涉嫌对受害者财产投资（投机）的不当干预。受害者为谋求高额回报，而拿自己的资金去投资和投机，在现代市场经济时代已是司空见惯，其对他人权益和社会秩序并未构成侵害。此等自我决定行为，属于人格自由发展范畴，受到我国宪法的认可与保障。是故，受害者不管是投资还是投机，都不应对之作法律上的评价，对此刑法尤其应该保持沉默，而不是积极干预。

其次，干预可能会带来财产损害之不利后果。以集资诈骗罪处罚集资人，对受害者而言不但于事无补，而且可能为害不浅。因为金融市场云谲波诡、瞬息万变，集资人如果未被定罪判刑，那其时来运转、东山再起的可能性完全存在，亦即受害者所受破财之灾，一夜之间得到全部返不是不可能。在司法实践中，有不少受害者主动出具刑事谅解书，表示不希望集资人遭遇牢狱之刑，有的受害者还对公安机关的侦查行为公开抵触，甚至以上访的形式对侦查机关施加压力，反对刑法干预他们的投机集资行为。受害者何以如此，难道不值得立法者、公诉人及法官深思与反省吗？

我国开启市场经济模式，迄今已逾三十余载，风险观念早已像市场观念一样深入人心。就是去证券公司开个账户，也会被告知"股市有风险，入市需谨慎"。绝大多数受害者属于先富起来的灵通人士，他们对高利借贷和金融投机的风险，即便缺乏充分的认知，那也不可能一无所知。受害者都具备完全的民事和刑事责任能力，刑法应该将他们看作享有人之尊严的普通人，而非不能自我决定和自我负责的特定人士。

四、受害者到底是认识错误被骗，还是自陷风险投机？

如果当初面对集资人的资金高回报率和一夜暴富之极度利诱，出资者始终守财如玉、一毛不拔，那他们后来就不可能沦为受害者。受害者对其财产的自愿投机（投资），乃是集资诈骗罪既遂的一个基本条件。问题就在于，这种自愿投资（投机），是因认识错误之故，还由冒险投机驱动？在集资诈骗案件中，受害者即便存在认识错误，那也不仅仅限于对集资人宣扬的回报蓝图这一个方面，它更多的是对冒险投机后果的认识不足。而后者与集资人无关，应主要归责于受害者自己。

如上所述，大多数受害者与集资人都是亲友熟人，而且他们都是头脑灵活的先富起来的人，这意味着受害者并非在"无知之幕（或曰毫不知情）"中将资金交付给集资人。相反，他们对集资人过去是什么样的人、现在在做什么等基本信息，即便不是了然于胸，那也绝非一无所知。作为多发于熟人之间的关系犯罪，集资人的欺诈行为要完全把受害者蒙在鼓里何其难哉，甚至根本不可能。司法案例表明，大多数受害者都不是由于集资人的欺诈行为而陷入认识错误，他们最终决定交付其财产的原因是复杂的、动机是多样的，将它们一概归咎于受害者的认识错误，实乃武断之至。

如在吴英案中，当侦查人员问受害者"你为什么要借钱给吴英"时，受害者说的答复是："主要是想赚点钱，另一个考虑本色（按：吴英系浙江本色控股集团法人代表）名气很大，我想她发展起来，将来也可以帮助我。"面对受害者如此之坦陈告白，我们有何理由判定集资人吴英实施了欺诈行为呢？更怎么好意思说，受害者处分其财产是由于吴英欺诈而陷于认识错误之故呢？也难怪一位出资者曾这样反问吴英案调查记者："你们为什么认为我会受骗？"并对记者说："我为什么要恨吴英？借钱给吴英是我自己选的，我也没看准！说她是骗子我不同意，我们理解的风险，和你们理解的风险不一样。"

类似这种不存在集资人欺诈和受害者认识错误情节的集资诈骗案，在司法实践中俯拾皆是、不胜枚举。受害者在交付资金时，或者对集资人是否虚构资金用途，及出示虚假的证明文件了无兴趣，或者高度怀疑但依然决定交付资金。因为高额资金回报与快速暴富诱惑，以及其他种种臆想的利好，已然驿动了他们的心。出资者决定冒险一搏的投机心态，才是他们最后沦为受害者的内因，其被害与认识错误关系了了。这种由金融投机心理驱使，而自陷风险的冒险被害，在集资诈骗罪案例中，实乃见怪不怪。

在这种自陷风险的冒险赌局中，投机并非集资人独占的心态，而是一种相互依赖和缠绕的关系。当受害者利用了集资人的冒险，那必定意味着受害者的冒险被集资人所利用。这中间基本不存在欺诈和认识错误问题，受害者和集资人均被投机冲动及暴富欲望所俘房,双双有意无意地自陷风险,事情的真相莫过于此。

大多数集资诈骗案件都属于不受法律保护的民间高利借贷纠纷。受害者的投机贪利心理,乃是高利借贷屡禁不止的内因,看似是施害者的集资人,其实最终亦沦为受害者。在此类案件中,受害者与集资人的界限是模糊的,被告人(集资人)同时也是受害者。在集资诈骗案件中,由诈骗行为引起受害者认识错误,实乃少见鲜闻,而共同的投机心理和心照不宣的相互利用,则是公开的秘密。

五、受害者确实需要刑法保护吗?

在集资诈骗犯罪中,资金高回报率是实害结果最终酿成之酵母。受害者与其说是被"虚构资金用途"和"虚假的证明文件"所欺骗,毋宁说是被高回报率所吸引和打动。资金回报率明显超过银行同类贷款利率的四倍,在集资诈骗案件中相当普遍,回报率接近100%,甚至超过100%亦屡见不鲜。而根据我国有关司法解释和中国人民银行的有关规定,回报率超过银行同类贷款利率四倍的,就属于不受法律和司法保护的民间借贷,可以定性为非法的高利借贷。换言之,受害者为了明显超过法定标准的高回报率,而将大笔资金借给集资人(注意:受害者先后多次,而非唯一一次借款给集资人的反复借贷现象,相当普遍),其行为本身就不具有合法性,不受法律保护。既然如此,那事后借助于对集资人自由和财产影响至为深远的刑法来保护受害者,岂不成了用刑法来保护非法?

金融乃是现代市场经济的血液。当下我国,金融市场基本处于政府垄断的封闭状态,民营企业和创业群体融资困难,此诚民间借贷、高利借贷和地下钱庄异常活跃的制度原因。已有的研究表明,修订和完善我国的相关金融法律制度,肯定民间借贷的融资功能,为民间金融预留合法化空间,才能有效规制民间借贷和非法集资。从这个意义上说，真正要保护集资诈骗案件受害者，最根本的方式在于，修订我国商业银行法、证券法等金融法律，使民间融资及金融行为有法可依，而不是像如今这样被明令禁止和严厉打击。非法集资在我国有愈演愈烈之势，试图借助集资诈骗罪的高压刑罚来保护受害者最终是事与愿违。刑事司法实践一再证明，对于集资诈骗犯罪受害者的财产保护，刑法委实难以承受之重。更主要的是，集资诈骗罪受害者用不着刑法保护，适用民事侵权及欺诈方面的法律，或许可以更好地对其进行保护。

六、自陷风险的受害者，应对实害结果担责吗？

其实，与普通诈骗罪受害者相比，集资诈骗罪受害者，其对自陷风险所应承受的责任更大，亦更不应受到刑法的特别保护。因为集资诈骗犯罪过程中，受害者与集资人之间的资金交易行为，一般都有借条为凭证，或签订了借款协议，有些甚至用其他财产作抵押，以担保借贷行为安全。从法律上看，他们双方的资金交易行为，所确定的是民事债权债务关系，将之纳入刑法调整范围，其正当性不无疑问，此其一。

其二，受害者将大笔资金借贷给集资人，且不同时间多次借贷较为普遍，为的是谋取高额的甚至为相关法律所禁止的利率回报，实质上是以借贷的方式甚至进行投资和投机，只不过是依赖集资人的间接投资而已。如此定性就足以证明，所谓集资人具有非法占有之目的，实乃从投资失败、无力还贷之结果推导主观原因，与客观事实毫无关联。这种以高利借贷面目出现的投资与投机，之所以屡禁不止，长期盛行于民间，其中一个重要原因当然是它有失败的风险，更有成功的案例。

试想，如果每位出资者即受害者，最后都无一例外地全盘皆输，此等高利借贷式投资，怎么会在民间社会长盛不衰呢？然而，对于借贷式投资成功，执法者就不闻不问——至今尚无投资成功，而集资人被追究刑事责任之先例。而一旦投资失败，执法者就拿集资人是问，执法者岂能如此成王败寇？出资者借助集资人投资成功，就盈利千千万万；一旦投资失败，则有刑事执法为其追缴本金，出资者即受害者始终坐收高额回报之利，而无须承担任何风险，这显然违背金融投资市场风险与回报对等法则。如此一来，集资诈骗罪不但不能有效规范和治理民间高利借贷，而且分明是在鼓励人民进入此等不必承担任何风险的投资（投机）领域。集资诈骗罪的出台，丝毫未抑制民间高利借贷之高发态势，就是最好的明证。

没有集资诈骗犯罪受害者对其财产的交付行为，即受害者不自陷风险，那所谓集资诈骗犯罪根本就不可能得逞。不顾受害者的自愿交付即自我决定权，强行用刑罚来惩治集资人，此等立法无疑具有明显的家长主义作风。而家长主义并非自由的保护者，相反，它在很大程度上阻碍和威胁着自由。德国哲学家康德说过，没有人能强迫我，以他自己的方式获得幸福。英国思想家伯林曾言，家长制是可以想象的最大的专制主义。之所以如此，是因为家长制不把人当作自由的人来看待，而把他们看作我这个仁慈的改革者，根据我自己，而不是他们的自由意图，来塑造他们的生活。

近代启蒙思想家洛克指出："法律充其量只保障公民的财产和健康，不受他人的欺诈和暴力的侵害，而不能保障所有者自己，不会对财产漫不经心或管理不善。一个人不论其愿意与否，谁都无法强迫他，一定要发财致富或身体健康。不，上帝自己也不会违反人们的意愿来拯救人。"当我们以保护受害者的名义，对集资者实施严刑峻法时，别忘了受害者可不是无辜的。没有他们对其财产的照顾不周和冒险投机，哪来集资者集得盆满钵盈？对于集资者最后的失败，谁能说出资者没有任何道义上的责任？他们沦为受害者究竟有多冤，恐怕他们自己都没底气说出口吧。

让法治的阳光照进劳教所

2013年4月6日,长篇报道《揭秘辽宁马三家女子劳教所:坐老虎凳绑死人床》在《lens视觉》杂志上甫一刊出,就在社会上引起了巨大反响。对马三家女子劳教所里的黑暗与非人道,人们深感震惊,出离愤怒。

在法理上,劳教制度违反我国宪法等法律毋庸置疑,它是一种与法治人权之时代潮流明显抵牾的恶的制度。然而,我们万万没有想到的是,劳教所竟然恶到强迫劳教女子坐老虎凳、将劳教女子绑死人床的惊人地步。

尽管该报道所描述的骇人细节尚有待执法机构或有关主管部门去核实查证,但在此我们不能不呼吁:现在、立即、马上,着手劳教所的整顿和改革工作,让法治的阳光充足地照亮劳教所的各个角落,以便每个被劳教人员都能切实享有现行各项劳教法规所赋予他们的种种自由和人权,以使他们每一个人在劳教期间都能有尊严地生活,活得像个人样。

现行规范劳动教养的法规和规章,主要有国务院、公安部、司法部等机构制定的《国务院关于劳动教养问题的决定》、《劳动教养试行办法》、《公安机关办理劳动教养案件规定》和《劳动教养管理工作执法细则》等。如果劳教所能严格执行此等法规及规章，那类似坐老虎凳、绑死人床这种不是酷刑但胜似酷刑的残忍、非人道惩罚现象，根本不可能出现。

从劳教人员的饮食起居到干活劳动再到惩罚机制，马三家女子劳教所不是偶尔与上述法规、规章相抵触，而是完全无视其存在，从而使少则上千人多则达五千余人的被劳教人员，长期生活在一种吃不饱、睡不暖、劳动强度高、惩罚机制毫无人性的极端恶劣环境中。

一天劳动最低 10 小时，一般 12 小时到 14 小时连轴转。早上 5 点起床排队出工，从 6 点半工作到 11 点半，接着从 12 点半工作到 17 点。长期如此长时间地劳动，谁受得了呢？但马三家劳教所里的所有女子被劳教人员都必须严格遵守这种高负荷的工时制度。而支撑她们如此"不知疲倦"地劳动，食物竟然只有窝窝头、白米饭和白菜萝卜。

司法部劳教局规定，劳教人员每天劳动不得超过 6 小时，因季节、工期等特殊原因加班须经劳动和教育部门审核，且每天最多增加 2 小时。关于劳教人员的伙食，公安部《劳动教养试行办法》和司法部条令规定，劳教人员的伙食和医疗由国家承担，劳动教养人员的口粮、副食品按照当地国有企业同工种定量标准供应。由此可知，马三家劳教所白菜萝卜的伙食和 10 至 14 小时的劳动强度，与现行劳教法规、规章相距甚远。

不幸的是，同样相距甚远的还有惩罚机制。《劳动教养管理工作执法细则》明文规定，使用警棍限于发生逃跑、骚乱和暴力袭警等情形。对老、弱、病、残以及未成年和女劳动教养人员，一般不得使用警棍。但在马三家劳教所，使用警棍算是"毛毛雨"，用电击、上"大挂"、坐"老虎凳"、缚"死人床"等惩罚才算得上是动真格的惩罚。这种融人格羞辱和肉身折磨为一体的残忍惩罚，就是用于监狱犯人身上亦不可思议,但马三家劳教所里的女子被劳教人员却常常面临着这种非人道的惩罚,劳教之恶莫此为甚!

面对马三家劳教所里非法尤其是非人道的种种罪恶,我们无法平静,谁都难以容忍。所有人都必须为尽快结束那里所发生的一切野蛮行径而努力。让法治的阳光照射进马三家劳教所的每一个角落,使那里的每一位被劳教人员都能享有现行劳教法规和规章赋予她们的各项基本自由和人权,这是我们义不容辞的法律责任和良知义务。

我国新一届政府已经承诺2013年将停止使用劳教制度,并将劳教制度改革作为今年政法工作的一项重点任务。但劳教制度的正式废止必将是个为时不短的过程。在这个过程中,我们首要的是铲除劳教所里的所有非法现象,将劳教实实在在地纳入法治化轨道,使劳教人员至少像监狱犯人一样,拥有人格尊严,享有基本人权,既能免于饥寒之苦楚,又能免于残暴之惩罚。

李克强总理曾庄严宣布,要建立一个"对法律敬畏、对人民敬重、敢于担当、勇于作为的政府"。马三家劳教所里发生的一切足以证明,法律有时不是被敬畏而是被废弃,人民有时不是被敬重而是被摧残。对此再要容忍,那就是没有担当,无所作为。既然已经有媒体将马三家劳教所的非法行径公布于众,那我们相信政府将全力撞破马三家劳教所封闭的大门,并对之依法从速予以整改,让法治的阳光能平等地照射到马三家劳教所里的每一块泥土、每一扇窗台和每一个人。

改革劳教制度的号角已然吹响。在这个注定复杂而又漫长的过程中,我们固然可以浪漫地畅想着没有劳教制度的美好未来,但当下我们务必行动起来,切实让法治的阳关进驻各个劳教所,因为那里正生活着一大群劳教人员,他们可能正过着一种没有尊严、备受磨难的非人生活,就像马三家女子劳教所的女子被劳教人员一样。

影响性诉讼：为法治奠基

2009年十大影响性诉讼已经发榜了。"躲猫猫"、开胸验肺劳动仲裁、唐福珍"暴力抗法"、邓玉娇案、"钓鱼"执法、河南灵宝"跨省抓捕"、杭州"飙车"、冒名顶替"罗彩霞"、李庄案、"临时性强奸"改判等十起案件入选。

连续三届的十大影响性诉讼评选活动，得到了越来越多的关注。据统计，本届共有35万人参与投票评选，这说明影响性诉讼越来越深切地影响着人们的法治意识、社会的法治观念以及国家的法治建设。影响性诉讼正在潜移默化地改变着我国的法治，它在悄然地为我国法治奠基，这个事实不容否定。

不妨看看这次评选出来的十大影响性诉讼，分别在哪些方面夯实了我国的法治根基。

躲猫猫。"谁来看守'看守所'"背后更实质的问题，是像李荞明这种被羁押人员的生命权等基本人权应如何保障。与普通人的人权相比，被羁押人员等特定群体的人权更值得关注和关怀，对他们的人权的保障力度，才是衡量一个社会人权保障程度的最佳标杆。通过本案，人们第一次但又是深深地感知到《看守所条例》的合法性和合宪性问题原来竟人命攸关。相信不久的将来该条例会被修订，

"躲猫猫"事件必将成为被羁押人员等特定主体的人权保障进步的阶梯。

开胸验肺劳动仲裁。农民工是我们这个社会的弱势群体,这有目共睹,令人酸楚。面对维权机制缺乏的冷酷现实,河南农民工张海超选择了"开胸验肺",以牺牲自己的身体来维护自己被"尘肺"的权利。如此沉重的身体维权,给我国的劳动者权益保障机制和权利救济机制上了相当沉痛的一课。我国劳动者的权益保障和权利救济机制缺胳膊少腿特不健全久矣。如何完善这两种机制,使劳有所保、老有所养,是一项不容忽视的人权问题。张海超的开胸无论如何不能白费,期待它能成为我国解决此等人权问题的最好契机。

唐福珍"暴力抗法"。与张海超相比,四川农民唐福珍"自焚"维权更加沉重,悲剧十足。如此"不维权,毋宁死",说明该是对有关拆迁法律及执法体制进行"拆迁"的时候了。包括土地权在内的财产权因"拆迁"而失去保障在我国已是见怪不怪了。财产权的保障是人格独立发展的基本前提。德国哲学家黑格尔就曾指出:"人唯有在所有权中才是作为理性而存在的。"以自焚抵抗拆迁条例下的强拆,证明了唐福珍是理性的存在,她是在为人格独立发展而斗争。如今她的自焚之火已经化成法治拆迁的文明之光,照亮了《国有土地房屋征收与补偿条例(征求意见稿)》的前进之路。

邓玉娇案。法院最终判决湖北巴东女服务员邓玉娇犯故意伤害罪,但免予刑事处罚,这被称为"庶民的胜利",亦即网络民意的胜利。有人质疑法官的理性是否该向激荡的网络民愤低头。斯言诚哉。如果由于民意压力事实上造成司法对邓玉娇的保护救济"过当",那对死者邓贵大及其亲属是不公正的。更有人反思,在后邓玉娇时代究竟有多少民意可以重来。窃以为,这才是本案带给我们的最大的问！任何依赖网络民意才能赢得公平正义的个案诉讼，其影响越大，对整个社会走向法治所产生的负面效应或许亦越大。如何在没有滔滔民意的平静状态下，实现每个个案司法程序和裁判结果的合法合理，实乃邓玉娇案这个影响性诉讼留给我们的不容回避的思考。

"钓鱼"执法。钓鱼执法的本质是执行法律的政府部门知法犯法，它以下设诱饵的方式所执行的与其说是法律，毋宁说是它手中的部门利益。在法治成熟国家，任何政府部门都没有自己的部门利益，它的所有执法行为都纯粹是为了公共利益和法治的社会秩序。上海城管行政执法部门对张晖、孙中界等人钓鱼执法，公开暴露了公权力行使本身是缺乏诚实信用和职务伦理的，这是公权力在道德上堕落、在法律上滥权的绝佳例证。政府诚实信用才能推动社会诚实信用，政府法治执法才能引领人民懂法守法。钓鱼执法的冬天来了，法治执法的春天应该就不远了。

河南灵宝"跨省抓捕"。在上海工作的河南人王帅"因言获罪"，遭遇"跨省追捕"，这说明言论并不自由，追捕已无界限。一组"抗旱绝招"照片也能成为"诽谤、污蔑政府抗旱不力"的法律证据，真的是欲加之罪何患无辞啊！其实，在法治成熟国家，是不存在诽谤、污蔑政府这一说的。有关政府的任何言论都是允许的，即人民有充分评价、批评政府的基本自由，至于具体如何评价和批评政府那是个人的自由选择。对有关政府的赞美之音不鼓励、批评之声不限制，这是法治政府的国际惯例。但愿跨省抓捕事件只会使我们距离这种国际惯例越来越近，而不是越来越远。

杭州"飙车"。杭州警方首次公布车速70码的调查结果，使"70码"（欺实马）迅速成为红遍大江南北的热门词汇。何以如此？因为大概只有白痴才相信70码能将一个大活人撞飞致死。但本案的最大启示不在于警方的调查是否严肃诚实,而在于司法对闹市飙车行为该如何定罪,以及立法如何完善危害公共安全罪的处罚量刑。法治的底线是公共安全有基本的保障。闹市飙车明显冲破这道底线因而宜从重处罚,但问题是我们的立法和司法在这方面都没有做好应有的准备。青年谭卓的逝去能换来从速"亡羊补牢"吗?答案应该是肯定的吗?

冒名顶替"罗彩霞"。这是湖南版的"齐玉苓案"。此案再次提出了一个让全社会都焦虑不已的大问题,即如何保障弱势群体的受教育权,无分贵贱的教育公平会不会成为传说。受教育权是一项受宪法保护的基本人权。《世界人权宣言》也规定"人人都有受教育的权利……高等教育应根据成绩而对一切人平等开放"。但地域歧视、权钱交易在我国高校招生中早已是司空见惯。没有招生部门的滥权腐败,哪有罗彩霞被冒名顶替?所以,强化法治高考、法治招生已是刻不容缓。教育机会平等是社会平等的起点。保障每个人的机会平等在我国依然任重道远。

李庄案。有人认为,"李庄案的宣判将成为一个被历史记住的时刻。该案的有罪判决,在不经意间削弱了权利与正义的屏障。"所幸有罪判决尚是一审结果,李庄最终是否有罪我们还可以侥幸期待。如果二审推翻了一审判决,那律师这道权利和正义的屏障终将在"重庆打黑"的狂澜面前岿然未倒。本案的关键并不在龚刚模为何神奇地"揭发"自己的律师李庄,而在于对李庄的审判怎么会呈现出惊人的"重庆速度",以及原本个个可以出庭作证的八位证人为何无一人现身法庭。这还是现行法律之下的问题,更深层的问题是本案适用的刑法第306条,即所谓辩护人伪证罪的规定符合法治精神吗?这一刑法条款是合宪的良法吗?李庄案二审会化解这些攸关律师职业前途命运的疑问吗?相信会,祈祷它会。

"临时性强奸"改判。浙江湖州南浔法院考虑到邱某、蔡某对两名女性实施的奸淫属"临时性的即意犯罪",判处他们各有期徒刑 3 年。后经湖州市中院再审,邱某、蔡某最终分别被判处 11 年和 11 年 6 个月。案情本身异常简单,且无复杂的背景因素掺杂其中,为何两次量刑相差如此之悬殊?难道刑法第 236 条有关强奸罪处罚量刑之规定是可以随法官恣意拿捏的泥团?"临时性强奸"流行于我国长城内外说明,提升法官尤其是基层法官的法律素养和职业伦理已是刻不容缓、时不我待。法官如何适用法律直接攸关着司法的公信力以及法治本身的存亡兴衰。

以上十大诉讼案件都在各自领域对我国法治产生了或大或小的影响。它们是我国改革开放四十多年来法治观念进步、权利意识觉醒的标志。同时,身为影响性诉讼的它们,必将在推动我国立法、执法和司法进步方面扮演着不容低估的角色,有了它们为我国明天的法治奠基,我们没有理由不乐观地看待我国法治的明天。

泰国宪法为何对总理兼职说不

2008年9月9日，泰国宪法法院就总理沙马·顺达卫在任职期间受雇于一家私营电视公司并主持电视烹饪节目，是否构成违宪案作出判决。九名大法官一致认为，沙马总理的兼职行为违反了泰国现行宪法第267条：此条禁止总理任职期间在外兼职获利，也不能担任公司企业的员工。基于此等违宪事实，法院根据宪法第182条之规定剥夺了沙马总理职务。这位2008年1月上任的泰国第25位总理，由此成为泰国历史上被法院判决违宪而被剥夺职权的第一位总理。

登上政坛之前，沙马是泰国烹饪界的名厨，曾在一家电视台主持过7年的烹饪节目《品尝与抱怨》。出任新组织的联合政府总理职务后，沙马依然对电视烹饪节目乐此不疲，百忙之中曾到一家私营电视公司出镜4次，展示自己的拿手好菜，并为此获得了8万泰铢（约合人民币1.6万元）的酬金。就在沙马第4次出镜的2008年5月，泰国国会上议院的一些议员针对沙马在电视台上演的烹饪秀向宪法法院提起了宪法诉讼，指控沙马担任总理职务后又外出兼职受雇于私营公司，违反宪法有关内阁成员不得担任私营企业雇员之规定。两个月后的7月，泰国选举委员会亦针对沙马向宪法法院提出了同样的指控。

在宪法法院作出判决的前一天即9月8日，沙马曾出庭辩护。他声称自己并非电视台的员工，每次主持烹饪节目仅获两万泰铢的出镜费，并辩称这些钱是用于购买做节目的原料和交通费。沙马还强调，他主持这个电视节目纯属出于个人爱好，并不是作为一项工作或是为了金钱。沙马的辩护律师坚称沙马是被人"劝说"去帮忙主持节目的，因而不是该公司雇员。但控方坚持认为，沙马受雇于这家私营电视台。法院认为，沙马无论是作为该私营电视公司员工还是合伙者，都触犯了泰国宪法第267条，而且沙马提供的其在主持节目期间只接受了交通费用的证明与该电视台所提供的报偿证据不符。因此，宪法法院判决沙马因违宪行为而立即中止其总理职务。

泰国现行宪法是该国历史上的第18部宪法，于2007年9月颁布实施。该宪法规定内阁成员不得受雇于私营公司，不得从事兼职工作，为的是防止兼职工作与公共利益发生冲突。这种由兼职带来的利益冲突现象在泰国可谓屡见不鲜。在沙马的前任他信身上亦发生过这种利益冲突。

他信1994年开始从政，同年10月出任泰国外交部长。不久，他信因不愿放弃他在西那瓦电脑服务与投资公司的职务而与泰国宪法规定相悖，因此于1995年1月宣布辞去外长职务。2001年2月就任泰国总理后，他信尽管开始将自己在西那瓦公司的股份转移给家人，并逐步脱离家族企业，但有关他"以权谋私"的指责一直不绝于耳，并长期被反对派讥为"CEO总理"。毫无疑问，发生在总理他信身上的这种利益冲突是泰国2006年9月爆发军事政变的原因之一，亦为他信本人为国人尤其政府反对派所诟病的重要根源所在。

事实上，像泰国现行宪法那样为规避利益冲突计，而在宪法中明文规定政府公职人员不得在其他公司企业兼职可谓古已有之。人类历史上的第一部成文宪法——1787年的美国联邦宪法——就在其第2条第1款第6项中规定："总统于任期内不得从联邦或其中任何一州领取其他报酬。"当年美国制宪者之所以在联邦宪法中特地写下此等宪法条款，其原因无他，仅在于相信人不是天使，掌握政府公共权力之人尤其不是天使，宪法必须明文规定公职人员要回避利益冲突，此乃人民控制政府的必要预防措施。

经验证明，宪法中的这种预防手段在控制公职人员的滥用职权以及政府本身的廉洁自律上均收效明显。或许正是源于这种经验事实，"二战"后的德国亦仿效先贤，其《基本法》第66条即规定："联邦总理及联邦阁员不得从事任何其他有给职务、经营商业或执行业务，未经联邦议会之同意不得为营利事业之董监事。"由此看来，泰国新宪法第267条之规定完全合理正当，该国宪法法院据此判决沙马违宪进而中止其总理职务委实公平正义、合法合宪。

虽然沙马兼职看起来是鸡毛蒜皮的小事，不值得动用宪法，但是《圣经·马太福音》有言："一个人不能侍奉两个主：不是恶这个爱那个，就是重这个轻那个。"总理等国家公职人员在任职期间兼职，无疑属侍奉二主。一个人同时侍奉二主必然会导致利益冲突，宪法禁止任何政府公职人员外出兼职就是为了避免此种冲突之发生。对于任何视宪法此等规定为无物的人，宪法法院理应发挥宪法的规范效力，严格依宪裁判所有的违宪之举，否则宪法就徒有其名，有宪法而无宪政。

泰国何以宪法常有秩序常无

2009年泰国"红衫军"发动的反政府集会游行吸引了世界各国的眼球。这个原本善男信女的东南亚佛国何以宪法常有而秩序常无，委实值得正在走向民主化的中国好好思考。

2008年4月，泰国刑事法院对包括前总理他信在内的14名示威活动领导人发出了逮捕令。自3月26日发起的一场旨在反对泰国阿披实政府的全国性游行示威活动，终于显示出落幕迹象。持续的大规模示威游行不但使泰国经济元气大伤，而且还赔上了泰国的国际形象。本定于4月11日在泰国帕塔亚举行的东盟与对话国系列峰会，因示威者冲击会场而被迫取消。已经聚集到泰国的东亚各国领导人，不得不才落地又起飞而各自打道回府。

泰国长期以来持续上演的激烈民主政治生态带给人们的思考可谓且深且远。自1932年实现民主化至今，泰国先后颁布了18部宪法，民主化的泰国是典型的宪法常有秩序常无国家。在这个全民皆佛徒的"黄袍之国"，为何宪法常有而秩序常无呢？兹事体大，在此只能就事论事地略陈管见。

阿披实政府是2008年12月颂猜政府被泰国宪法法院宣告解散后建立起来的。2008年12月2日，泰国宪法法院就2007年12月议会选举贿选案作出判决，宣布解散执政联盟中的人民力量党（民力党）、泰国党和中庸民主党，这三个政党的执行委员五年内不得参政。这一宪法判决使身为民力党执行委员的泰国时任政府总理颂猜·翁沙瓦，失去了继续担任总理之资格，颂猜政府由此宣告结束。颂猜政府成立于2008年9月24日，它是9月9日沙马政府因宪法法院判决而倒台的产物。三个月内两任政府皆因宪法法院判决而解散，泰国政治局势发展至如此田地令世界惊诧不已。环诸世界民主法治国家，宪法法院都是宪法与秩序的守护者，但凡有宪法法院等宪法审查机构的国度不但有宪法，更有依据宪法而建立起来的国法秩序——现实的宪政状态。缘何泰国宪法法院的宪法判决带给泰国的不是违宪情形之消除、宪法秩序之稳固，而是政府被推倒重建、秩序被打破难复呢？

自推行政治民主化以来，选举贿选就一直与泰国民主如影随形，堪称是泰国的一大政治风景。但在司空见惯的政治贿选中被告上宪法法庭的并不多见，至今由宪法法院判决的影响国内政局、引起国际关注的贿选案也就两起。2007年5月30日，泰国宪法法院就泰爱泰党、发展国家党和泰国国土党大选舞弊案作出最终裁决，判定此三党在2006年4月2日的议会选举中存在舞弊行为的指控成立，宣布解散上述三党。此为第一起，第二起即为2008年发生在民力党等三个政党身上的贿选案。

选举贿选一般是随着民主的兴起而出现，伴着民主的成熟而消退。在民主化过程中，存在贿选甚至贿选成灾，并不奇怪。但贿选毕竟是民主政治的蛀虫和流毒，所以，民主政治反对贿选，要求任何贿选都应受法律制裁，贿选无效观念深入人心，成为民主政治的一大公理。已有半个多世纪民主政治历练的泰国人民，对此公理不可能不感同身受。于是，尽管宪法法院对这两起贿选案依法作出取缔贿选政党的判决，给泰国带来了严重的政治局势动荡，但对于这样的宪法判决多数人还是坦然接受的。关于民力党等政党的贿选案，法庭经调查认定选举舞弊行为证据充分，选举舞弊罪名成立。宣判前，泰国党和中庸民主党领导人到庭就选举委员会的指控进行了最后的陈述；民力党领导人虽没有这么做，但作为该党领导成员的颂猜在判决后表示接受法院判决。对此判决，宪法法院法官察·查拉沃解释说，"不诚实的政党削弱泰国的民主体系"，解散它们是为了"树立一项政治标准和鉴戒"。这又充分说明法院的取缔贿选政党判决不但合宪合法，而且具有不容置疑的正当性和正义性。

但问题是宪法判决的合宪性与正当性仅仅只守护好了宪法，仅此而已。原本可预期的稳定的宪政秩序并没有因宪法判决，而在泰国出现或得以维护。相反，综观宪法法院的每次宪法判决，其结果都只是给泰国带来新一波的政局动荡，政治秩序随宪法判决而渐行渐远。此次反独裁民主联盟导演的"红衫军"围攻东亚峰会中心的"壮举"，不但使阿披实政府颜面扫地、狼狈不堪，而且让泰国的国际形象一落千丈、重塑难期。

泰国1932年推翻君主专制之政变由军人主导，从此军人干政、军事政变成为泰国民主政治挥之不去的梦魇。在八十余年的民主化进程中，泰国先后颁布了18部宪法，经历了19次政变，出现了27位总理。"文官政府—军事政变—危机修宪"这样的恶性循环成为泰国民主秩序的主线。

军方权威之外，更有王权神圣。不同于英国、日本的君主立宪，泰国的君主是名副其实的国家元首，集宗教、军事、人事、宣布紧急状态等大权于一身。泰国宪法规定泰国国王是国家权力的中心之一，泰国政治秩序始终动荡不安、难成气候，与其两个权力中心之宪法设计息息相关。泰国每一次成功的军事政变背后都有国王的支持。军队和民众均唯国王马首是瞻，政府缺乏必要的权威，在关键时刻难以有所作为，稳定的民主秩序在这种社会环境中自然不容易开花结果。

美国著名政治学家罗伯特·达尔指出，军队控制在由选举产生的官员手中，这是民主生存的关键性条件，缺乏这种条件，任何宪法都救不了民主。因此，可以说是将军队置于政府权力之外的泰国宪法造就了泰式民主的今天。泰国有宪法无秩序的最大根源不在别处，正在于泰国宪法本身。而泰国宪法法院每次通过宪法裁判对其宪法所作的精心守护，除了催生新一波的政治风云外，没有别的剩余价值，其原因又何尝不在于泰国实质上的强君主、弱立宪的宪法设计呢？

日本战后司法史上的浦和充子事件

法院依法独立行使审判权，不受行政机关、社会团体和个人的干涉，这是我国宪法确立的基本司法原则。但长期以来，无论是学界还是实务界，对于审判权独立的理解都存在一定的分歧。比如，有人主张司法民主化，呼吁我国人大进一步加大而不是克减对司法的监督。承载民主的人大监督司法，尤其是民主因素直接介入司法审判，真的合适正当吗？邻邦日本司法独立史上的著名事件——浦和充子事件，或许能为我们化解此等争议指点迷津，提供借鉴。

在东京一家小吃店工作的充子，因丈夫不务正业、嗜赌成性，而深感生活无望，于是决定带着3个孩子一死了之。1948年（日昭和二十三年）4月6日晚，充子让3个女儿（分别为8岁、4岁和2岁）喝下掺有杀鼠剂的煮鱼，随后将昏迷的3个女儿绞杀致死。事毕，充子本人亦喝下一碗鱼汤以自杀，但因杀鼠剂并非致命毒药而未遂。

随后，充子到当地警察局投案自首。当地检察机关以杀人罪起诉充子，东京浦和地方法院受理此案，牛山毅等法官负责审理此起公诉案件。当年7月2日，浦和地方法院对以杀人罪被提起公诉的充子判处有期徒刑3年，缓期执行3年。对此判决结果，当地检察机关并未提出抗诉,充子杀人案一审判决结案。

然而,日本国会参议院法务委员会认为,浦和地方法院对充子杀人罪判处 3 年监禁,并缓期 3 年执行量刑过轻、实属不当,遂直接传唤包括主审法官牛山毅等在内的本案相关人士,对检察与审判运作过程展开调查。日本宪政史上影响深远的"浦和充子事件"由此而来。

参议院法务委员会对浦和法院判决的充子案件展开调查,其所依据的是日本宪法赋予它的国政调查权。日本战后宪法第 62 条规定:"两议院得各自调查国政,并得为此要求证人出席作证或提出证言及记录。"对于宪法第 62 条规定的国政调查权的性质,日本法学界主要有两种对立的观点,即"独立权能说"和"辅助权能说"。

独立权能说认为,此权限系与国会立法权等宪法赋予议院的权限有别的,为总揽国家权力所设立的独立权能。而辅助权能说则认为,此国政调查权只是为了使议院有效行使宪法所赋予的立法等权能,而加以认可的辅助性权能。参议院法务委员会对充子案件展开调查前,这两种学说一直比肩并存,彼此之间尚未开展论战与争论。但浦和充子事件的爆发,为此两种有关国政调查权性质的对立学说创造了彼此检讨、论争之契机。

1949 年 3 月,参议院法务委员会关于充子案件的调查报告正式发表。报告认为:"法官和检察官都犯了事实认定的错误。判决把本案犯罪动机理解为生活之苦,但案发之时充子的生活,难以想象已困苦到不自杀就无法生活的境地。另外,有关充子是否决意要死的事实认定也有疑问。因此,量刑也过轻。原本是基于父母爱情的犯罪行为,即使充子没有再犯的可能性,鉴于本案犯罪的残忍性和计划性,以及对于同等犯罪量刑的一般标准,缓期执行的量刑未免过轻。之所以出现这样的事实认定和量刑两方面的错误,和担任审判的法官、检察官的封建思想作祟、基本人权意识的欠缺不无关系。"

参议院法务委员会对充子案件启动调查本身,就引起了日本最高法院极强烈的异议,而其在调查报告中批评浦和地方法院在事实认定和量刑方面存在"错误",更是招致法院抗议与社会舆论的一片声讨。最高法院下定决心捍卫司法裁判权,绝不允许司法独立就这样被国会践踏。时任最高法院院长的三渊忠彦警告说:"参议院法务委员会以打倒封建思想为招牌,凌驾于法院之上,对事实认定和量刑都要干涉,简直是践踏宪法!"不但最高法院,日本法学界、实务界及社会舆论亦猛烈抨击参议院法务委员会对本案的调查。针对国会就本案所进行的兴师动众的调查,法律界人士愤愤不满地说:"这已经是参议院法务委员会的审判,和真正的审判所不同的是,牛山审判长也给拽到被告席上去了。"

而媒体舆论的批评更是锋芒尖锐,《朝日新闻》在1949年3月29日的社论中认为,法务委员会的举动有给国会独裁开道的可能性。《每日新闻》亦敲警钟地指出,像这次浦和充子事件的做法,比起最高法院,参议院法务委员会实质上给人一种终身法官的印象。

由于有学术界与社会舆论的支持,更由于最高法院坚决捍卫宪法赋予它的独立司法裁判权,战后日本第一次卓越地击退了政治权力对司法裁判权的干涉,从斗争中赢得的司法独立从此更加深入人心、无人能撼。在浦和充子事件的斗争中,关于国会国政调查权的辅助权能说,亦赢得了广泛多数支持从而变成学界通说。

浦和充子事件是战后日本宪政史上的著名事件。经过此事件,司法裁判权不受包括国会国政调查权在内的任何外部干涉,成为日本社会的普遍认知与信仰,"所有法官依良心独立行使职权,只受宪法及法律的拘束"(日本宪法第76条),得到了立法机关和行政部门的严格遵守，独立的司法、公正的司法由此在日本生根发芽、开花结果。

战后日本能在短期内建立起法治宪政秩序，个中原因固然纷繁复杂，但与其司法经历浦和充子事件之后迅速实现完全独立，且司法独立观念从此深入全体国民之心关系甚重。司法有了独立，才能真正中立；有了中立，其裁判才有权威，而法律的尊严不正是借助司法裁判之权威而慢慢生成的吗？

日本司法方面的经验教训告诉我们，正处于法治秩序建构中的我国，首要的问题并非司法的民主化或强化司法监督，而是法院的审判权如何赢得真正的独立。司法独立，不仅是司法的要义，更是法治的精髓。包括民主机构在内的任何司法监督都应慎而又慎，否则，极有可能以监督的名义干涉司法，影响法院依法独立行使审判权。

第八辑

旁观人物　沉思当下

从马锡五的纪念文章说起

1959年10月，为纪念新中国成立十周年，最高人民法院副院长马锡五发表了《换了人间》的纪念文章，其中写道："中国人民经过了十年改造旧社会、建设新社会的英勇斗争，现在，社会主义的新中国国泰民安，繁荣兴旺，不但反革命残余已基本肃清，而且刑事犯罪案件也已经大大减少……抚今追昔，使我们更加深刻地体会到生活在社会主义时代的幸福。"

众所周知，1959年正是有名的"三年困难时期"的头一年。由粮食短缺造成的全国性饥荒正在全国各地尤其是广大农村地区蔓延开来。"反革命分子"是没了，刑事犯罪案件诚然亦大为减少，但人民尤其是农民并未因此而变得幸福；相反，他们已然或正在面临着大规模饥荒的侵袭，满目疮痍的农村距离繁荣兴旺差得有十万八千里。

然而，身为资深革命家的马锡五其"体会到生活在社会主义时代的幸福"，感叹"换了人间"，应该是发自内心的。当时的报纸和广播对农村饥荒基本没有报道，它们都忙于宣传"大跃进"的各种高产"卫星"和人民公社的"一大二公"。真实的农村和农民生活状况到底如何，生活在北京的马老所知终究有限，其换了人间的浩叹与当时的报纸和广播隐瞒真相、一味浮夸密不可分。

半个多世纪前发生在马老身上的"幸福"案例深刻地说明,内心的幸福与内在信仰有关,但与资信是否垄断、新闻是否自由关系更大。在信息封闭、媒体被控的时代,靠坚强的革命信仰和真诚的道德情感所建立起来的幸福感,终究是一种物质底蕴和信息真实双重匮乏的表面化幸福,它存得了一时,但行不了一世。

时至21世纪之今日,我们理应吸取马老那一代人的经验教训,认真对待幸福,将幸福建立在非浮夸的事实真相基础之上,把幸福置于媒介开放、言论自由的阳光之下。否则,人既有可能仅仅以内心的信仰和确信来断定自己是幸福的——一种注定不长久、走不远的幸福感,又有可能把自己的不快乐甚至痛苦违心地说成是如何幸福。

对单个的人而言,幸福从来都是具体的甚至是琐碎的,而绝不是抽象而宏大的。无论生在宪政秩序多么成熟的幸福国度,每个人都会遇到这样或那样的不幸;无论遭遇专制多么横行的悲剧时代,总还有很多人能体悟到这样或那样的幸福。但这并不意味着作为个体的人幸福与否与其置身的国度、时代这种大环境不相关,相反,两者关系甚重。总体上,生活在民主宪政的国度和时代,个体创造自身幸福的外部环境更公平、更优越,其幸福感更容易获得并呈增长态势,且其遭遇不幸的概率和风险,要远远小于生活在分权未确立的国度与时代下的同类人。

古希腊哲学家亚里士多德曾说,幸福就应当是因其自身而不是因某种其他事物而值得欲求的实现活动。作为一个研习宪法的法律人,我所欲求的实现活动就是自由地思考和表达有关宪政的理论问题,及当下中国该如何走向宪政的实践问题。毫无疑问,这是一种与法律和道德不相冲突的严肃工作,属于亚里士多德所说的"合德性的实现活动"。

但我能不受压制、自由自在地从事这样的实现活动吗？答案当然是比较难。我的学术著作出版时，有时会被编辑删得面目全非，有一次两万余字的章节最后被"瘦身"成两千字不到。我学术旨趣集中在司法制度领域，我相当多地涉及中国当代司法制度的研究论文都因所谓"敏感"而被编辑做了大量的删减。一些研究五六十年前人民司法如何建构的论文不知何故就被国内学术期刊一概拒绝，最后只能在特区香港的学术杂志上公开发表。至于就诸如教育公平、舆论审判、法官出书等社会热点话题表达个人见解的时评类小文章，更是时常碍于"宣传纪律"而难以与读者见面。

如此不一的经历与遭遇，使得幸福感距离我越来越远，伴随而来的当然是愈来愈强烈的苦闷感。如果中央电视台要采访我，问我是否幸福，那我只能遗憾地告诉他们，我真的谈不上幸福。作为一个以思考和表达思考为职业的学者，面对自己的思想见解常常难以正当地表达出来，发表或出版论著时不是被大量删除，就是横遭压制沦为压箱底的废纸，我哪里还有幸福可言？像我这样的法律人的基本权利都不受保障，其他人的幸福感能有几何自然可想而知。

毕竟，幸福的前提是基本权利不被恣意侵犯并受严格保护。基本权利就是人之所以为人的基本需要。没有基本权利，从衣食住行到工作事业，会时时处处受到不合情理、抵触法规甚至违反宪法的制约与限制。原本正常的事情因此而变得不正常，原本美好的事情因此而变得残败糟糕。如此一来，幸福感岂能不逃之夭夭？与之相反的愤懑感、挫折感和沮丧感能不油然而生，奔流而来？

有了基本权利未必一定幸福，但基本权利欠缺则注定是不幸的。身为一位法律人，我对幸福的理解和要求简单而单纯，那就是能够自由地分析和表达我所关心的专业领域问题，尤其是能够不受粗暴干涉地阐述我对中国宪政发展路径与步骤的观察与思考。如果这种学术研究的基本权利能够得到满足，那我相信我将是一个幸福的人。

在饥饿面前，温饱就是幸福；温饱之后，自由就是幸福。如今，物质生活已然小康的我们人民，现在最需要的就是思想和行动上的自由，有了自由才是真的幸福，否则，披金戴银也未必有幸福可言。不受束缚地思考各种问题并可以自由地、公开地将思考结果向他人和社会传播，这是温饱解决之后的现代人的本能性需求，就像面包是饥饿者的本能需求一样。作为一个具有五千多年悠久历史的伟大国家，她现在最需要做的，就是要致力于满足人民的自由需要，就像她三十多年前致力于解决人民的温饱需要一样。舍此，大多数的人民必将与幸福擦肩而过。

律师亦凡人

当下我国,在微博等自媒体及报刊等公共媒体上为法治、正义呼吁最响的,恐怕非一些著名律师莫属。与此同时,那些著名律师又经常在法庭上跟法官"死磕",这使得他们又成为社会各界争议的对象。此等现象,从律师职业的本质属性上看,并不难理解;甚至可以说,它既是律师职业在我国尚处于发展之中的必然现象,又是我国法律人还未成熟的外在标志。

在微博上、报纸上,包括"闹庭派"律师在内的诸多律师常常指责公检法人员是如何地罔顾正义、执法犯法,把自己打扮成正义的化身,俨然律师并非凡人,只有律师才是合格的正义诠释者,才是真正的法治代言人。

殊不知,律师在微博、报纸等媒体上批判乃至讨伐公检法人员,将律师不信任检察官、法官的"秘密"公布于众,这等于把法律人共同体的"内讧"公开化。此等自揭"家丑"行为不但无助于美化律师的公众形象,而且会刺激社会民众对法律人共同体的不信任,危及司法和法治的社会信任根基,于公于私都百害而无一利。

更主要的是,从其职业性质上说,律师不可能是正义的化身,亦扮演不了法治代言人角色。根据我国律师法，律师是指依法取得律师执业证书，接受委托或者指定，为当事人提供法律服务的执业人员。尽管律师法同时规定"律师应当维护当事人合法权益，维护法律正确实施，维护社会公平和正义"，但为当事人提供法律服务的职业使命，决定了维护当事人的合法权益高于维护法律正确实施及社会公平正义。当它们三者发生冲突时——它们彼此之间有冲突属正常、无冲突属例外——只能是维护当事人权益至上；"三个维护"同时至上，在逻辑上说不通，在实践中亦做不到。

易言之，把社会公平正义看得比当事人权益还要神圣的人，是不适合做律师的。一个合格的律师必须把当事人视为上帝，像捍卫自身的权益那样去捍卫当事人权益。美国联邦大法官鲍威尔曾指出："辩护律师要做到更好地为公众服务，不是通过代表国家的利益，或者与国家的利益一致，而是通过提升'当事人的独家利益'。"忠诚于当事人，致力于维护当事人的"独家"权益，这是律师职业的基本信条。对此信条三心二意之人，或许是个好公民，但绝对说不上是个好律师。对此等信条奉行不渝、恪守之至，执业过程中必要时就得把爱国之心、公民的良善责任、性别或民族情感等抛诸脑后，这样的律师才是称职的好律师。

律师维护当事人权益的基本方式就是打赢官司。赢得诉讼，才能有效保护当事人权益；败诉了，当事人的财产、名誉等种种权益自然会随之部分甚至全部丧失。为了胜诉，律师必须穷尽所有可资利用的手段，当然涉嫌违法的手段除外。对于律师而言，打赢官司或许不是一切，但它确实是唯一的要务。

美国知名辩护律师艾伦·德肖维茨就坦言："当我作为被告的律师，我的确是想要赢——依循一切公正、合法、符合伦理的方式。这就是我们国家伸张正义的做法——双方都想办法要赢。这叫当事人主义。"尽管我国的诉讼模式与美国的当事人主义诉讼模式有所不同，但双方都要赢的诉讼目标无疑是殊途同归。

为了赢得官司，案件双方都要付出高额的诉讼成本。在总的诉讼成本中，当事人所支付的律师代理费往往占很大一部分。当事人的经济实力决定了他能聘请到何种档次的辩护律师，而辩护律师的层次水准常常是影响案件裁判结果的一个重要变量。是故，金钱与审判结果之间不是没关系，而是关系甚巨。相较于穷人，富人往往能得到更好的律师服务，就像能得到更好的医疗服务一样。这是富人与穷人之间的不平等。尽管律师援助制度在一定程度上缩小和减少了这种不平等，但要消灭这种不平等几乎是不可能的。

与穷人相比，律师更青睐富人；与名不见经传的小公司相比，律师更愿意为富可敌国的大公司效力。这是律师法律服务市场化性质决定的，与律师人格高低和社会公平正义没关系。但此等事实也说明，作为一种法律职业，律师本身无所谓伟大高尚，当然，也谈不上卑微低贱。就跟工人、教师等职业一样，对律师职业我们同样不应用道德话语来评判；否则，是非真假既看不清又道不明。

不少律师喜好在各种媒介上把自己宣扬成正义的天使、法治的斗士，此诚是与其职业性质明显抵牾的自欺欺人。当然，也不排除有些律师确实存在认识误区，以为律师的天职就是维护社会公平正义。至今一些律师事务所的大厅里还赫然悬挂着象征公平正义的天平。无论哪一种情形，都说明律师职业在我国尚未成熟，从法律素养到职业伦理再到职业自治自律，都有待于进一步的学习和提高。

当下我国，无论是执法还是司法，都受到政治话语和人治思维的双面夹击，需要时间去修补和完善。此等法治现状导致律师在执业过程中，其很大一部分的工作无关法律，而是几无遮掩的权力和关系。与说理释法和剖析事实的素质及能力相比，权力网络和公关能力对律师执业的影响更大、更深。许多知名律师都属于较高媒体曝光度群体，更多的是以社会活动家，而不是以专注冷静的律师形象出现在公众面前。凡此种种，多少会损害和破坏律师在社会民众中的职业形象与信誉，给律师职业的发展及法律人共同体的社会信任根基造成一定的负面影响。

此外，律师职业在我国尚处于起步阶段，社会民众对律师职业的认可和接受还有一个为时不短的过程。回顾律师职业的发展历程，不受欢迎、不被信任堪称是律师职业起步和发展阶段的宿命。如在美国历史的不同时期，律师先后被贴上了保皇党人、寄生虫、土地投机者、立法机关的腐败分子、信托工具、讼棍、救护车追逐者等标签。至今哪怕是在法治成熟国家，律师职业依然是毁誉参半，律师时而被奉为英雄，时而被贬为无赖。

研究律师职业的美国学者戴维·鲁本曾指出："律师，不管他们私人的关注和投入是多么崇高，从职业上来看他们关注当事人的利益不是为了实现正义。"斯言诚哉。我们的律师应该正确认识到，律师同样是一种平凡的职业，它既不高贵也不卑贱。道德良知、公平正义、爱国主义等美丽字眼，律师在执业过程中往往无暇顾及，有时甚至必须故意抛弃。

就像忠孝难以两全一样，在司法诉讼中，当事人个体的权益和社会整体的公平正义常常难以兼得和两全。当选择和取舍来临时，律师只能维护前者而舍去后者，否则就是对其当事人的背叛，而同时被背叛的还有律师职业伦理和司法诉讼规则。一味把自己打扮成正义天使和法律守护神的律师,要么是背叛者,要么是自欺欺人的伪君子,抑或就是不把自己单纯看作一个律师了。这个判断或许冷酷得有点残酷,但这是律师职业原本平凡、拒绝崇高的本性决定的。

一言以蔽之,像检察官、法官等法律人一样,律师也是凡人。无论是律师个人还是社会民众,都不必给律师戴上正义的桂冠、贴上英雄的标签;否则,被异化的不只是律师身份,还有律师辩论伦理和司法诉讼规则。

世上已无黄松有？

随着黄松有案一审在河北省廊坊市中级人民法院尘埃落定，黄松有这位昔日最高人民法院副院长再次成为人们街谈巷议的焦点人物。长期被外界视为学者型大法官的黄松有竟然也东窗事发，且受贿罪和贪污罪两项罪名双双成立，真的是"事已至此，情何以堪"！

面对大法官被判无期徒刑、剥夺政治权利终身并没收个人全部财产，我们每一个人都没有"事不关己，高高挂起"的权利，也不可能做到"躲进小楼成一统，管他冬夏与春秋"。在黄松有案面前，人人都有反省的义务和责任。

在这场自觉的全民反省运动中，最高人民法院不甘落后，甚至还走在前头。就在廊坊市中级人民法院作出一审判决的 2010 年 1 月 19 日，它就下发了《关于在各级人民法院领导干部中集中开展党性党风党纪教育的紧急通知》，要求全国各级人民法院从即日起，结合黄松有案这一反面典型，在各级法院领导干部中集中开展一次党性党风党纪教育活动，并力求达到"查处一案，教育一片"的效果，以此强化各级法院领导干部的廉洁自律意识，确保公正廉洁司法。

直面最高人民法院的以上反省之举，作为一名法律人，我不由自主地陷入反省最高人民法院的反省中。最高人民法院把黄松有案当作前车之鉴,我们当然理解并坚决支持。但面对堂堂大法官知法犯法的特大犯罪案件,问题的关键不在于是否反省——因为反省已显属必然,而在于如何反省,怎样反省,从哪里反省。

检察官对黄松有的指控之一是,在 1997 年担任广东省湛江市中级人民法院院长期间,黄松有利用职务便利,伙同他人骗取本单位公款 308 万元,其个人分得 120 万元。但就是这种犯有贪污罪的地方中级人民法院院长,两年后(1999 年)竟然因所谓业务能力卓著而高升迈入最高人民法院的大门,并于 2002 年被任命为最高人民法院副院长。

黄松有为何能"带病提拔"?原本戴罪之身的他缘何官运亨通、节节高升?我们的法官"市场"准入机制为何失灵?我国的法官晋升等提拔制度为何遭此莫大嘲讽?这才是最需要我们去深刻反省的地方。

关于黄松有贪污罪的刑事指控,消息人士称与当年广东"中国第一烂尾楼"的中诚广场拍卖案有关。当时身为最高人民法院副院长的黄松有对执行此楼拍卖的广东高级人民法院执行局原局长杨贤才发出过"指示",从而事实上决定了此起拍卖活动之结果。对于黄松有这种通过"指示"而沾染贪污罪的事实,我们应该反省的是,身在北京的黄松有凭什么能左右千里之外的广东烂尾楼拍卖?答案当然不言而喻。在我国法官事实上也是"官",法院里的副院长、院长则是更大的"官"。但凡官都有或大或小的权力。作为最高人民法院副院长的黄松有其手上的权力之大是可想而知的。

所以,对于法官贪污罪的治本之方在于去其"官性",使其手中唯有法律而无任何权力。在法治成熟国家,法院和法官其级别是象征性的,法院和法官均既无官性更无权力,法官对自己审理的案件之外的任何事务（包括司法案件）皆不予置喙，亦无权置喙。所以，法官犯有贪污罪一说堪称史书不载，闻所未闻。

职是之故，面对黄松有的两项罪名，我们应该反省的是如何加强包括大法官在内的法官"市场"准入机制和法官选拔制度，以及怎样逐步祛除法官身上的"官性"，恢复其手中无权无剑的本来面目，将仅仅从事服从法律和良知的司法裁判作为其唯一的职能。

党性教育固然不可忽视，但最高人民法院的反省性"通知"一味强调党性教育，陷于"治标"的泥潭不能自拔，委实令人遗憾。尽管在某种程度上它牵涉黄松有个人的道德品质，但黄松有案终究是个刑事法律问题，而不是道德教育问题。作为一名大法官，黄松有所接受的党性教育难道还少吗？忍看他锒铛入狱甚至终身囹圄的耻辱现实，我们怎能依然对党性这种道德教化一往情深、迷恋不已呢？

道德与操守问题属于思想范畴，而不是法律范畴。面对刑事法律问题，继续人为地把它演绎为道德和操守话语，并将道德与操守重建作为根治此等法律问题之灵丹妙药，此乃食古不化。因为历史已雄辩地证明，如此演绎其方向错误至为显然，犹如南辕北辙。毕竟，无论道德如何楷模世人，操守如何风范天下，都难以拯救人性的沉沦和权力的腐化。

直面黄松有案，需要认真对待并予以重建的不是什么人性道德和个人操守，而是法律和制度及其现实执行力问题。否则，今日判了黄松有，明天还有张松有，后天更有李松有……

王立军，哀之更需鉴之

2012 年 12 月，《南都周刊》的《起底王立军》专题报道，再次把昔日中国最知名的警察王立军推到了社会舆论风暴的中心。重庆市公安局原局长王立军从警 28 年，职业生涯炫目灿烂，先后被评为全国劳模、一级公安英模、重庆市人民卫士，并在国内外数十所大学担任兼职教授。但胜在起点的王立军败在终点，2012 年 2 月他戏剧性地出走美国驻成都总领事馆。同年 9 月他被指控犯有徇私枉法罪、叛逃罪、滥用职权罪和受贿罪，最后法院数罪并罚，判决他有期徒刑 15 年，剥夺政治权利 1 年。

对于王立军最终以囚徒落幕的悲剧人生，人们难免会本能地发出几声喟叹与哀婉。但王立军冰火两重天的戏剧性命运，留给我们的不应只是喟然长叹。无论是国家还是社会，都急需从由最基层警员节节高升至副总警监的王立军身上吸取足够的经验和教训，避免造就下一个悲剧"王立军"，防止出现下一个"带病提拔"、执法犯法的公安首长，坚决将警察的权力置于有限和公开境地。唯有如此，王立军案件才真正产生了它应有的警示作用和社会意义。

无论如何，国家、社会都必须对王立军的悲剧命运承担一定的责任。在某种程度上是我们的国家体制和社会环境酿成了王立军的凄惨下场，对此负责的不应只是王立军本人。我们当然要追究王立军身边涉案人员的法律责任，要反省我们社会对此该承担何种道德责任，但更需要检讨不正常的干部人事任命与管理体制对此该承担何等性质之责任，尤其需要以此为契机改革现行不合理的干部人事任命和管理制度，严格依法任命和管理重权在握的各级政府部门首长。

1999年，王立军先后两次卷入司法诉讼。一是辽宁省开原市人力车夫张贵成诉称被王立军打断两颗牙齿，控告王立军人身侵害；二是犯罪嫌疑人张凤英在羁押期间意外死亡，家属控告铁岭市公安局对张凤英刑讯逼供致其死亡，矛头直指负责侦办此案的王立军。但就是在官司缠身的这一年，王立军荣获全国"五一"劳动奖章。第二年，王立军先是被公安部授予"全国公安一级英模"称号，接着被正式任命为铁岭市公安局局长。被诉称人身侵害、被指控刑讯逼供，都不足以对王立军的仕途构成任何障碍；相反，它们却像助推器一样牵引着王立军的局长之路越走越顺。王立军被如此"带病提拔"，我们与其谴责王立军，就真不如反思干部选拔任用体制"病"在何处。

类似这种"带病提拔"在王立军的从警之路上频频上演。2008年，王立军从辽宁空降重庆。在重庆，他三年之内连升四级，最后官至重庆市副市长——在重庆市人大会议上全票当选的副市长。2009年年底，在重庆"打黑"运动中爆发了震惊中外的李庄案。但饱受社会各界诟病的李庄案，无论对于王立军导演的"打黑"运动还是对王立军个人的权力和仕途均未造成些微负面影响。李庄案对于王立军的意义堪称是一种广告性的正能量，正是它一度把"打黑局长"王立军推向了全国乃至世界舆论的中心，让更多的中外人士知道王立军这个名字。如此因祸得福、借祸上位的戏剧在王立军身上一再发生，仅能说是王立军运气好、命好吗？面对王立军屡屡逆"祸"而上的荒诞闹剧，最该沉痛反省的恰恰不是王立军，而是我们这个国家和社会以及组成它们的我们每一个人。

发生在王立军身上的荒诞闹剧不止于仕途上的逆祸而升。王立军原本是个仅有初中学历的转业军人，后来通过自考和成人教育他也仅仅获得了中专和大专文凭。但随着王立军警官仕途的飞黄腾达，他的学历和学术头衔亦水涨船高，不但拥有多所大学的硕士、博士和 EMBA 文凭，而且先后被国内外几十所知名高校和研究机构受聘为兼职教授，俨然是位世界级的刑侦和法医专家。我国学而优则仕的传统到王立军身上变成了"仕而优则学"，种种学历和学术头衔成为他予取予夺的囊中之物。王立军局长转身成为王立军教授，如没有大学和研究机构毫无原则、丧失底线地欲取姑予，这可能吗？学者王立军之所以能炼成皆因学术与权力的苟且苟合。试问没有大学抛弃原则、放下尊严在先，会有学者王立军问世吗？面对王立军头顶专家、教授头衔到处布道演讲的荒诞闹剧，最该反省的又该是谁呢？至少不是王立军本人，不是吗？

正是发生在王立军身上种种极不合常理的荒诞性事件，一次又一次地成就了王立军的仕途和功业，他由此得以不断地攫取权势和地位，并在行使权力时不受监督和制约，导致随心所欲地滥用权力。不幸的是，权力的历史早已证明，滥用权力者最终往往被权力本身所吞噬。曾经呼风唤雨的公安局局长王立军最后叛逃到美国驻华总领事馆寻求人身庇护，本身就是这条权力铁律的最好明证。

无论是铁岭、锦州还是重庆，都应该好好反思王立军为何能够一手发动打黑运动，将手中法治轨道下的治安管理权非法扭转变质为以社会控制为目标的社会监管权。此乃事实上的犯法，甚至是犯罪。此三地所有参与或支持打黑运动的警察和各级政府官员都应该反省"你为何支持"的问题。20世纪德国政治哲学家汉娜·阿伦特曾指出:"向那些参与罪行并服从命令的人提出的问题绝不应该是'你为何服从',而应该是'你为何支持'。"斯言诚哉!面对王立军持续的专权跋扈,所谓"我只是服从命令,我就是一个零件"的零件理论,实乃逃避职责之遁词。

王立军有言曰:"我们这个民族要发展,必须走出'胜在起点,败在终点'的灰色地带。"他一语成谶,败在了终点;但我们不能,我们这个民族尤其不能败在终点。我们要走出败在终点的历史循环套,首要的莫过于制约权力并敬畏权利。

唐代监察御史杜牧在反思秦国历史时曾感叹:"秦人不暇自哀,而后人哀之。后人哀之而不鉴之,亦使后人而复哀后人也!"今天的我们,对于王立军的悲剧,如果哀之而不鉴之,那我们的后人必将为我们感到悲哀。

周星驰委员,肩负起你的责任伦理

"国家有任务给你了",对于香港"喜剧之王"周星驰来说,它不再是一句电影台词,而是一个正在被热议的政治事实。第十一届广东省政协委员,这是周星驰的新身份。根据我国政协章程,政协的主要职能是政治协商、民主监督和参政议政。由此可知,新科政协委员周星驰的国家任务,是在政治协商、民主监督和参政议政等方面发出他的声音、提出他的建议、付出他的行动。

但周委员让国家深深地失望了,声音、建议和行动,统统没有。本应在广东政协会议上正经履行国家任务的周委员,玩的却是他在"无厘头"电影中的那一出:先是请假,继而迟到,再而失踪。面对周委员的神龙见首不见尾,一位不幸与他分在同组讨论的政协委员忍不住抱怨说:"这样履职,如果满分100分,只能打10分。"

千呼万唤始出来的周委员后来又频频迟到、失踪的原因是,第十一届广东政协第一次会议会期与他的电影宣传档期相冲突。政协会议与电影宣传二者不可兼得,周委员选择了抛弃政协会议这种国家任务,而投身于电影宣传之私人事业。周委员舍公奔私的选择固然算不上是大逆不道、违法犯罪,大可不必上纲上线地讨伐一番,但他在政协会议上的"无厘头"表现,委实有违政协委员这一政治身份内含的责任伦理，值得全国各地其他政协委员深思与明鉴。

所谓责任伦理，用德国社会学家马克斯·韦伯的说法，是指顾及自己行为的可能后果，注重选择恰当的手段行事以避免产生恶果。信奉责任伦理的人不会以自己所处的位置而让别人来承担他本人的行为后果，相反，他会说：这些后果归因于我的行为。韦伯认为，在政治领域，缺乏责任伦理实乃最致命的罪过。责任伦理匮乏的政治人物极有可能沦为一名演员，对于为自己的行为后果承担责任满不在乎，只关心自己的表演留给人们的"印象"。同时，无责任伦理还容易使政治人物丧失实质性的目标，仅仅为了权力而享受权力。

政协章程第 2 条规定，参政议政是对政治、经济、文化和社会生活中的重要问题以及人民群众普遍关心的问题，开展调查研究，反映社情民意，进行协调讨论。通过调研报告、提案、建议案或其他形式，向中国共产党和国家机关提出意见和建议。此等规定说明，政协并非普通的民间机构，相反，它是拥有一定权力的政治性机构。职是之故，政协委员不仅仅是一种荣誉性的政治身份，它还被授予了广泛的政治权力。

能够就政治、经济、文化和社会生活等多方面问题开展调查研究，可以通过提案、建议案等形式向党和国家机关提出意见和建议，这足够证明政协委员在很大程度上就是一个政治人物，他必须像韦伯说的那样内心要有责任伦理观念，在行使参政议政权力的过程中时刻注意其行为后果，切实负担起自己的责任伦理。

像周星驰那样仅仅头顶政协委员帽子，实则并未参政议政，显然有违责任伦理。周委员在政协会议上大玩请假、迟到、失踪等"无厘头"，对政协会议和其政协委员身份不庄重严肃事小，其不作为则事大。被授予参政议政权力但不行使这一权力即不作为，此乃责任伦理彻底丧失之表现。参会和提案的其他政协委员在责任伦理方面只有做得好坏的区别，而不参会、不提案的周委员则完全把责任伦理抛诸脑后，身为政协委员的他是否意识到其身份必然伴随的责任伦理都值得怀疑。

广东方面遴选周星驰为新一届政协委员，原本是期望他利用其名人效应来参政议政，借助其资源优势来更好地发挥政协的政治协商和民主监督功能。但周委员在政协会议上的"无厘头"举止让原本正当的期望很快化为泡影，其不作为所带来的后果显而易见。

政协是政治协商的重要机构，是我国政治生活中发扬社会主义民主的重要形式（语出政协章程序言）。政协委员乃政协的主体，一旦政协委员缺乏基本的责任伦理，那政协这种政治机构就形同虚设，所谓政治协商、发扬民主就无从谈起。

周委员在政协会议上的不作为，大大减损了政协的政治协商和民主监督职能。一方面，他的"无厘头"举止损害了政协在人民心中的参政议政能力和政治协商形象；另一方面，名人的负面效应同样会在他身上发生。既然像他这种知名委员都可以请假、迟到和失踪一个接一个地上演，那其他知名、非知名委员为什么不可以学学他，放下政协委员的责任伦理，走出会场去打理私人事务或休闲娱乐呢？政协委员都是平等的，"只许星驰点灯，不许他人放火"，既不可能，也做不到。

诚然，像周委员这样将责任伦理弃之不顾，请假、迟到、失踪一齐上演的政协委员并非罕见，所谓"酱油委员""哑巴委员""花瓶委员"所在多有，周委员既不是第一个也不大可能是最后一个。

但人们对周星驰当选政协委员格外关注，对他在政协会议上的"无厘头"和不作为格外失望，是因为他来自香港，他在华人世界具有超凡的影响力和知名度。人们都期盼他"贵人行为理应高尚",希望他能够充分利用其政协委员身份把香港在政治、经济和文化等方面的先进经验介绍给内地,为推动内地的政治文明和社会进步作出努力和贡献。但周委员硬是抛下一年才一次的广东省政协会议,而忙于个人电影作品的宣传。周委员,你让内地人民情何以堪?

周星驰当选政协委员有他本人愿意在先,更有他对其当选表示"很荣幸"在后,周委员不是被绑架的委员,而是自主自愿的委员。而就算他有不自愿的成分,有难言的苦衷,那根据政协章程第28条之规定,他完全享有退出政协的自由。自愿参加政协且不退出的周委员,竟然把政协这个政治舞台视如"无厘头"电影中的道场,并入戏颇深地表演着政协委员之"无厘头",实在有点匪夷所思,让人大跌眼镜。

幸运的是,除了参与政协会议讨论、向大会提交议案外,政协委员在会议结束之后的任何时间都可以利用其政协委员身份开展调查研究、提出意见和建议、进行政治协商。所谓亡羊补牢,犹未晚也。只要周委员从现在开始把责任伦理放在心中,切实利用其资源优势去履行好政协委员的参政议政职能,那内地人民在不远的将来就能看到一个不辱使命的英雄政协委员——周星驰委员。

当下内地在政治、经济和文化等方面都陷入了发展瓶颈,急需有智慧、有担当的政协委员挺身而出,帮忙出谋划策、克危纾难,以周星驰在香港的生活经验和人生历练,他只要真诚奉行政治人物的责任伦理,那其作为、其贡献必将指日可待。

1919年马克斯·韦伯曾对慕尼黑的青年说:"能够深深打动人心的,是一个成熟的人(无论年龄大小),他意识到了对自己行为后果的责任,真正发自内心地感受着这一责任。然后,他遵照责任伦理采取行动，在做到一定的时候，他说：'这就是我的立场，我只能如此。'这才是真正符合人性的、令人感动的表现。"

我们十分期待周委员能够发自内心地感受政协委员身上的责任伦理，并据此采取所有可能的行动，最终作出真正符合人性的、令内地人民深受感动的表现。周委员，请肩负起你身上的责任伦理，别再落空我们对你的殷切期望，好吗？

精英，你为何不懂得"害臊"？！

2013年5月，身为业界精英人物的孔庆东和张艺谋比较烦。前者因在微博上骂他人是"狗汉奸"而被当事人起诉，法院一审判令其公开道歉并赔偿精神抚慰金若干；后者被曝生育了七个子女，明显违反我国的计划生育法规，社会舆论的质疑和有关部门的追责，正双双向其滚滚而来。

"汉奸"，堪称是北大中文系教授孔庆东嘴里的常用词汇之一，"汉奸媒体""汉奸记者""汉奸法学家"等，都属孔庆东原创并时常公开张贴的孔氏标签。所谓常在河边走哪有不湿鞋，一贯"汉奸"不离口的孔教授这次因一句"狗汉奸"吃官司，实不奇怪。

至于著名导演、曾担任过全国政协委员的张艺谋，自成名以来就一直是娱乐新闻的主角，种种道德是非问题常常与其形影不离。但这次多达七个孩子的非同一般的超生事件，已经穿越了道德的迷雾，而进入国家政策和法律层面。毫无疑问，在《中华人民共和国人口与计划生育法》面前人人平等的宪法原则，要求有关部门对张艺谋的超生不得心慈手软，必须当罚则罚（按：2014年2月7日，无锡市滨湖区人口和计划生育局收到了张艺谋缴纳的超生罚款费7487854元）。

无论是张艺谋还是孔庆东，其所面临的法律问责和信誉危机都不是一天两天"炼"成的，这是他们长期以来冲击道德底线、罔顾良知善念的必然结果。如果其心中尚有基本的道德法则和正义观念，那孔庆东就不会说出"记者现在是我们国家一大公害"这样的荒唐恶毒之言，"这些记者排起队来枪毙了，我一个都不心疼！"这种毫无人性的反人类言论更不至于张口就来。如果其心中还有一点点礼义廉耻和法律观念，那张艺谋在跟再婚妻子生育一子女之后就不会继续生育下去，更不至于非婚生育多名子女。

作为无可置疑的社会精英，孔庆东和张艺谋非但不是什么道德楷模、守法典范，恰恰相反，其道德观念和法律意识甚至明显低于普通社会民众，与其精英身份大不相符。孔庆东素来以出口成"脏"著称于世，张艺谋则因长期享受一些特权而饱受非议。对于这样的社会精英，他们自己不害臊，那我们普罗大众都忍不住为他们深感害臊。

不幸的是，就像社会精英所在多有一样，在我国不害臊的精英远不止孔、张二人，精英不害臊已然是一种普遍性存在。不宁唯是，精英不害臊在我国还具有传统性和长期性，最近三十多年来是如此，回首五千多年历史亦如是。

法国思想家托克维尔曾指出："世界上所有社会中，长期以来一直最难摆脱专制政府的社会，恰恰正是那些贵族制已不存在和不能再存在下去的社会。"几千年来，为什么我国始终跳不出专制政府的人治轨道，托克维尔的此等经典论断无疑道出了其中的"天机"。是的，历朝历代，各行各业精英何其之多，但我们基本上没有贵族，至少没有形成一定规模的贵族群体，所谓贵族制自然也就无从谈起。

什么叫贵族制？从古典时代的希腊罗马，到中世纪的欧洲，再到近现代的英国，其概念内涵或许有所不同，但无论何时何地，贵族制都离不开贵族群体，正是贵族群体的存在成就了贵族制度。

那何谓贵族呢？要一言以蔽之颇为不易，但贵族都是社会精英则毋庸置疑。只不过，与单纯的业界精英不同的是，贵族化的精英骨子里保存着这样几种信念，即公共利益高于个人利益、社会责任责无旁贷、专断统治不能容忍。与此同时，他们还追求荣誉、注重道德、守护良知，于是从头到脚都散发着高贵的气息。简言之，懂得害臊是社会精英转化为贵族的必要条件。不害臊的社会精英绝对成不了贵族，而社会精英一旦坚守良知和底线、知道害臊和责任，那即便不是标准的贵族，距离贵族亦不远矣。

然而，几千年来，我国的社会精英多数是不害臊的，即便有些精英具有欧洲贵族的信念和气质，但终究势单力薄成不了气候，不能组织成把持话语权、引导社会风尚、影响公共政策走向和制衡政府独断专行的贵族群体。而贵族群体和贵族制传统匮乏的我国，当然只能在私权惨遭贬抑、公权概难限制的人治政治传统中越陷越深，始终摆脱不了治乱兴衰、循环往复的历史周期率。

与不害臊的社会精英相比，贵族的明显特征在于自觉抵制陋规和潜规则，必要时可以为之牺牲其个人利益。真正的贵族从来就不是个人利益至上主义者，但不害臊的精英多数都把个人利益看得高于公共利益，属于典型的自私自利之徒。即便在最黑暗的人治时代，其正式的法律法规都不至于公然蔑视人的尊严和权利而倡导和放任公权力滥用。换言之，导致社会民众丧失自由和尊严的，绝不是什么明文的法律法规，而是普遍盛行的陋规及潜规则。而制造和推行种种陋规与潜规则，从而使法律法规沦为一纸具文的，不正是各行各业里的社会精英吗？如果精英们个个都知道害臊，社会上怎么会有千奇百怪的陋规及潜规则呢？它们又怎么能成功渗透到社会各个领域、各个角落呢？

任何时代，活跃的精英人物其实都是社会民众最真实的模板，如果他们普遍不害臊，那普罗大众就只能跟着一起无羞无耻。如此一来，那社会共同体本身自然会慢慢变得不正常、不健康。当下我国世风日下、底线失守、灾害频仍，其产生的根源固然纷繁复杂，但社会精英普遍不害臊并引导大多数民众与之一道抛弃道德良知并大肆践踏法律法规，无疑是个中的一项重要原因。

当今，精英人物的霸道与专横，在我国早已是一种难以抗拒的普遍化存在。与此同时，体制内的精英与体制外的精英还自觉地结成各种联盟，进而成为各行各业竞争的最大赢家。于是，昔日原始资本主义积累阶段的赢者通吃现象，在我国已然成为社会常态，见怪不怪。直面各界精英的群体不害臊，普通民众对他们当然难以建立起真正的信任感，精英与民众之间的裂痕自然会随之愈来愈深。今日我国政治、经济和文化发展所遭遇的各种挫折与瓶颈，很大一部分原因不正是可以归根于人与人之间充满裂痕、缺乏基本信任吗？而此等原因的出现，其根源不正在于社会精英的普遍不害臊吗？

无论何时何地，当社会精英自觉成为社会贵族，那社会就不至于礼乐崩坏、国家亦不至于政治黑暗。而一旦社会精英以规避法律为荣，以服膺规则为耻，以背弃道德为荣、以坚守良知为耻，即一旦社会精英都不害臊，那礼乐崩坏迟早会发生，政治不清明也必然躲不掉。

业界精英不能转化为社会贵族，这实际上是精英社会功能的弱化和退化。而精英社会功能的长期缺失，必然导致包括政治权力在内的各种公共权力缺乏有效的监督与制约，社会公正随之失去制度化的支柱，不公正则随之四处蔓延、泛滥成灾。我国过去的历史和当下的现实都雄辩地证明了这一点。

回首我国五千多年历史，社会精英在政治文明和法治文化方面的贡献可圈可点之处委实不多。与欧洲文明下的贵族相比，他们为国家和民族承担得不是太多，而是明显偏少。时至21世纪的今日，我们的精英没有理由不痛定思痛、悔过自新，以使自己像昔日欧洲的贵族一样，严于律己、注重责任、敬畏法律、捍卫正义。一句话，我们的精英再也不应该像以往那样不害臊，否则，治乱循环的历史周期率我们怎么也逃不掉。

莫言的"诺贝尔伦理"

2012年12月,本年度诺贝尔文学奖得主——莫言,在瑞典发表的一些言论引来了不少人围观,赞成者与非议者互不妥协,在国内形成了颇为热闹的所谓"莫言争端"现象。

引起国内舆论争鸣的莫言言论,主要有"政治教人打架、文学教人恋爱""新闻检查每个国家都存在""有很多的中国作家关在监狱里,这个我没听说过"等。如果发表此等言论的是其他人甚至是两个月前尚未被宣布授予诺奖的莫言,那是否还会广受关注并酿成滔滔舆论就不无疑问了。政治与文学在"教人"问题上的差别仁者见仁、智者见智,本没什么好争辩的。而"新闻检查每个国家都存在""有很多的中国作家关在监狱里,这个我没听说过"乃个体认知领域中的事实性问题,辩论的价值与空间亦相当狭窄。

是故,莫言争端的出现与其说是因为莫言言论本身,毋宁说是源于诺贝尔文学奖得主这个新贵身份。作为我国本土第一个诺贝尔文学奖获得者,莫言被社会大众寄予了厚望,被期待担当起为政治正义而呐喊的所谓"诺贝尔伦理"之职责。但莫言认为,有的作家愿意回答政治问题,有的作家不愿意回答政治问题,这是作家的自由。他强调自己属于对政治没有研究因而不愿意回答政治问题的作家，并建议大家"少关心一点让人打架的政治"。莫言在瑞典领取诺贝尔奖的同时，并未像社会公众所寄望的那样同时"领取"为政治正义发声的诺贝尔伦理。民间社会出现莫言争端的根本原因就在于此。

其实，所谓诺贝尔伦理到底包含哪些内容甚至有没有这个伦理都是可以讨论的，至少诺贝尔奖官方未曾正式提到过诺贝尔伦理问题。社会大众对诺贝尔伦理热切期待，其背后实际上是对"贵人行为理应高尚"（noblesse oblige）的渴望。贵人行为理应高尚原是欧洲贵族制社会中的一种贵族文化。在美国政治哲学家罗尔斯看来，贵人行为理应高尚包含着两层含义：其一，具有较高自然禀赋的人们的利益应限制在有助于社会的较贫困部分的范围之内；其二，那些较有特权的人们负有把他们更紧地束缚于一种正义制度之职责。简言之，贵人就应该顾及社会基本的平等公正，并使自己的一切言行符合政治正义制度之基本原则。

对于获得诺贝尔文学奖，莫言用"很像一个童话"来形容。尽管莫言一再声称获奖之后他依然是农民的儿子，但这个"童话"已经使他华丽转身成为一位贵人。对于这种身份的转变，莫言有着切实的体悟。他说，获奖之前他在北京街头骑自行车没人理睬，但获奖之后他出现在北京街头就有好几个姑娘追着他照相合影。同是莫言，但过去现在不可同日而语，其根本原因在于获得诺奖犹如黄袍加身，人未变但身份变了，由一个作家变为一位"贵人"了。

但身份的突变并不必然意味着莫言的道德理念、公共精神及生存哲学随之迅速升华。瑞典文学院在授予莫言诺贝尔文学奖的同时，不可能附带授予他符合诺贝尔伦理的道德理念、公共精神和生存哲学，甚至莫言本人想在获奖之后改变自己，像民间社会想象的那样去履行诺贝尔伦理亦不容易。毕竟，小时饱受饥饿，大时几经风浪的莫言，心理年龄像他实际年龄一样大，甚至大得多；个性心理已然成熟至顽固程度，要改变绝非像授予诺奖这种物理行为那样简单。

人生中经历的大灾小难早已让莫言变得老成世故，使他养成了独特的生存智慧。像绝大多数当代作家一样，莫言并没有通过文学完成"救赎"的梦想与使命，道德上的纯洁无瑕更是成为过去的过去。君不见，2011年莫言也曾在腾讯微博上为"重庆模式"鼓与呼，感慨"唱红打黑声势隆，举国翘首望重庆"；2012年他更是与百位作家"共襄盛举"，手抄《在延安文艺座谈会上的讲话》。天要降诺奖于莫言容易，但要改变莫言的犬儒主义生存哲学则难矣。

既然难，那社会民众就不应该强莫言之所难，不应该要求他立即像换了一个人一样背负起诺贝尔伦理职责，并迅速"开始一种关于美德的战斗"（诺奖授奖词）。诺贝尔文学奖得主不是诺贝尔伦理的信徒，而仅仅是一个乡愿作家，这诚然遗憾之至。但我们更应该认识到，乡愿没有错，乡愿更无罪，还是由它去比较好。外界对此的争辩也许有利于政治正义的启蒙，但应坦然接受文学才情出众的莫言对这种启蒙了无兴趣的事实。

"我们不要以（为）只要是作家，就是一个高尚的人。"莫言对作家群体的如许认定，或许亦可视为对他个人人生定位的不经意表白。生活中的莫言是个谦谦君子，但他是否具有贵族意义上的高尚品格则值得怀疑，尽管诺奖已经使他身不由己地成为一名贵人。

贵人行为理应高尚，这在贵族文化的发源地欧洲亦充满着不少的想象成分，不高尚的贵人所在多有。对于莫言的不高尚，大可不必义正词严地苛刻批驳。毕竟，政治正义不是依靠某一个人的努力就能一举定乾坤的。生活中，我们每个人都可以是政治正义的缔造者，就像我们每个人都可能是政治非正义的受害者一样——莫言的《丰乳肥臀》亦曾是禁书。与其谴责莫言的不高尚，还不如我们每个人自觉地做诺贝尔伦理的虔诚信徒，用自己的高尚行为去铲除造成贵人不高尚的文化与土壤。

陈光标的中国式慈善

四川雅安4·20地震发生后,著名企业家、慈善家陈光标在第一时间动身前往雅安救济赈灾。第二天,陈光标向受灾民众现场发放百元大钞、棉被等物资的图片,在微博等媒体上热传。与此同时,陈光标这种面对面地分发现金的慈善之举,因过于直白而受到热议。

对他这种亲临现场、真金白银的高调慈善,有人拍手称好,但亦有人微词频频,认为陈光标"现金救穷"式慈善,是以牺牲受赠人的尊严为代价来获得自己的某种满足,属于一种慈善家的暴力。于是,"暴力慈善"与"陈光标"这个名字紧紧地联系在一起。不认同他这种一对一地分钱发物的"直捐"式慈善的,都说他是"暴力慈善",指责他无视受捐助者的尊严和意愿,扭曲了慈善的本质。

那慈善的本质究竟是什么呢?对于此等根本性问题,给陈光标戴上"暴力慈善"帽子的人甚少回应、鲜有答案。这种回避真问题、一味扣帽子的批评方式颇有"文革"之遗风,很是要不得。认识了慈善为何物,才能真正理解陈光标式慈善,否则,就可能沦为恶意消费陈光标的为批评而批评。

在现代社会,偶尔的、小范围的金钱或物质接济与资助是不足以称为慈善的。只有向不特定的群体提供大量的资金或物质援助,才能冠以慈善之名。换言之，不以互惠为基础的大范围和大规模的无偿财富转移，这是现代慈善的本质特征。现代慈善类似于政府的收入再分配，但在功能和效果上，它又明显优于政府的收入再分配。因为慈善是一种真正的"按需分配"，即它针对的往往是正陷入困境、迫切需要资金或物资援助的困厄人群，而对穷人的救济只不过是政府收入再分配行为中的冰山一角，大多数的政府转移支付不是给了需要馈赠和救济的贫穷人士，而是那些组织良好、掌握着话语权的特定群体。

是故，现代慈善承担着社会财富的第二次分配功能。它以财产捐赠、公益事业等方式，将个人大量富余的财富直接或间接地转移支付给社会的各类人群，以使他们有机会满足自身的生存所需，并平等地实现个人的自由发展。在促进人与人的实质平等方面，现代慈善可谓功莫大焉。从结果上看，慈善行为不但大大缩小了社会的贫富差异，而且有效弥补了因自然灾害或某些不正义的社会结构对特定群体所造成的损失和伤害，这种结果正义事实上有力地证明了，现代慈善在很大程度上是一种分配正义。

之所以说是在很大程度上，而不是完整意义上，是因为慈善终究是一种无偿的救助或赠与，不具有互利性和义务性，它是出于富豪们的完全自愿，强制不得。任何人都无权要求富豪们像政府分配税收那样向社会分配自己的财富，因而作为一种分配正义的慈善，它注定要烙上富豪们的个性、偏好等烙印。所以，从慈善领域到慈善方式，富豪与富豪之间的差别就跟他们各自的身材与长相一样，千人千面，绝无雷同。

所以，慈善不是一般的分配正义，它是一种烙上慈善家个性特征的分配正义。拒绝慈善家的个性特征就等于拒绝他这种慈善，接受他这种慈善就必须连带包容他极富有个性的行善方式。就像慈善行为本身是非强制的一样，任何拟定的受赠人随时都可以拒绝慈善家的金钱赠与或物资援助。慈善是自由的，是否接纳慈善同样是自由的。

慈善以及对慈善的接受，都只能是出于自愿，容不得半点强制。慈善的双重自由属性，决定了所谓"暴力慈善"纯属虚妄和矫情。在总量上，陈光标的赈灾慈善诚然是一种富人财富大量向受灾群众转移的分配正义，但具体到每一位灾民，其从陈光标手上所接收到的馈赠和援助其实很有限。换言之，陈光标面对面的现金及物资分发慈善，对灾民个体而言，根本谈不上是救命稻草，不接收就无法生存。无论在个人意志上还是受灾状况上，任何灾民都有足够的自由和条件拒绝陈光标的慈善。而强制灾民排队接受他的馈赠，对慈善家陈光标来说，不但于情于理都没必要，而且事实上亦办不到。所谓"罔顾受赠者的尊严和意愿"之类的指责，不是多愁善感的臆断与想象，那又是什么呢？

在慈善发达国家和地区，不顾个人安危，深入灾害现场进行面对面的行善，这种现象是相当罕见的。慈善家一般都是"君子动口不动手"，根本用不着亲力亲为，此其一。其二，扶贫济困往往是慈善家不大重视的领域。世界各国的富人们很少将扶贫列入自己的资助范围，投向赈灾扶贫的善款素来较少。如 2005 年，美国全国的个人捐赠总额为 2500 亿美元，但其中只有 190 亿美元（不到善款总额的 8%）直接用于帮助弱势群体，满足其基本需求。

捐出大额款项以设立各种名目的基金会，然后通过基金会对高等教育、医疗卫生、思想智库以及国际事务与国际人权等领域持续予以资金支持，才是发达国家慈善事业运作的基本模式。无论是慈善的受众范围，还是慈善对社会、经济、文化及政治发展的影响深度，这种基金会式慈善运作模式都远远高于亲临现场的面对面慈善。简言之，我国以扶贫济困为主的慈善尚处于慈善事业的初级阶段。

那扶贫济困为什么不受慈善家的青睐呢？如上所述，从财富转移的角度上看，慈善是一种分配正义。而分配正义其实主要是政府的职责，不是富人慈善家的义务。再富有的慈善家其个人的捐赠总是有限的，他们的善款如果直接用于接济社会弱势群体，那充其量只能暂时地改善某个特定群体的分配正义状况，在促进社会整体的分配正义，尤其是在改良社会分配正义制度方面，其作用和贡献终究是微小的。

但如果以基金会的形式向教育、科技等领域持续地捐赠，那他们在培养高级人才、发展先进科学技术方面的贡献和成就相当斐然。这种成就和贡献对于社会分配正义的改善尽管不是直接的，而是间接的，但在促进社会分配正义制度之改善方面，其影响不但深远，而且持续永久。因而，基金会式的慈善不可避免地成为慈善家们的首选。

从对慈善的认识到慈善行为本身，都要经历一个发展变迁过程。作为一个发展中国家，慈善事业在我国还处于起步阶段，无论是慈善的内容还是慈善的形式，都还处于摸索与探索之中，距离成熟的慈善运作模式还有一段相当长的距离。

面对尚处于初级阶段的慈善现状，对任何个性化的慈善之举，我们都应该拥有一颗理解、包容的"慈善之心"。"善欲人见，不是真善"的古训，仅仅是一种道德完美主义的慈善理念，它不是现实的慈善，而是慈善的乌托邦。任何时候，我们都不应该拿这种过时的古训来审视和评判慈善家的慈善之举。

只要不违反自由自愿的慈善原则，包括敲锣打鼓在内的五花八门的个性化慈善，我们都应该欢迎和支持。慈善有一个从高调到低调的发展过程。作为一个慈善事业尚有待于大力发展的发展中国家，最让我们遗憾的不是有些慈善家过于高调，而是慈善和慈善家都太少。

汤寿潜在 1911

"此役所以底成功者，实赖浙军誓死血战。……诸君为倾覆专制政体而战，为造一般人民之幸福而战，此为二十世纪我中国最可尊可敬之军人。"1911年12月1日，浙江军政府都督汤寿潜对以铁血主义攻克南京的浙军如是嘉奖。

汤寿潜其人

汤寿潜（1856—1917年），原名汤震，字蛰仙（一作蛰先），浙江山阴县天乐乡（今浙江杭州萧山区进化镇）人。1886年，汤寿潜投奔山东巡抚张曜做幕僚。此种历练使得汤对当时的社会有了更为深入的认知，于是四年后即1890年写成《危言》一书，其近代维新思想家地位由此奠定。1892年汤赴京参加会试中榜，被选入翰林院作庶吉士。1905年7月，"浙江全省铁路公司"在上海成立，汤被推举为公司总理，其人生由此迈入了"晚以铁路见贤"（张謇语）的实业时期。1911年11月浙江光复，汤应邀出任浙江军政府都督。中华民国成立后，汤寿潜被任命为交通总长。借此任命而辞去浙江都督职位的汤并未到南京赴任，而是为新生的民国劝募公债而远下南洋去了。自南洋返国直至病逝，汤寿潜除专心经营浙江铁路外，极少与闻政事。汤寿潜尽管几度身居要职,官至都督,但他一生淡泊名利、清廉简朴,获"布衣都督"之美誉。

作为清末立宪派重要领袖人物之一的汤寿潜与当年同为东南人望的张謇齐名,时人以"张汤"并称。1901 年,汤寿潜著成《宪法古义》,宣扬君主立宪思想。1906 年,江浙立宪派在上海组织"预备立宪公会",汤当选为副会长。此后,汤寿潜一方面呼吁清政府"以两年为限"速开国会,一方面连续组织三次全国性的国会请愿运动,使"立宪之声,洋洋遍全国矣"。但在革命战火真正点燃之际,汤顺势而为自觉完成了从主张君主立宪向支持民主共和的华丽转身。

出任浙督、共建民国

1911 年即辛亥武昌首义之年,"立名于当时"的汤寿潜在是年的事迹和风范可圈可点,"可式于后人"之处可歌可泣。其中最重要的当然是为避免杭州满汉之间血战一场,而放弃自己的政治立场决然出任光复后的浙江军政府都督。

武昌首义成功一月不到,浙江革命党人就一举光复杭州并开始组织军政府。革命党人准备推举褚辅成出任军政府都督一职,但褚谢绝并建议道:"鉴于东南及江北各省均在观望中,宜推一员有众望者担任都督,方足以号召。汤寿潜为沪杭甬铁路争回自办,众望所归,堪膺此任。"于是,一向主张君主立宪、与革命派几无来往的汤寿潜,被革命派推举为浙江军政府都督。

原本避居上海的汤决定顺势而为,出任浙督的一个重要原因在于"维护乡梓",避免杭州城内驻防的四千余名旗营官兵与革命党人之间的一场血战。旗营协领贵林与汤交谊颇深,贵林当时就声称"愿受汤先生抚,否则力抗"。11 月 5 日,甫到杭州的汤即以都督身份与贵林谈判，双方很快达成和降条件，杭州得以和平光复。

就任都督的汤寿潜随即通告浙江"全省所有历年积欠，及本年应完漕粮，一概豁免；其厘卡自九月十五日（11月5日）起先行裁撤"。同时，他下令编组"浙军攻宁支队"，任命朱瑞为支队长、吕公望为参谋长。是月12日，三千余人的浙军攻宁支队离杭奔赴镇江，在那里与苏军、沪军会合，组成江浙联军进攻南京。12月2日，江浙联军经过浴血奋战攻克了南京。汤寿潜闻讯后向前线将士发去贺电："南京光复，赖诸公指挥之劳，将士用命之力，东南大局，从此粗平。谨祝联军万岁！中华民国万岁！"

为解决军政府经费匮乏问题，汤寿潜曾致信香港林景嵩先生，告之浙江军政府裁撤厘卡，豁免丁粮，财政困难，请林设法筹使二三百万元，以浙江盐课作抵。12月10日，浙江省临时议会正式召开。汤寿潜出席开幕式并宣读颂辞，希望临时议会能尽快制定各项法规，表示将"尊重法律"，"敷陈治理，共图至计，将惟代表诸君是赖"。汤信任民众、呼唤法治由此可见一斑，而其致力于议会民主政制建设之心愿亦溢于言表。

在出任都督期间发生过一件对汤寿潜伤害甚深的贵林被杀事件。11月13日，满族旗营降将贵林等人被军政府中的革命党人擅自处死。汤闻此死讯，大为震惊，驰至泣曰"吾虽不杀伯仁，伯仁由我而死"。汤寿潜愤怒之下以违背和约、失信于民为由，力辞军政府都督职位，最终因劝留者众而勉强留任。

抵制袁世凯、保卫新民国

在浙江军政府都督任内，汤寿潜除为浙江的稳定和建设殚精竭虑外，还为南北议和及民国新造尽忠竭力、奔走呼号。在民国缔造方面，汤寿潜胜人一等之处在于：他较早地认识到了袁世凯的勃勃野心，频频用急电等方式为抵制袁世凯、保卫新民国鼓与呼。

在战火尚未熄灭、南北议和已然开张之时，民国如何建立与手握兵权及实权的清政府内阁总理大臣袁世凯关系甚巨。汤寿潜最初对袁寄予厚望，曾致函袁世凯说，"东南人士，咸以政体不可分立，外交不可无主，谓宜亟设共和政府，以收统一之效"，并以史为鉴，希望袁"翻然变计，恭行天罚"，表示只要袁"举戈一挥，中国遂定"，袁氏之英名将与"华盛顿争烈"。但不久汤就看出袁对南北议和存有二心，玩边战边和、以战压和的两面手法，汤曾如此流露其对袁不再抱有希望的惋惜之情："议和恐不可恃，东南仍修战备。项城舍三千载一时之伟人不为（按：意指袁世凯不会倒戈推翻清政府），不学无术，大可惜也。"

但随着形势的发展，汤这种私下的惋惜快步上升为公开的呼吁抵制了。12月11日，他致函黎元洪，认为此次议和，袁世凯"必多要挟，不妨与之决裂，因合词以布其罪于海内外，而遂以联军讨之……一举而振大汉之天声，去中原之民贼"。同日，汤再致函上海的朱复安，揭露袁世凯窃权阴谋。

不久，汤寿潜又急电沪军都督陈其美和苏军都督程德全，指出袁世凯"诱约暗进"，北军已到窑湾。建议请伍廷芳以诱约诘责袁世凯，将其罪状宣告中外；同时，吁请与联军总司令徐绍桢急商，如何出奇制胜北伐。与此同时，汤还在复程德全函中，告之华侨赞成其渡海募捐，并再次提醒程都督警惕袁世凯阴谋。

辛亥年的最后一天，面对袁世凯单方面撤回和议代表唐绍仪的复杂局势，汤寿潜还以浙江军政府的名义急电孙中山，主张先发制人，分兵四路北伐，宣称"民国初建，尤宜示威，以表实力，浙人枕戈已久，惟命是听"。

在革命高潮到来之际，以主导君主立宪闻名于世的汤寿潜，最终转变为为民主共和而斗争的民国战士了。他的这一转变,为杭州光复和南京攻克带来了最为宝贵的福音。而在革命后的缔造民国非常时期,其智慧和勇气更是在其中扮演了不可或缺的组织和协调角色。

南北议和开始后,汤寿潜一再提醒各地都督和革命党人警惕袁世凯的不轨图谋,更显示了汤在识人上的非凡洞察力,以及对民国共和前途"大劫方始"的深透判断力。后来的历史发展进程证明,无论是对袁世凯还是对新民国,汤寿潜都可谓一语成谶。

"不恤一身,为拯民,不取其位。"这是汤寿潜的人生信条。曾数次辞官不就的他,堪称是以布衣身份号召天下的旷代典范。逝者如斯,一百年已经过去,当我们重温汤寿潜在 1911 年的这段历史时,不能不对这位"新邦既立,洁身去之"的辛亥共和的参与者、组织者和领导者无限缅怀、由衷敬佩。无论立言、立德还是立功,汤寿潜都为我国当代的社会精英树立了榜样。